SHIGONG QIYE KUAIJI
SHIZHANG MONI

# 施工企业会计
# 实账模拟

胡世强 刘金彬 编著

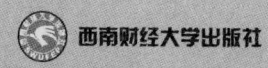

西南财经大学出版社

**图书在版编目(CIP)数据**

施工企业会计实账模拟/胡世强,刘金彬编著.—成都:西南财经大学出版社,2012.2
ISBN 978-7-5504-0292-8

Ⅰ.①施… Ⅱ.①胡…②刘… Ⅲ.①施工单位—基本建设会计
Ⅳ.F407.967.2

中国版本图书馆 CIP 数据核字(2011)第 100482 号

### 施工企业会计实账模拟

胡世强　刘金彬　编著

责任编辑:张明星
助理编辑:涂洪波
封面设计:墨创文化
责任印制:封俊川

| 出版发行 | 西南财经大学出版社(四川省成都市光华村街55号) |
|---|---|
| 网　　址 | http://www.bookcj.com |
| 电子邮件 | bookcj@foxmail.com |
| 邮政编码 | 610074 |
| 电　　话 | 028-87353785　87352368 |
| 印　　刷 | 郫县犀浦印刷厂 |
| 成品尺寸 | 148mm×210mm |
| 印　　张 | 12.25 |
| 字　　数 | 335 千字 |
| 版　　次 | 2012 年 2 月第 1 版 |
| 印　　次 | 2012 年 2 月第 1 次印刷 |
| 印　　数 | 1—3000 册 |
| 书　　号 | ISBN 978-7-5504-0292-8 |
| 定　　价 | 29.80 元 |

1. 版权所有,翻印必究。
2. 如有印刷、装订等差错,可向本社营销部调换。
3. 本书封底无本社数码防伪标志,不得销售。

# 前言

目前我国大多数施工企业的会计核算仍然遵循《企业会计制度》和《施工企业会计核算办法》，而在2006年，我国的会计改革进入了一个新的里程碑，发布了《企业会计准则——基本准则》和38项《企业会计准则——具体准则》。虽然最新企业会计准则还没有在所有企业中实施，但按照我国财政部2010年发布的《中国企业会计准则与国际财务报告准则持续全面趋同路线图》的要求，财政部2010年启动企业会计准则体系的修订工作，力争2011年完成，2012年起在所有大中型企业实施。这将意味着《企业会计制度》将被《企业会计准则》取代，施工企业执行新的会计准则势在必行。

施工企业在社会经济中是非常特殊的企业，与其他类型企业相比，从组织模式到经营方式、从生产产品到生产方式都具有鲜明的特征，因而带来了会计核算的特殊性，从会计核算形式到各种会计要素的确认、计量、记录与报告都具有自己的特点。

为了帮助施工企业及广大的会计人员适应会计环境的变化，指导读者针对施工企业的特殊性进行有效地会计核算工作，我们特地撰写了本书。本书将突出施工企业会计核算的特点，使之符合施工企业生产经营活动实际流程和施工企业的会计核算实际。

本书在保留《企业会计制度》和《施工企业会计核算办法》对施工企业会计核算仍具有价值内容的同时，遵循最新《企业会计准则》，结合国家最新的财务、会计、税收、金融等法规、制度、规范，利用会计核算的基本方法和基本原理，对施工企业主要经济业务的会计核算实务进行了有针对性地、通俗易懂的实账模拟，并配以大量的图、表及计算范例。

本书的特点是联系我国的会计改革实际编写，突出了本书的最新会计法规基础以及超前指导性；逻辑性强，层次分明，不仅具有一定的理论深度，更主要的是符合施工企业会计核算的实际情况，能够有效地指导施工企业进行会计核算工作。本书不仅将施工企业的日常主要经济业务实账模拟囊括在内，而且考虑到施工企业的发展状况以及受国际环境、市场经济的冲击，增加了施工企业今后不可避免要面对的一些特殊业务的实账模拟，进行案例讲解，注重实用性和操作性，让读者能够迅速完成从会计制度向会计准则的转换，准确地掌握《企业会计准则》精髓以及对施工企业的指导作用，掌握其施工企业会计核算的基本方法和技巧。

本书由胡世强教授和刘金彬副教授撰写。具体分工如下：胡世强撰写第1、2、3、4、7、12、14章；刘金彬撰写第5、6、9、10、11章；蔡玲撰写第8、13章。最后由胡世强对全书进行了修改、补充和总纂定稿。

在本书的撰写中，杨洪、杨健、胡永岗、王尚、胡杨等为本书收集了大量的信息资料，在此表示感谢。

由于作者水平有限，加之我国会计改革正在深入进行，书中难免有疏漏和不足，恳请广大读者批评指正。

作　者

2011年11月1日于成都光华村

# 第1章 施工企业会计核算基本原理 / 1
1.1 施工企业会计的特殊性 / 1
1.2 施工企业会计工作组织 / 5
1.3 施工企业会计要素的含义及内容 / 9
1.4 施工企业会计要素的确认 / 17
1.5 施工企业会计要素计量属性 / 20
1.6 施工企业会计基础 / 21
1.7 施工企业的会计科目与账户 / 23
1.8 施工企业的会计记账方法——借贷记账法 / 29

# 第2章 施工企业结算方式 / 33
2.1 施工企业结算方式的种类 / 33
2.2 现金结算方式 / 35
2.3 票据结算方式 / 39
2.4 信用卡结算方式 / 45
2.5 汇兑结算方式 / 47
2.6 托收承付结算方式 / 49
2.7 委托收款结算方式 / 50

# 第3章 施工企业货币性金融资产实账模拟 / 52
3.1 施工企业金融资产的含义及分类 / 52
3.2 施工企业库存现金实账模拟 / 53
3.3 施工企业银行存款实账模拟 / 59
3.4 施工企业其他货币资金实账模拟 / 65
3.5 施工企业应收款项实账模拟 / 68
3.6 施工企业内部往来实账模拟 / 76

## 第4章 施工企业非货币性金融资产实账模拟 / 80
4.1 施工企业交易性金融资产实账模拟 / 80
4.2 施工企业持有至到期投资实账模拟 / 84
4.3 施工企业可供出售金融资产实账模拟 / 88
4.4 施工企业长期股权投资实账模拟 / 92
4.5 施工企业金融资产减值实账模拟 / 102

## 第5章 施工企业存货实账模拟 / 110
5.1 施工企业存货的特殊性 / 110
5.2 施工企业材料实账模拟 / 118
5.3 施工企业周转材料实账模拟 / 140
5.4 施工企业存货的期末计量实账模拟 / 148

## 第6章 施工企业固定资产和无形资产实账模拟 / 159
6.1 施工企业固定资产的内涵及确认 / 159
6.2 施工企业固定资产增加业务实账模拟 / 161
6.3 施工企业固定资产折旧和修理实账模拟 / 172
6.4 施工企业固定资产的后续支出实账模拟 / 178
6.5 施工企业固定资产处置实账模拟 / 183
6.6 施工企业无形资产实账模拟 / 185

## 第7章 施工企业投资性房地产实账模拟 / 196
7.1 施工企业投资性房地产的内涵及特征 / 196
7.2 施工企业投资性房地产的确认与账务处理方法 / 198
7.3 施工企业投资性房地产初始计量实账模拟 / 201
7.4 施工企业投资性房地产后续计量实账模拟 / 203
7.5 施工企业投资性房地产转换业务实账模拟 / 205
7.6 施工企业投资性房地产处置业务实账模拟 / 210

## 第8章 施工企业职工薪酬实账模拟 / 213
8.1 施工企业职工薪酬的内容及其确认与计量 / 213
8.2 施工企业职工薪酬的计算与发放实账模拟 / 217

8.3 施工企业职工薪酬的结算与分配实账模拟／221

第9章　施工企业工程成本与期间费用实账模拟／226
　9.1 施工企业工程成本的组成及核算的特殊性／226
　9.2 施工企业材料费和人工费实账模拟／239
　9.3 施工企业机械使用费实账模拟／245
　9.4 施工企业其他直接费和辅助生产费用的实账模拟／251
　9.5 施工企业间接费用实账模拟／254
　9.6 施工企业工程成本实账模拟／259
　9.7 施工企业期间费用实账模拟／263

第10章　施工企业营业收入实账模拟／268
　10.1 施工企业营业收入的特殊性／268
　10.2 施工企业工程收入实账模拟／270
　10.3 施工企业其他业务收入实账模拟／287

第11章　施工企业利润实账模拟／293
　11.1 施工企业利润形成实账模拟／293
　11.2 施工企业利润分配实账模拟／301

第12章　施工企业财务报表编制模拟／308
　12.1 施工企业财务报表概述／308
　12.2 施工企业资产负债表编制模拟／311
　12.3 施工企业利润表编制模拟／321
　12.4 施工企业现金流量表编制模拟／325
　12.5 施工企业所有者权益变动表编制模拟／343
　12.6 施工企业会计报表附注／347

第13章　施工企业借款费用实账模拟／350
　13.1 施工企业借款费用的范围／350
　13.2 施工企业借款费用确认实账模拟／352
　13.3 施工企业借款费用计量实账模拟／356

# 第14章 施工企业非货币性资产交换业务实账模拟 / 364

14.1 施工企业非货币性资产交换的认定 / 364
14.2 施工企业非货币性资产交换的确认与计量 / 366
14.3 施工企业非货币性资产交换实账模拟 / 368
14.4 施工企业涉及多项非货币性资产交换业务实账模拟 / 374

**参考文献** / 381

# 第1章

# 施工企业会计核算基本原理

## 1.1 施工企业会计的特殊性

### 1.1.1 施工企业的特殊性

#### 1.1.1.1 施工企业的内涵

施工企业是指依法设立的、从事建筑安装工程施工的生产单位，是实行自主经营、独立核算的一种盈利性经济组织。施工企业从事房屋建筑、公路、水利、电力、桥梁、矿山等土木工程施工。它包括建筑公司、设备安装公司、建筑装饰工程公司、地基与基础工程公司、土石方工程公司、机械施工公司等。本书的主要对象是建筑公司。

#### 1.1.1.2 施工企业的分类

施工企业在国际上通称承包商。它按承包工程能力，分为工程总承包企业、施工承包企业和专项分包企业三类。

（1）工程总承包企业。工程总承包企业是指从事工程建设项目全过程承包活动的智力密集型企业。它应当具备的能力是：工程勘察设计、工程施工管理、材料设备采购、工程技术开发应用及工程建设咨询等。

（2）施工承包企业。施工承包企业是指从事工程建设项目施工阶段承包活动的企业。它应当具备的能力是：工程施工承包与施工管理。

（3）专项分包企业。专项分包企业是指从事工程建设项目施工阶段专项分包和承包限额以下小型工程活动的企业。它应当具备的能力是：在工程总承包企业和施工承包企业的管理下进行专项工程分包，对限额以下小型工程实行施工承包与施工管理。

1.1.1.3 施工企业的特点

施工企业与其他行业相比，其生产的产品、生产经营活动等都具有许多显著的特点，而这些特点又决定了施工企业会计具有与其他行业会计不同的特点：

由于建筑产品的固定性、多样性、施工周期长等特点，决定了施工企业生产经营活动具有以下几个方面的特点。

（1）施工生产方面的特殊性。建筑产品不同于工业产品，它从开工建设到投产使用，位置始终不变，施工企业只能在建设单位指定的地点组织施工生产，企业的生产工人、机械设备等都必须随施工地点的改变而流动。

①施工生产的流动性。主要表现在：不同工种的工人都要在同一建筑物的不同部位进行流动施工；生产工人要在同一工地不同单位工程之间进行流动施工；施工队伍要在不同工地、不同地区承包工程，进行区域性流动施工；一个工程的施工过程中各种机械、电气设备随着施工部位的不同而沿着施工对象上下左右流动，不断转移操作场所。

②施工生产的单件性。主要表现在：每一种建筑产品都有其特定的用途和建设要求；施工条件千变万化，即使是同一张图纸，因地质、气象、水文等条件不同，其生产也会有很大的差别。

③施工生产的长期性。主要表现在：建筑产品规模都比较大，极少有当年施工当年完工的；施工作业要求有一定的保养期，否则，将严重影响建筑产品的质量。

④施工生产受自然气候影响。建筑产品由于位置固定、体积庞大，其生产一般是在露天进行，并且高空、地下、水下作业较多，受自然气候条件变化的制约。

(2) 施工企业产品形式的多样性特点。施工企业生产对象建筑物因其所处的自然条件和用途的不同，工程的结构、造型和材料亦不同，施工方法必将随之变化，很难实现标准化。

(3) 施工技术的复杂性。建筑施工常常需要根据建筑结构情况进行多工种配合作业，多单位（土石方、土建、吊装、安装、运输等）交叉配合施工，所用的物资和设备种类繁多，因而施工组织和施工技术管理的要求较高。

(4) 施工企业在布局上，队伍分散、项目点多、作业面广、施工战线长、人员流动性大、管理跨度大。

(5) 协作关系复杂。建筑工程规模较大，结构复杂，技术难度大，往往需要若干施工单位共同完成，所以常常采用总承包负责制的方式组织施工。这样施工企业与分包单位之间发生工程进度款的预付、收回业务，还可能与设计单位发生经济往来，协作关系复杂。

## 1.1.2 施工企业会计的特殊性

### 1.1.2.1 分级管理、分级核算

由于施工企业生产具有流动性大、施工生产分散、地点不固定等特点，为了使会计核算与施工生产有机地结合起来，直接反映施工生产的经济效果，需要采用分级核算、分级管理的办法，以避免集中核算造成会计核算与施工生产相脱节的现象；同时要更加重视施工现场的施工机具、材料物资等的管理和核算，及时反映它们的保管和使用情况。

所以，公司、分公司和工程项目部都要设置会计机构和配置会计人员，进行会计核算和会计监督。

#### 1.1.2.2 成本核算的特殊性

（1）以每一工程为对象组织成本核算。由于建筑产品的多样性和施工生产的单件性等特点，使得施工企业的工程成本核算对象经常发生变化，施工生产费用的归集和分配必须紧紧围绕着确定的工程成本核算对象来进行，严格遵循收入与费用配比的会计原则。因此，施工企业不能根据一定时期内发生的全部施工生产费用和完成的工程数量来计算各项工程的单位成本，而必须按照承包的每项工程分别归集施工生产费用，单独计算每项工程成本。要求采用定单成本计算法，并使实际成本与预算成本的计算口径相一致，以便于分析和考核。

（2）施工企业工程成本的分析、控制和考核不以可比产品成本为依据，而以预算成本为依据。这是因为不同建筑产品之间的差异大、可比性差，不同建筑产品之间的实际成本之间不便进行比较所至。

（3）施工企业除了主要计算建筑安装工程成本之外，还需要计算其附属工业产品成本、机械施工及运输单位的机械作业成本以及企业内部非独立核算的辅助生产部门所生产的产品成本和提供劳务的成本等。

#### 1.1.2.3 工程价款结算方法独特

施工企业的建筑产品造价高、周期长等特点，决定了施工企业在施工过程中需垫支大量的资金。因此，对工程价款结算，不能等到工程全部竣工后才进行，这样势必会影响施工企业的资金周转，从而影响施工生产的正常进行。所以，除工期较短、造价较低的工程采用竣工后一次结算价款外，大多采用按月结算、分段结算等方法。为了进一步解决施工企业垫支资金较多的问题，须向发包单位或建设单位预收工程款和备料款，待办理工程价款结算时，再予以扣还。

此外，由于施工周期长，对于跨年度施工的工程，施工企业还需要根据工程的完工进度，采用完工百分比法分别计算和确认各年度的工程价款结算收入和工程施工费用，以确定各年的经营成果。

#### 1.1.2.4 成本开支受自然力影响

施工企业由于建筑产品体积庞大，决定了施工企业一般只能露天施工，有些施工机械和材料也只能露天堆放，受自然力侵蚀的影响很大。因此，成本核算应考虑风、霜、雨、雪等气候因素造成的停、窝工损失；施工机械除使用磨损外，受自然力侵蚀而造成的有形损耗也较为严重，其折旧率相对较高；在进行材料核算时，也要考虑因自然损耗造成的损失。

#### 1.1.2.5 会计科目设置的特殊性

施工企业因为经济活动的特点，需要单独设立一些中间科目，以汇集分类施工过程中发生的各项费用，并根据需要以产品或劳动量为基础将费用进行摊销计入成本，如"临时设施"、"临时设施摊销"、"临时设施清理"、"工程结算"、"工程施工"、"机械作业"等。

## 1.2 施工企业会计工作组织

### 1.2.1 企业会计工作的组织方式

企业会计工作的组织方式是指独立设置会计机构的单位内部组织和管理会计工作的具体形式。它一般分为集中核算和非集中核算两种。

#### 1.2.1.1 集中核算组织方式

集中核算组织方式是指施工企业的会计核算工作都集中在财务会计部门进行，单位内其他各部门一般不单独核算，只是对发生的经济业务进行原始记录，填制或取得原始凭证并进行适当汇总，定期将原始凭证和汇总原始凭证送交会计部门，由会计部门进行总分类核算和明细分类核算一种核算组织的形式。

集中核算组织形式，由于核算工作集中，便于对会计人员进行分工，采用较合理的凭证整理方法，实行核算工作的电算化，从而简化和加速了核算工作，减少了核算费用；企业会计部门可以完整地掌握详细的核算资料，全面了解企业的经济活动。这种核算组织形式主要适用于规模不大的中小型企业单位。

1.2.1.2 非集中核算组织方式

非集中核算组织方式又叫分散核算组织方式，是指在企业会计工作中，把与本单位内部各部门业务有关的明细核算，在会计部门指导下分散在各有关部门进行，会计部门主要进行汇总性核算的一种核算组织形式。非集中核算组织方式有利于企业内部有关部门及时地利用核算资料进行日常的分析和考核，有利于企业的经济核算制原则和全面经济核算的实施，便于企业考核内部单位工作业绩。但是，在这种核算组织形式下，不便于采用最合理的凭证整理方法，会计人员的合理分工受到一定的限制，核算的工作总量较集中核算有所增加，核算人员的编制也要加大，核算费用支出也要增多。这种核算组织形式主要适用于大中型企业单位以及内部单位比较分散的企业单位。

企业采用集中核算还是非集中核算，要根据本单位的实际情况确定，可以在两者中选一种，也可以将两者结合起来进行。如在一个单位内部，对各部门发生的经济业务可以分别采用集中核算和非集中核算，也可以对一些业务采用集中核算，而对另一些业务采用非集中核算。具体核算形式的选择，应根据单位特点和管理要求，以有利于加强经济管理、提高经济效益为标准。

## 1.2.2 施工企业会计组织结构

1.2.2.1 大中型施工企业的会计组织结构

大中型施工企业一般实行公司、分公司、工程项目部三级管理体制，所以也相应设置三级会计组织机构。

（1）公司设置财务会计部（处）。公司是独立核算单位，即一级核算单位,设置财务会计部。其主要任务是依据会计法规确定本公司的会计政策,建立完整的账簿管理体制和会计核算体系,建立健全财务管理制度,有效、合理地使用资金,根据单位资金情况开展融资活动,处理公司管理部门的日常会计业务,监督所属单位的会计工作,编制所属单位的会计信息,全面核算公司的各项经济指标。

(2) 分公司设置会计科。分公司是内部核算单位,一般设置会计科。其主要任务是组织和指导工程项目部的会计核算,归集和分配分公司发生的施工管理费用,汇总工程成本,定期向公司报送财务报表等。

(3) 工程项目部一般配备成本核算员,负责本部日常经济业务的核算和工程直接成本的计算。

#### 1.2.2.2 小型施工企业的会计组织结构

小型施工企业一般实行二级管理,公司直接领导工程项目部的工作。所以,公司设置财务会计科,全面核算公司的各种指标;工程项目部配备成本核算员,负责日常施工生产费用的核算和工程成本的计算。

### 1.2.3 施工企业的会计人员

#### 1.2.3.1 施工企业会计人员具备的基本条件

施工企业配备的会计人员必须满足两个基本条件:一是必须配备持有会计从业资格证书的会计人员。会计从业资格证书是会计人员从事会计工作的必备条件,任何施工企业都不得配备和使用未取得会计从业资格证书的会计人员。二是配备的会计人员必须具备必要的会计专业知识和专业技能,熟悉国家有关法律法规和财务会计制度,遵守会计职业道德。

#### 1.2.3.2 会计机构负责人和会计主管人员

会计机构负责人、会计主管人员是施工企业负责会计工作的中层领导人员,对包括会计基础工作在内的所有会计工作起组织、管理的作用。他们的任职资格必须符合《中华人民共和国会计法》和《会计基础工作规范》的具体要求，即担任施工企业会计机构负责人、会计主管人员除必须取得会计从业资格证书外，还应当具备会计师以上专业技术职务资格或者从事会计工作三年以上经历。

### 1.2.4 会计工作岗位

施工企业应当在会计机构和会计人员中建立岗位责任制，定人员、定岗位，明确分工，各司其职，有利于会计工作程序化、规范化，有利于落实责任和会计人员钻研分管的业务，有利于提高工作效率和工作质量。

施工企业会计工作岗位主要有：会计机构负责人或者会计主管人员、出纳、财产物资核算、工资核算、成本费用核算、财务成果核算、资金核算、往来结算、总账报表、稽核、档案管理等。开展会计电算化的施工企业可以根据要求设置相应的电算化岗位。

施工企业设置会计岗位的基本原则和规范性要求有三个：一是会计岗位可以一人一岗、一人多岗或者一岗多人，但应当符合企业内部牵制制度的要求，出纳人员不得兼管稽核、会计档案保管和收入、费用、债权债务账目的登记工作；二是会计人员的工作岗位应当有计划地进行轮岗，以促进会计人员全面熟悉业务，不断提高业务素质；三是会计岗位的设置由施工企业根据会计业务的需要确定。

### 1.2.5 会计人员回避制度

目前，虽然有关的会计法规只对国家机关、国有企业、事业单位任用会计人员规定实行会计人员回避制度，但是施工企业也应当实行会计人员回避制度。即：施工企业领导人的直系亲属不得担任本企业的会计机构负责人或会计主管人员；会计机构负责人或者会计主管人员的直系亲属不得在本企业会计机构中担任出纳工作；出纳人员不得担任监管稽核、会计档案保管和收入、费用、债权债务账目工作。

需要回避的直系亲属为：夫妻关系、直系血亲关系、三代以内旁系血亲以及配偶亲关系。

### 1.2.6 会计人员职业道德

会计人员职业道德是会计人员从事会计工作应当遵循的道德标准，主要包括六个方面：

(1) 敬岗爱岗。会计人员应当热爱本职工作，努力钻研业务，使自己的知识和技能适应所从事工作的需要。

(2) 熟悉法规。会计人员应当熟悉财经法律、法规和国家统一会计制度，并结合会计工作进行广泛宣传。

(3) 依法办事。会计人员应当按照会计法律、法规、规章制度的程序和要求进行会计工作，保证所提供的会计信息合法、真实、准确、及时、完整。

(4) 客观公正。会计人员办理会计事项应当实事求是、客观公正。

(5) 搞好服务。会计人员应当熟悉本企业的生产经营和业务管理情况，运用掌握的会计信息和会计方法，为改善企业内部管理、提高经济效益服务。

(6) 保守秘密。会计人员应当保守本企业的商业秘密，除法律规定和企业领导人同意外，不能私自向外界提供或者泄露企业的会计信息。

## 1.3 施工企业会计要素的含义及内容

### 1.3.1 资产

#### 1.3.1.1 资产的定义及特征

资产是指企业过去的交易或者事项形成的、由企业拥有或控制的、预期会给企业带来经济利益的资源。

资产具有以下五个特征：

（1）资产的本质特征是能够预期给企业带来经济利益的资源。预期给企业带来经济利益，是指直接或者间接导致现金和现金等价物流入企业的潜力。这种潜力在某些情况下可以单独产生净现金流入，而某些情况则需要与其他资产结合起来才能在将来直接或间接地产生净现金流入。按照这一基本特征判断，不具备可望给企业带来未来经济利益流入的资源，便不能确认为资产。

（2）作为企业资产的资源必须为企业现在所拥有或控制。这是指企业享有某项资源的所有权，或者虽然不享有某项资源的所有权，但该资源能被企业所控制。拥有即所有权归企业；而控制则是由企业支配使用，但不等于企业取得所有权。资产尽管有不同的来源渠道，但是，一旦进入企业并成为企业拥有或控制的财产，便置于企业的控制之下而失去了原来归属于不同所有者的属性，成为企业可以自主经营和运用、处置的法人财产。

（3）作为企业资产必须是由过去交易或事项形成的资源。企业过去的交易或者事项包括购买、生产、由企业建造行为或其他交易或会计事项。预期在未来发生的交易或者事项不形成资产。

（4）作为资产的资源必须能够用货币计量其价值，从而表现为一定的货币额。

（5）资产包括各项财产、债权和其他权利，并不限于有形资产。也就是说，一项企业的资产，可以是货币形态的，也可以是非货币形态的；可以是有形的，也可以是无形的。只要是企业现在拥有或控制，并通过有效使用，能够为企业带来未来经济利益的一切资源，均属于企业的资产。

1.3.1.2 资产的分类

企业的资产按流动性，分为流动资产和非流动资产两大类。

（1）流动资产，是指满足下列条件之一的资产：①预计在一个正常营业周期中变现、出售或耗用；②主要为交易目的而持有；③预计在资产负债表日起一年内（含一年，下同）变现；④在资产负债表日起一年内，交换其他资产或清偿负债的能力不受限制的现金或现金等价物。

以上条件中的正常营业周期通常是指企业从购买用于加工的资产起至实现现金或现金等价物的期间。施工企业的营业周期根据施工对象的不同，可能短于一年，即在一年内有几个营业周期；但也大量存在超过一年的营业周期长，如跨年度的施工项目，这些项目形成的资产往往超过一年才能变现、出售或耗用，仍应划分为流动资产。

流动资产按其性质，分为库存现金、银行存款、交易性金融资产、应收及预付款项、存货等。

（2）非流动资产，是指流动资产以外的所有资产。非流动资产按其性质，分为持有至到期投资、可供出售金融资产、长期应收款、长期股权投资、投资性房地产、固定资产、临时设施、专项工程支出、无形资产、长期待摊费用等。

### 1.3.2 负债

#### 1.3.2.1 负债的定义及特征

负债是指企业过去的交易或者事项形成的、预期会导致经济利益流出企业的现时义务。

负债具有以下三个基本特征：

（1）负债是企业承担的现时义务。现时义务是指企业在现行条件下已承担的义务，未来发生的交易或者事项形成的义务。不属于现时义务的，不能确认为负债。

（2）负债是由过去的交易或者事项形成的。只有过去的交易或者事项才能形成负债，企业在未来发生的承诺、签订的合同等交易或者事项不形成负债。

（3）负债预期会导致经济利益流出企业。这是负债的本质特征。企业在履行现时义务清偿负债时，导致经济利益流出企业的形式多种多样。比如，用现金偿还或以实物偿还，以提供劳务形式偿还,以部分转移资产、部分提供劳务形式偿还等。

#### 1.3.2.2 负债的分类

负债按其流动性,分为流动负债和非流动负债两大类。

(1) 流动负债,是指满足下列条件之一的负债:①预计在一个正常营业周期中清偿;②主要为交易目的而持有;③在资产负债表日起一年内到期应予以清偿;④企业无权自主地将清偿推迟至资产负债表日后一年以上。

以上条件中的正常营业周期与流动资产中的解释一致。

流动负债按其性质,分为短期借款、应付票据、应付账款、预收账款、应付职工薪酬、应付股利、应交税费、应付利息、应付股利、其他应付款以及一年内到期的非流动负债等。

(2) 非流动负债,是指流动负债以外的负债。非流动负债按其性质,分为长期借款、长期应付款、专项应付款、预计负债等。

### 1.3.3 所有者权益

所有者权益是指企业资产扣除负债后由所有者享有的剩余权益。所有者权益的来源包括所有者投入的资本、直接计入所有者权益的利得和损失、留存收益等。

(1) 所有者投入的资本,是指企业的股东按照企业章程,或合同、协议,实际投入企业的资本。其中,小于或等于注册资本部分作为企业的实收资本(股份公司为股本),超过注册资本部分的投入额计入资本公积。

(2) 直接计入所有者权益的利得和损失,是指不应计入当期损益、会导致所有者权益发生增减变动的、与所有者投入资本或者向所有者分配利润无关的利得或者损失。

(3) 留存收益,是指由企业利润转化而形成、归所有者共有的所有者权益。它主要包括盈余公积和未分配利润。①盈余公积,是企业按一定比例从净利润中提取的各种积累资金。它一般又分为法定盈余公积金和任意盈余公积金。②未分配利润,是指企业进行各种分配以后，留在企业的未指定用途的那部分净利润。

资产、负债和所有者权益是反映企业财务状况的静态会计要素，其数量关系构成了会计恒等式：

资产 = 负债 + 所有者权益

## 1.3.4 收入

### 1.3.4.1 收入的定义及特征

收入是指企业在日常活动中形成的、会导致所有者权益增加的、与所有者投入资本无关的经济利益的总流入。

收入具有以下三个特征：

（1）收入是企业在日常活动中形成的。日常活动是指企业为完成其经营目标所从事的经常性活动以及与之相关的活动。施工企业的收入主要是承包工程实现的工程结算收入。界定日常活动是为了将收入与利得区分开来。企业非日常活动形成的经济利益流入不能确认为收入，而应当确认为利得。

（2）收入会导致所有者权益增加。与收入相关的经济利益应当导致企业所有者权益的增加，但又不是所有者的投入。不会导致企业所有者权益增加的经济利益流入不符合收入的定义，不能确认为收入。例如，企业向银行借入款项，尽管也导致了经济利益流入企业，但该流入并不导致所有者权益的增加，不应当确认为收入，应当确认为一项负债。

（3）收入是与所有者投入资本无关的经济利益的总流入。收入应当导致经济利益流入企业，从而导致企业资产的增加。但是，并非所有的经济利益流入都是收入所至。如投资者投入资本也会导致经济利益流入企业，但它只会增加所有者权益，而不能确认为收入。

### 1.3.4.2 收入的分类

施工企业的收入按其经营业务的主次，分为主营业务收入和其他业务收入两大类。

（1）主营业务收入，是指企业为完成其经营目标所从事的主营业务活动实现的收入。主营业务收入一般应当占企业收入的绝大部分，对企业的经济效益产生较大的影响。由于施工企业的主营业务是建筑安装工程施工，因此其主营业务收入主要是承包工程实现的工程合同收入和工程结算收入。

（2）其他业务收入，是指企业确认的除主营业务活动以外的其他经营活动实现的收入。施工企业除主营业务之外还可能从事产品销售（施工企业附属的内部独立核算的工业企业生产的预制构件等）、材料销售、机械作业、无形资产转让、固定资产出租等业务。这些业务取得的收入是施工企业的其他业务收入。

### 1.3.5 费用

#### 1.3.5.1 费用的定义及特征

费用是指企业在日常活动中发生的、会导致所有者权益减少的、与向所有者分配利润无关的经济利益的总流出。

费用具有以下三个特征：

（1）费用是在日常活动中形成的。费用必须是企业在其日常活动中所形成的，这些日常活动与收入定义中涉及的日常活动的界定是一致的。将费用定义为日常活动形成的，其目的是为了将其与损失相区别。企业非日常活动所形成的经济利益流出企业不能确认为费用，而应当计入损失。

（2）费用会导致所有者权益减少。与费用相关的经济利益流出企业应当会导致所有者权益的减少，不会导致所有者权益减少的经济利益流出企业不符合费用的定义，不应当确认费用。例如，银行用银行存款购买原材料200万元，该购买行为虽然使得企业的经济利益流出去了200万元，但是并不会导致企业的所有者权益减少，它使得企业的另外一项资产（存货）增加，所以在这种情况下经济利益流出企业就不能确认为费用。

（3）费用是与向所有者分配利润无关的经济利益的总流出。费用的发生应当会导致经济利益流出企业，从而导致资产的减少或者负债的增加（最终也会导致资产的减少）。其表现形式包括现金或者现金等价物的流出，存货、固定资产和无形资产等的流出或者消耗等。

1.3.5.2 施工企业费用的内容

（1）工程费用和工程成本。①工程费用是指施工企业为工程施工而发生的各项耗费，包括直接费用和间接费用。直接费用是能够直接确定为某项工程而发生的，可以直接计入该项工程的材料、人工、机械使用费及其他支出；间接费用是不能直接计入某项工程，而需要经分配后才能计入工程成本的费用。②工程成本是直接或者间接归集到某项目工程上的各种工程费用。

（2）主营业务成本，是指企业确认工程合同收入和工程结算收入等主营业务收入时应当结转的成本。

（3）其他业务成本，是指企业确认的除主营业务收入以外的其他经营活动所发生的支出，包括附属企业销售产品的成本、销售材料的成本、出租固定资产的折旧额、出租无形资产的摊销额、出租包装物的成本或者摊销额等。

（4）营业税金及附加，是指企业的经营活动应当负担的相关税费，包括应当缴纳的营业税、城市维护建设税和教育费附加等。

（5）管理费用，是指企业为组织和管理企业生产经营所发生的费用，包括企业在筹建期间内发生的开办费、董事会和行政管理部门在企业的经营管理中发生的或者应由企业统一负担的公司经费（包括行政管理部门职工工资及福利费、物料消耗、低值易耗品摊销、办公费和差旅费等）、工会经费、董事会费（包括董事会成员津贴、会议费和差旅费等）、聘请中介机构费、咨询费（含顾问费）、诉讼费、业务招待费、房产税、车船使用税、土地使用税、印花税、技术转让费、矿产资源补偿费、研究费用、排污费等。

（6）财务费用，是指企业为筹集生产经营所需资金等而发生的筹资费用，包括利息支出（减利息收入）、汇兑损益以及相关的手

15

续费、企业发生的现金折扣或收到的现金折扣等。

### 1.3.6 利润

#### 1.3.6.1 利润的定义

利润是指企业在一定会计期间的经营成果。通常情况下，企业实现了利润，表明企业的所有者权益将增加，业绩得到了提升；反之，企业发生了亏损（利润为负），表明企业的所有者权益将减少，业绩滑坡。施工企业利润包括收入减去费用后的净额、直接计入当期利润的利得和损失等。

（1）收入减去费用后的净额，就是企业的营业利润，反映的是企业日常经营活动的经营业绩。

（2）直接计入当期利润的利得和损失，反映的是企业非经营活动的业绩。它是指应当计入当期损益、最终会导致所有者权益发生增减变动的、与所有者投入资本或者向所有者分配利润无关的利得或者损失。

#### 1.3.6.2 施工企业利润的组成

（1）营业利润，是企业日常活动创造的经营成果。它等于营业收入减去营业成本、营业税金及附加、管理费用、财务费用、资产减值损失，再加上公允价值变动收益、投资收益后的金额。

（2）利润总额，是企业包括日常活动和非日常活动在内的全部业务活动创造的经营成果。它是在营业利润的基础上加上营业外收入、减去营业外支出后的金额。

（3）净利润，是利润总额扣除所得税费用后的余额。

收入、费用、利润是反映企业经营成果的动态会计要素，其数量关系构成了会计的另外一个等式：

收入－费用＝利润

### 1.3.7 利得和损失

利得是指由企业非日常活动所形成的、会导致所有者权益增加的、与所有者投入资本无关的经济利益的流入。

损失是指由企业非日常活动所发生的、会导致所有者权益减少的、与向所有者分配利润无关的经济利益的流出。

利得和损失在会计处理中有两种计入方式：

（1）直接计入所有者权益的利得和损失。它是指不应计入当期损益、会导致所有者权益发生增减变动的、与所有者投入资本或者向所有者分配利润无关的利得或者损失。如可供出售金融资产发生公允价值变动，计入"资本公积"账户，从而导致所有者权益的增加和减少。直接计入所有者权益的利得和损失一般都是通过"资本公积"账户进行核算的。

（2）直接计入当期利润的利得和损失。它是指应当计入当期损益、会导致所有者权益发生增减变动的、与所有者投入资本或者向所有者分配利润无关的利得或者损失。如企业接受的财产捐赠、债务重组收益等计入营业外收入，导致利润的上升，最终导致所有者权益增加；而税收罚款、滞纳金等支出计入营业外支出，导致利润降低，从而减少企业的所有者权益。直接计入当期利润的利得和损失，是通过"营业外收入"账户和"营业外支出"账户核算的。

## 1.4 施工企业会计要素的确认

### 1.4.1 会计要素的确认条件

#### 1.4.1.1 确认的含义

确认，是指确定将交易或事项中的某一项目作为一项会计要素加以记录和列入财务报表的过程，是财务会计的一项重要程序。确认主要解决某一个项目是否确认、如何确认和何时确认三个问题，它包括在会计记录中的初始确认和在会计报表中的最终确认。

#### 1.4.1.2 确认的条件

（1）初始确认的条件。有关项目要确认为一项会计要素，首先必须符合该会计要素的定义。然后必须符合下列两个条件：①与该项目有关的任何未来经济利益很可能会流入或流出企业，这里的"很可能"表示经济利益流入或流出的可能性在50%以上；②该项目具有的成本和价值以及流入或流出的经济利益能够可靠地计量。如果不能可靠计量，确认就没有任何意义了。

（2）最终确认的条件。经过确认和计量后，会计要素必须在财务报表中列示。而在财务报表中列示的条件是，符合会计要素定义和会计要素确认条件的项目，才能列示在财务报表中，仅仅符合会计要素定义，而不符合要素确认条件的项目，是不能在财务报表中列示的。

资产、负债、所有者权益要素列入资产负债表。

收入、费用、利润要素列入利润表。

### 1.4.2　各会计要素的确认条件及财务报表列示

1.4.2.1　资产要素的确认条件及列示

符合前述资产定义的资源，且同时满足以下条件时，确认为资产：

（1）与该资源有关的经济利益很可能流入企业；

（2）该资源的成本或者价值能够可靠地计量。

符合资产定义和资产确认条件的项目，应当列入资产负债表；符合资产定义、但不符合资产确认件的项目，不应当列入资产负债表。

1.4.2.2　负债要素的确认条件及列示

符合前述负债定义的义务、且同时满足以下条件时，确认为负债：

（1）与该义务有关的经济利益很可能流出企业；

（2）未来流出的经济利益的金额能够可靠地计量。

符合负债定义和负债确认条件的项目，应当列入资产负债表；符合负债定义但不符合负债确认条件的项目，不应当列入资产负债表。

#### 1.4.2.3 所有者权益要素的确认条件及列示

所有者权益体现的是所有者在企业中的剩余权益,因此,所有者权益的确认主要依赖与其他会计要素,尤其是资产和负债的确认;所有者权益金额的确定也取决于资产和负债的计量。例如,企业接受投资者投入的资产,在该资产符合资产定义且满足确认条件确认为资产后,就相应地符合了所有者权益的确认条件;当该资产的价值能够可靠地计量,所有者权益的金额也就可以确定了。

所有者权益项目应当列入资产负债表。

#### 1.4.2.4 收入的确认条件及列示

企业收入的来源渠道很多,不同收入来源的特征有所不同,其收入确认条件也就存在差异。一般而言,收入只有在经济利益很可能流入从而导致企业资产增加或者负债减少、经济利益的流入额能够可靠计量时才能予以确认。即收入的确认至少应符合以下条件:

(1) 与收入相关的经济利益应当很可能流入企业,经济利益流入企业的结果会导致资产的增加或者负债的减少;

(2) 经济利益的流入额能够可靠计量。

符合收入定义和收入确认条件的项目,应当列入利润表。

#### 1.4.2.5 费用的确认及列示

费用的确认除了应当符合费用定义外,还应同时满足下列条件时才能确认为费用:

(1) 与费用相关的经济利益很可能流出企业,经济利益流出企业的结果是导致资产的减少或者负债的增加;

(2) 经济利益的流出额能够可靠计量。

企业为生产产品、提供劳务等发生的可归属于产品成本、劳务成本等的费用,应当在确认产品销售收入、劳务收入等时,将已销售产品、已提供劳务的成本等予以确认并计入当期损益。

企业发生的支出不产生经济利益的,或者即使能够产生经济利益但不符合或者不再符合资产确认条件的,应当在发生时确认为费用,计入当期损益。

企业发生的交易或者事项导致其承担了一项负债而又不确认为一项资产的,应当在发生时确认为费用,计入当期损益。

符合费用定义和费用确认条件的项目,应当列入利润表。

#### 1.4.2.6 利润的确认与列示

利润是收入减去费用、利得减去损失后的净额,因此利润的确认主要依赖于收入、费用、利得、损失的确认;利润金额取决于收入和费用、直接计入当期利润的利得和损失金额的计量。

利润项目应当列入利润表。

## 1.5 施工企业会计要素计量属性

计量属性是指所予计量的某一要素的特性方面,如原材料的重量、厂房的面积、道路的长度等。从会计角度讲,计量属性反映的是会计要素的确定基础。在基本会计准则中规定了五种计量属性,即历史成本、重置成本、可变现净值、现值和公允价值。

### 1.5.1 历史成本

历史成本又称为实际成本,是指企业取得某项财产时所实际支付的现金或现金等价物。在历史成本计量下,资产按照购置时支付的现金或者现金等价物的金额,或者按照购置资产时所付出的对价的公允价值计量。负债按照因承担现时义务而实际收到的款项或者资产的金额,或者承担现时义务的合同金额,或者按照日常活动中为偿还负债预期需要支付的现金或者现金等价物的金额计量。

### 1.5.2 重置成本

重置成本又称为现行成本,是指在当期市场条件下,重新取得同样一项资产所需支付的现金或现金等价物金额。在重置成本计量下,资产按照现在购买相同或者相似资产所需支付的现金或者现金等价物的金额计量;负债按照现在偿付该项债务所需支付的现金或者现金等价物的金额计量。在现实中，重置成本多用于固定资产盘盈的计量等。

### 1.5.3 可变现净值

可变现净值是指在正常生产经营过程中，以预计售价减去进一步加工成本和预计销售费用以及相关税费后的净值。在可变现净值计量下，资产按照其正常对外销售所能收到现金或者现金等价物的金额扣减该资产至完工时估计将要发生的成本、估计的销售费用以及相关税费后的金额计量。可变现净值通常应用于存货资产减值情况下的后续计量。

### 1.5.4 现值

现值是指对未来的现金流量以恰当的折现率进行折现后的价值，它是考虑了货币时间价值的一种计量属性。在现值计量下，资产按照预计从其持续使用和最终处置中所产生的未来净现金流入量的折现金额计量；负债按照预计期限内需要偿还的未来净现金流出量的折现金额计量。现值通常应用于非流动资产可回收金额和以摊余成本计量的金融资产价值的确定等。

### 1.5.5 公允价值

公允价值是指在公平交易中，熟悉情况的交易双方自愿进行资产交换或者债务清偿的金额。在公允价值计量下，资产和负债按照在公平交易中，熟悉情况的交易双方自愿进行资产交换或者债务清偿的金额计量。

## 1.6 施工企业会计基础

会计核算是建立在一定是会计基础之上的，在具体的会计实务中，有两个会计基础，一是权责发生制，二是收付实现制。前者是施工企业的会计基础,后者是非盈利单位的会计基础。

### 1.6.1 权责发生制

施工企业应当以权责发生制为基础进行会计确认、计量和报告。这是我国对企业会计基础的制度规范。

权责发生制又称为应收应付制,是指以收入和费用是否已经发生为标准来确认本期收入和费用的一种方法。其主要内容包括:凡是当期已经实现的收入和已经发生或应当负担的费用,不论款项是否收付,都应当作为当期的收入和费用计入利润表;凡是不属于当期的收入和费用,即使款项已在当期收付,也不应当作为当期的收入和费用。

权责发生制是与收付实现制相对的一种确认和记账基础,是从时间选择上确定的基础,其核心是根据权责关系的实际发生和影响期间来确认企业的收入和费用。建立在该基础上的会计模式可以正确地将收入与费用相配比,正确地计算企业的经营成果。

企业交易或者事项的发生时间与相关货币收支时间有时并不完全一致。例如,款项已经收到,但销售并未实现;或者款项已经支付,但并不为本期生产经营活动而发生的。为了更加真实、公允地反映特定会计期间的财务状况和经营成果,《企业会计准则》明确规定,企业在会计确认、计量、记录和报告中应当以权责发生制为基础。

### 1.6.2 收付实现制

收付实现制也称现金制或现收现付制,是指以收到或支付现金作为确认收入和费用的依据的一种方法。其主要内容包括:凡是在本期收到的收入和支付的费用,不论是否属于本期,都应当作为本期的收入和费用处理,而对于应收、应付、预收、预付等款项均不予以确认。目前,我国的行政单位会计采用收付实现制;事业单位除经营业务采用权责发生制外,其他业务都采用收付实现制。

企业会计核算应当以权责发生制为基础，要求企业日常的会计账务处理必须以权责发生制为基础进行，因而主要会计报表如资产负债表、利润表、股东权益变动表等都必须以权责发生制为基础来编制和披露；但是现金流量表的编制基础却是收付实现制，必须按照收付实现制来确认现金要素和现金流量。

## 1.7 施工企业的会计科目与账户

### 1.7.1 施工企业的会计科目

#### 1.7.1.1 会计科目的意义

会计科目是对施工企业会计对象的具体内容进行分类核算所规定的项目。

会计核算的对象是各单位能以货币表现的经济活动，具体表现为若干会计要素。企业经济业务的发生，必然引起资产、负债、所有者权益、收入和费用等会计要素的增减变化。会计工作如果只是记录每一笔经济业务而不加以分类归纳，就无从反映由于生产经营过程的进行而引起的每项资产、负债和所有者权益以及收益、费用的增减变化情况及其结果。为了系统地、分门别类地、连续地核算和监督各项经济业务的发生情况以及由此引起的各项会计要素的增减变化情况，为企业内部经营管理和企业外部有关方面提供一系列具体的分类的数量指标，把价值形式的综合核算和财产物资的实物核算有机地结合起来，有效地控制财产物资的实物形态，就必须将会计要素按其经济内容或用途做进一步的分类，并赋予每一类别一个含义明确、概念清楚、简明扼要、通俗易懂的名称。这种对会计对象的具体内容，即会计要素进一步分类的项目就叫做会计科目。每一个会计科目都代表着特定的经济内容，如将资产中的房屋、建筑物、机具设备等劳动资料归为一个类别，称它们为固定资产。在这里，固定资产就是一个会计科目，代表房屋、建筑物、机具设备等劳动资料。

1.7.1.2 施工企业设置会计科目的原则

一个施工企业如何设置会计科目,以及设置多少会计科目,要和这个企业的经营特点、经营规模和业务繁简以及管理要求相适应;既不要过分复杂繁琐,增加不必要的工作量,又不能简单粗糙,使各项经济内容混淆不清。因此,施工企业具体设置会计科目时应遵循以下原则:

(1) 会计科目的设置必须符合《企业会计准则——应用指南》和《施工企业会计核算办法》的规定。

统一规定施工企业会计科目的编号,以便于编制会计凭证,登记账簿,查阅账目,实行会计电算化。施工企业不得随意打乱重编。某些会计科目之间留有空号,供增设会计科目之用。

(2) 会计科目必须结合本企业会计对象的特点设置。

①在不影响对外提供统一的财务会计报告的前提下,施工企业可以根据实际情况自行增设或减少某些会计科目。

②明细科目的设置,除《企业会计准则》和《施工企业会计核算办法》已有规定者外,在不违反该准则统一要求的前提下,施工企业可以根据需要自行确定。

③对于会计科目名称,施工企业可以根据本企业的具体情况,在不违背会计科目使用原则的基础上,确定适合于本企业的会计科目名称。

(3) 制定企业统一的会计科目名称和编号。施工企业要按照《施工企业会计核算办法》或《企业会计准则——应用指南》的规定,并结合自身的特点,制定本企业统一的会计科目名称和编号表(见表1-1)。施工企业应该设置的基本会计科目按其经济内容分为资产类、负债类、所有者权益类、成本类、损益类五大类。

表 1-1　　　　　会计科目名称和编号表

| 顺序号 | 编号 | 会计科目名称 |
|---|---|---|
| 一、资产类 |||
| 1 | 1001 | 库存现金 |
| 2 | 1002 | 银行存款 |
| 3 | 1012 | 其他货币资金 |
| 4 | 1101 | 交易性金融资产 |
| 5 | 1121 | 应收票据 |
| 6 | 1122 | 应收账款 |
| 7 | 1123 | 预付账款 |
| 8 | 1131 | 应收股利 |
| 9 | 1132 | 应收利息 |
| 10 | 1220 | 内部往来 |
| 11 | 1221 | 其他应收款 |
| 12 | 1231 | 坏账准备 |
| 13 | 1401 | 材料采购 |
| 14 | 1403 | 原材料 |
| 15 | 1404 | 材料成本差异 |
| 16 | 1405 | 库存商品 |
| 17 | 1408 | 委托加工物资 |
| 18 | 1411 | 周转材料 |
| 19 | 1471 | 存货跌价准备 |
| 20 | 1501 | 持有至到期投资 |
| 21 | 1502 | 持有至到期投资减值准备 |
| 22 | 1503 | 可供出售金融资产 |
| 23 | 1511 | 长期股权投资 |
| 24 | 1512 | 长期股权投资减值准备 |
| 25 | 1521 | 投资性房地产 |

25

表1-1(续)

| 顺序号 | 编号 | 会计科目名称 |
|---|---|---|
| 26 | 1531 | 长期应收款 |
| 27 | 1532 | 未实现融资收益 |
| 28 | 1601 | 固定资产 |
| 29 | 1602 | 累计折旧 |
| 30 | 1603 | 固定资产减值准备 |
| 31 | 1604 | 临时设施 |
| 32 | 1605 | 临时设施摊销 |
| 33 | 1606 | 专项工程支出 |
| 34 | 1611 | 固定资产清理 |
| 35 | 1701 | 无形资产 |
| 36 | 1702 | 累计摊销 |
| 37 | 1703 | 无形资产减值准备 |
| 38 | 1801 | 长期待摊费用 |
| 39 | 1811 | 递延所得税资产 |
| 40 | 1901 | 待处理财产损溢 |
| | | 二、负债类 |
| 41 | 2001 | 短期借款 |
| 42 | 2201 | 应付票据 |
| 43 | 2202 | 应付账款 |
| 44 | 2203 | 预收账款 |
| 45 | 2211 | 应付职工薪酬 |
| 46 | 2221 | 应交税费 |
| 47 | 2231 | 应付利息 |
| 48 | 2232 | 应付股利 |
| 49 | 2241 | 其他应付款 |
| 50 | 2501 | 长期借款 |

表1-1(续)

| 顺序号 | 编号 | 会计科目名称 |
|---|---|---|
| 51 | 2701 | 长期应付款 |
| 52 | 2702 | 未确认融资费用 |
| 53 | 2711 | 专项应付款 |
| 54 | 2901 | 递延所得税负债 |
| 三、所有者权益类 | | |
| 55 | 4001 | 实收资本 |
| 56 | 4002 | 资本公积 |
| 57 | 4101 | 盈余公积 |
| 58 | 4103 | 本年利润 |
| 59 | 4104 | 利润分配 |
| 四、成本类 | | |
| 60 | 5001 | 工程施工 |
| 61 | 5101 | 工业生产 |
| 62 | 5201 | 机械作业 |
| 63 | 5301 | 辅助生产 |
| 64 | 5401 | 研发支出 |
| 五、损益类 | | |
| 65 | 6001 | 主营业务收入 |
| 66 | 6051 | 其他业务收入 |
| 67 | 6061 | 汇兑损益 |
| 68 | 6101 | 公允价值变动损益 |
| 69 | 6111 | 投资收益 |
| 70 | 6301 | 营业外收入 |
| 71 | 6401 | 主营业务成本 |
| 72 | 6402 | 其他业务成本 |
| 73 | 6403 | 营业税金及附加 |

表1-1(续)

| 顺序号 | 编号 | 会计科目名称 |
|---|---|---|
| 74 | 6601 | 管理费用 |
| 75 | 6602 | 财务费用 |
| 76 | 6603 | 资产减值损失 |
| 77 | 6701 | 营业外支出 |
| 78 | 6711 | 所得税费用 |
| 79 | 6801 | 以前年度损益调整 |

## 1.7.2 施工企业的会计账户

账户是按照规定的会计科目对各项经济业务进行分类并系统、连续记录的形式。实际上，它是根据会计科目在账簿中开设户名，用来记录资产、负债、所有者权益等会计要素增减变动情况，提供各该类别静态指标和动态指标的工具。

账户的名称是根据会计科目来定的，所登记的内容与有关会计科目所规定的经济内容也是一致的。在实际工作中也常把会计科目称为账户。

施工企业一般按照会计科目来设置总分类账和明细分类账。

总分类账户简称总账或者一级账户。它是根据总分类科目来设置的，是以货币为计量单位，对企业经济业务的具体内容进行总括核算的账户。总账能够提供会计对象某一类具体内容的总括核算指标，只能用货币量度计量；同时它无法提供说明企业各方面详细的会计信息，因此还必须设置明细分类账。明细分类账简称明细账。它是既可以用货币进行量度，也可以采用其他计量单位（如实物单位）对企业的某一经济业务进行详细核算的账户。它能够提供某一具体经济业务的明细情况，除了提供货币价值量的会计信息外，还可以提供用实物量或者劳动量表示的各种信息资料。

总分类账是所属明细分类账的统驭账户，对所属明细账起着控制作用；而明细账是有关总账的从属账户，对总账起辅助作用。某一总分类账户及其所属明细分类账户核算的内容是相同的，但前者提供的资料是总括的，后者提供的资料是具体详细的。如果某一总分类账户所属明细分类账户的层次较多，还可以按会计科目的细分方法，将明细账进一步分设为二级账户、三级账户。

## 1.8 施工企业的会计记账方法——借贷记账法

### 1.8.1 借贷记账法的基本原理

借贷记账法是以"资产 = 负债 + 所有者权益"会计恒等式为理论依据，以"借"和"贷"作为记账符号，按照"有借必有贷，借贷必相等"的记账规则来记录经济业务的一种复式记账方法。

### 1.8.2 借贷记账法的账户结构

#### 1.8.2.1 资产类账户结构

对用来记录资产的账户，资产的增加额记入账户的借方，资产的减少额记入账户的贷方。本类账户若有余额，一般为借方余额（与登记增加余额在同一方向），表示期末资产余额。其格式见表1-2。

表1-2

| 借方 | 资产类账户 | 贷方 |
|---|---|---|
| 期初结余额<br>本期增加额 | 本期减少额 | |
| 本期借方发生额（增加额合计） | 本期贷方发生额（减少额合计） | |
| 期末结余额 | | |

账户期末结余额的计算公式为：

借方期末余额 = 借方期初余额 + 借方本期发生额 - 贷方本期发

生额

1.8.2.2 负债和所有者权益类账户结构

负债和所有者权益账户的贷方登记增加额,借方登记减少额。本类账户如有余额,一般在贷方反映。其格式见表1-3。

表1-3

| 借方 | 权益类账户 | 贷方 |
|---|---|---|
| 本期减少额 | 期初结余额<br>本期增加额 |  |
| 本期借方发生额(减少额合计) | 本期贷方发生额(增加额合计) | |
|  | 期末结余额 | |

账户期末结余额的计算公式为:

贷方期末余额 = 贷方期初余额 + 贷方本期发生额 - 借方本期发生额

1.8.2.3 收入类账户结构

对用来记录收入的账户,收入的增加额记入账户的贷方,收入的减少额(或转销额)记入账户的借方。期末结束时,本期收入增加额减去本期收入减少额后的差额,转入所有者权益账户。本类账户期末没有余额。其格式见表1-4。

表1-4

| 借方 | 收入类账户 | 贷方 |
|---|---|---|
| 本期减少额 | 本期增加额 |  |
| 本期借方发生额(减少额合计) | 本期贷方发生额(增加额合计) | |

1.8.2.4 费用类账户结构

对于用来记录费用的账户,费用的增加额记入账户的借方,费用的减少额(或转销额)记入账户的贷方,期末一般无余额。本类账户如有余额,必定为借方余额,表示期末尚未转销的费用额。其格式见

表 1-5。

**表 1-5**

| 借方 | 费用类账户 | 贷方 |
|---|---|---|
| 本期增加额 | 本期减少额 | |
| 本期借方发生额（增加额合计） | 本期贷方发生额（减少额合计） | |

根据以上对各类账户结构的说明，可以把一切账户的借方和贷方所记录的经济内容加以归纳，见表 1-6。

**表 1-6**

| 借方 | 贷方 |
|---|---|
| 资产增加<br>负债减少<br>所有者权益减少<br>收入减少<br>费用增加 | 资产减少<br>负债增加<br>所有者权益增加<br>收入增加<br>费用减少 |

### 1.8.3 借贷记账法的记账规则

借贷记账法的记账规则是"有借必有贷，借贷必相等"。即对发生的每一笔经济业务都以相等的金额、借贷相反的方向，在两个或两个以上相互联系的账户中进行登记，在一个账户中记借方，同时在另一个或几个账户中记贷方；或者在一个账户中记贷方，同时在另一个或几个账户中记借方，记入借方的金额同记入贷方的金额相等。

### 1.8.4 借贷记账法的试算平衡

借贷记账法有账户发生额试算平衡法和账户余额试算平衡法两种。前者是根据借贷记账法的记账规则来确定的，后者是根据资产等于权益（负债与所有者权益）的平衡关系原理来确定的。

余额平衡法：

期末（初）余额借方合计 = 期末（初）余额贷方合计

发生额平衡法：

本期发生额借方合计 = 本期发生额贷方合计

试算平衡是以总分类账户所记录的期初余额、期末余额和本期发生额为依据，编制总分类账户本期发生额试算表和总分类账户期末余额试算表进行的。两表也可以合二为一。表1-7是某施工企业的试算平衡表。

表1-7　总分类账户本期发生额及余额表（试算平衡表）

2011年1月

| 账户名称 | 期初余额 借方 | 期初余额 贷方 | 本期发生额 借方 | 本期发生额 贷方 | 期末余额 借方 | 期末余额 贷方 |
|---|---|---|---|---|---|---|
| 固定资产 | 80 000 | | 50 000 | | 130 000 | |
| 原材料 | 65 000 | | 5 000 | 6 500 | 63 500 | |
| 现金 | 2 900 | | | | 2 900 | |
| 银行存款 | 28 000 | | | 9 500 | 18 500 | |
| 应收账款 | 24 100 | | | | 24 100 | |
| 银行借款 | | 35 000 | 20 000 | 5 000 | | 20 000 |
| 应付账款 | | 25 000 | 5 000 | 5 000 | | 25 000 |
| 实收资本 | | 140 000 | | 75 500 | | 215 500 |
| 生产成本 | | | 6 500 | | 6 500 | |
| 主营业务收入 | | | | 9 500 | | 9 500 |
| 管理费用 | | | 5 500 | | 5 500 | |
| 合计 | 200 000 | 200 000 | 101 500 | 101 500 | 260 500 | 260 500 |

# 第2章 施工企业结算方式

## 2.1 施工企业结算方式的种类

### 2.1.1 结算的概念

结算是指施工企业在与其他单位或个人的经济业务往来中使用现金、票据、信用卡、汇兑、托收承付、委托收款等结算方式进行货币给付及其资金结算的行为。

施工企业在其生产经营过程中,必然与各方面发生经济联系,产生资金结算关系。所以,施工企业必须选择合理的结算方式,一方面加速资金的周转,另一方面保护资金的安全,促进施工企业的健康发展。

### 2.1.2 支付结算的原则和纪律

#### 2.1.2.1 支付结算的原则

施工企业和银行办理支付结算必须遵守下列原则:

(1) 恪守信用,履约付款;

（2）谁的钱进谁的账，由谁支配；

（3）银行不垫款。

#### 2.1.2.2　支付结算的纪律

（1）不准签发没有资金保证的票据或远期支票（即空头支票），套用银行信用；

（2）不准签发、取得和转让没有真实交易和债权债务的票据，套取银行和他人资金；

（3）不准无理拒绝付款，任意占用他人资金；

（4）不准违反规定开立和使用账户。

### 2.1.3　结算方式的种类

#### 2.1.3.1　按支付货币的形式不同分类

按支付货币的形式不同，结算方式分为现金结算和转账结算两种。

（1）现金结算方式。现金结算方式是指施工企业在其生产经营活动中直接使用现金进行交易和支付的结算方式。

（2）转账结算方式。转账结算方式也称银行结算方式，是指通过银行划付清算，办理转账的结算方式，包括三票、一卡、一证、三种方式，见图2-1。

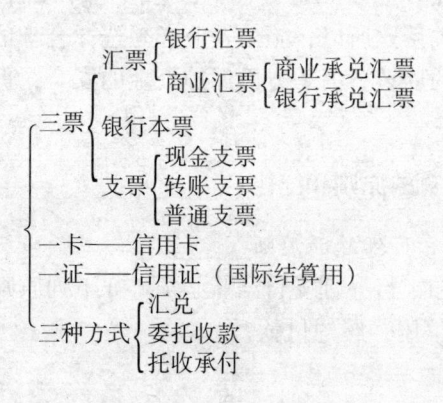

```
       ┌ 汇票 ┌ 银行汇票
       │      │ 商业汇票 ┌ 商业承兑汇票
       │      │          └ 银行承兑汇票
   三票 ┤ 银行本票
       │      ┌ 现金支票
       └ 支票 ┤ 转账支票
              └ 普通支票
   一卡——信用卡
   一证——信用证（国际结算用）
              ┌ 汇兑
   三种方式 ┤ 委托收款
              └ 托收承付
```

图2-1　银行结算方式

国内转账结算方式又分为票据结算方式和非票据结算方式。

（1）票据结算方式，是指采用汇票（包括银行汇票和商业汇票）、银行本票和支票进行结算的方式。

（2）非票据结算方式，是指由银行通过记账形式划转款项，包括信用卡、汇兑、托收承付、委托收款四种结算方式。

施工企业因各种业务办理结算，除使用少量现金结算外，大部分通过银行办理转账结算。

#### 2.1.3.2　按支付工具的不同分类

支付工具是资金转移的载体，方便、快捷、安全的支付工具是加快资金周转、提高资金使用效率的保障。支付结算方式按其支付工具不同，分为票据支付结算、卡基支付结算、电子支付结算和其他支付结算四类。

（1）票据支付结算方式，是指采用汇票（包括银行汇票和商业汇票）、银行本票和支票等票据进行结算的方式。

（2）卡基支付结算方式，是指采用银行卡进行结算的方式。银行卡包括借记卡、贷记卡（信用卡）和储值卡。

（3）电子支付结算方式，是指采用网上支付和移动支付工具进行结算的方式。

（4）其他支付结算方式，是指除票据支付结算方式、卡基支付结算方式和电子支付结算方式以外的现金支付、汇兑、委托收款、托收承付、定期借记和定期贷记等支付结算方式。

## 2.2　现金结算方式

### 2.2.1　现金管理与控制

#### 2.2.1.1　现金的含义

现金是指可以随时用来购买所需物资，支付有关费用，偿还债务和存入银行的货币性资产。现金有广义和狭义之分。狭义的现金是指施工企业的库存现金；广义的现金就是会计上的货币资金，即包括库存现金、银行存款和其他货币资金。现金结算方式中的现金是指狭义上的现金。

根据国家现金管理制度和结算制度的规定，施工企业必须按照国务院发布的《现金管理暂行条例》规定收支和使用现金，加强现金管理，并接受开户银行的监督。

#### 2.2.1.2 现金的使用范围

施工企业与各单位和职工之间的经济往来中，只可以在下列范围内使用现金：

(1) 职工工资、各种工资性津贴；
(2) 个人劳务报酬；
(3) 支付给个人的各种奖金；
(4) 各种劳保、福利费用以及国家规定的对个人的其他现金支出；
(5) 收购单位向个人收购农副产品和其他物资支付的价款；
(6) 出差人员必须随身携带的差旅费；
(7) 结算起点以下的零星支出；
(8) 确实需要现金支付的其他支出。

#### 2.2.1.3 现金结算的起点

施工企业采用现金结算的起点为1 000元。超过1 000元的，除上述范围内可以用现金结算的款项外，其他款项的结算一律通过银行进行转账结算。

#### 2.2.1.4 施工企业现金的库存限额

施工企业现金的库存限额由开户银行根据实际需要核定，一般是施工企业3~5天的日常零星开支所需的现金。边远地区和交通不便地区的施工企业的库存现金限额，可以适当放宽，但最多不得超过15天的日常零星开支。

经核定的库存现金限额，施工企业必须严格遵守。需要增加或者减少库存现金限额的，应当向开户银行提出申请，由开户银行核定。

施工企业由于生产或业务变化，需要增加或减少库存现金限额，应向开户银行提出申请，经批准后再行调整。

2.2.1.5 施工企业现金收支的规定

(1) 施工企业收入现金应于当日送存开户银行,当日送存确有困难的,由开户银行确定送存时间。

(2) 施工企业支付现金,可以从本企业现金库存中支付或者从开户银行提取,不得从本单位的现金收入中直接支付,即不得坐支。

需要坐支现金的施工企业,要事先报经开户银行审查批准,由开户银行核定坐支范围和限额。坐支企业必须在现金账上如实反映坐支金额,并按月向开户银行报送坐支金额和使用情况。

(3) 施工企业从开户银行提取现金的,应当如实写明用途,由本单位财会部门负责人签字、盖章,并经开户银行审查批准,予以支付。

(4) 因采购地点不确定、交通不便、抢险救灾以及其他特殊情况,办理转账结算不够方便,必须使用现金的开户单位,要向开户银行提出书面申请,由本企业财会部门负责人签字、盖章,开户银行审查批准后,予以支付现金。

(5) 施工企业必须建立健全现金账目,逐笔记载现金收付,账目要日清月结,做到账款相符。不准用不符合财务制度的凭证顶替库存现金;不准单位之间相互借用现金;不准谎报用途套取现金;不准利用银行账户代其他单位和个人存入或支取现金;不准将单位收入的现金以个人名义存入储蓄;不准保留账外公款(即小金库);禁止发行变相货币,不准以任何票券代替人民币在市场上流通。

## 2.2.2 现金的会计核算

为了总括反映施工企业现金的收支和结存情况,施工企业应当设置"库存现金"总账,进行总分类核算;同时设置"现金日记账"进行序时核算。

2.2.2.1 现金收入的账务处理

【例2-1】大华公司从银行提取现金200 000元,备发工资。

借:库存现金　　　　　　　　　　　　　　200 000
　　贷:银行存款　　　　　　　　　　　　　　200 000

【例2-2】收回应收款项950元。
借：库存现金 950
　　贷：应收账款 950

【例2-3】王强出差回来报销费用2 500元，交回差旅费剩余款500元。
借：库存现金 500
　　管理费用 2 500
　　贷：其他应收款 3 000

【例2-4】收到供应单位因不履行合同而赔偿的赔款1 000元。
借：库存现金 1 000
　　贷：营业外收入 1 000

2.2.2.2　现金支付的账务处理

【例2-6】大华公司购买沙石价款980元。
借：原材料 980
　　贷：库存现金 980

【例2-7】支付职工工资100 000元。
借：应付职工薪酬 100 000
　　贷：库存现金 100 000

【例2-8】用现金购买办公用品500元。
借：管理费用 500
　　贷：库存现金 500

【例2-9】购买印花税票200元。
借：管理费用 200
　　贷：库存现金 200

【例2-10】王强借支差旅费3 000元。
借：其他应收款 3 000
　　贷：库存现金 3 000

【例2-11】将超出库存限额的1 500元现金存入银行。

借：银行存款　　　　　　　　　　　　　　1 500
　　贷：库存现金　　　　　　　　　　　　　1 500

## 2.3　票据结算方式

在票据结算方式中，主要包括银行汇票、商业汇票、银行本票和支票结算方式。

### 2.3.1　银行汇票结算方式

#### 2.3.1.1　银行汇票的含义及特点

银行汇票是指出票银行签发的，由其在见票时按照实际结算金额无条件支付给收款人或者持票人的票据。

银行汇票的特点是：票随人到，人到款到，可以做到一手交钱、一手交货，方便施工企业急需用款和及时采购的业务结算，使用灵活，既可转账，也可提现。施工企业凭银行汇票购货，余款自动退回，可以钱货两清，防止不合理的预付账款和尾款拖欠，而且这种银行汇票保证支付，收款单位能够迅速获得款项。因此，银行汇票是目前到异地灵活使用款项较为普遍采用的一种结算方式。

#### 2.3.1.2　银行汇票结算的主要规定

（1）银行汇票的出票银行为银行汇票的付款人。

（2）签发银行汇票必须记载下列事项：①表明"银行汇票"的字样；②无条件支付的承诺；③确定的金额；④付款人名称；⑤收款人名称；⑥出票日期；⑦出票人签章。欠缺记载上列事项之一的，银行汇票无效。

（3）银行汇票的提示付款期。银行汇票自出票起一个月内（按次月对日计算，无对日的，月末日为到期日，遇法定休假日顺延）。持票人超过付款期限提示付款的，代理付款人不予受理。

#### 2.3.1.3　银行汇票结算的办理

银行汇票由企业财务人员负责办理，其结算一般分为申请、出票、结算、兑付、余款退回五个步骤。银行汇票结算流程图见图2-2。

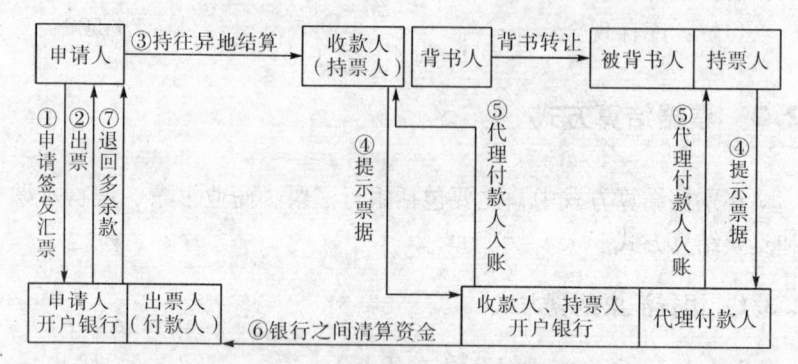

图2-2 银行汇票结算流程图

## 2.3.2 商业汇票结算方式

### 2.3.2.1 商业汇票的含义及种类

商业汇票是指由出票人签发的,委托付款人在指定日期无条件支付确定的金额给收款人或者持票人的票据。

商业汇票按承兑人,分为商业承兑汇票(由银行以外的付款人承兑)和银行承兑汇票(由银行承兑)两种。所谓承兑,是指汇票的付款人承诺在汇票到期日支付汇票金额给收款人或持票人的票据行为。承兑仅限于商业汇票,付款人承兑商业汇票时应当在汇票正面记载"承兑"字样和承兑日期并签章。

### 2.3.2.2 商业汇票结算的主要规定

(1)在银行开立存款账户的法人以及其他组织之间,必须具有真实的交易关系或债权债务关系,才能使用商业汇票。

(2)签发商业汇票必须记载下列事项:①表明"商业承兑汇票"或"银行承兑汇票"的字样;②无条件支付的委托;③确定的金额;④付款人的名称;⑤收款人的名称;⑥出票日期;⑦出票人签章。欠缺记载上列事项之一的,商业汇票无效。

(3)商业汇票可以在出票时向付款人提示承兑后使用,也可以在出票后先使用再向付款人提示承兑。定日付款或者出票后定期付款的商业汇票持票人应当在汇票到期日前向付款人提示承兑。见票后定期付款的汇票，持票人应当自出票日起一个月内向付款人提示承兑。付款人接到提示承兑的汇票时，应当在自收到提示承兑的汇票之日起三日内承兑或者拒绝承兑（拒绝承兑必须出具拒绝承兑的证明）。

（4）商业汇票的付款期限，最长不得超过六个月（按到期月的对日计算，无对日的，月末日为到期日，遇法定休假日顺延）。①定日付款的汇票付款期限自出票日起计算，并在汇票上记载具体的到期日；②出票后定期付款的汇票付款期限自出票日起按月计算，并在汇票上记载；③见票后定期付款的汇票付款期限自承兑或拒绝承兑日起按月计算，并在汇票上记载。

（5）商业汇票的提示付款期限，自汇票到期日起10日内。

（6）符合条件的商业汇票的持票人可持未到期的商业汇票向银行申请贴现。

2.3.2.3 商业汇票结算的办理

商业承兑汇票和银行承兑汇票结算的具体办理步骤如下：商业（或银行）承兑汇票的签发及承兑、收款人收款、付款人付款。商业承兑汇票和银行承兑汇票的结算流程图分别见图2-3和图2-4。

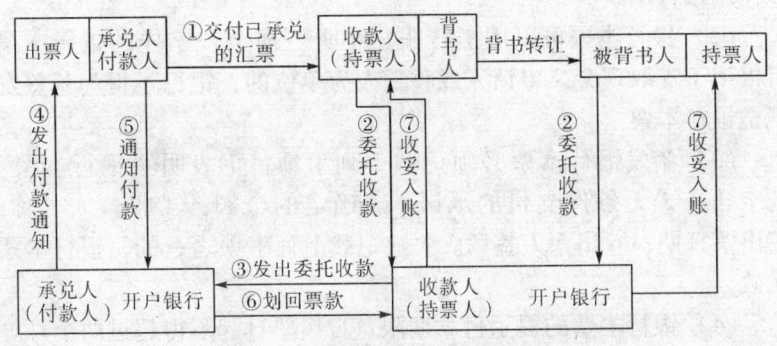

图2-3 商业承兑汇票结算流程图

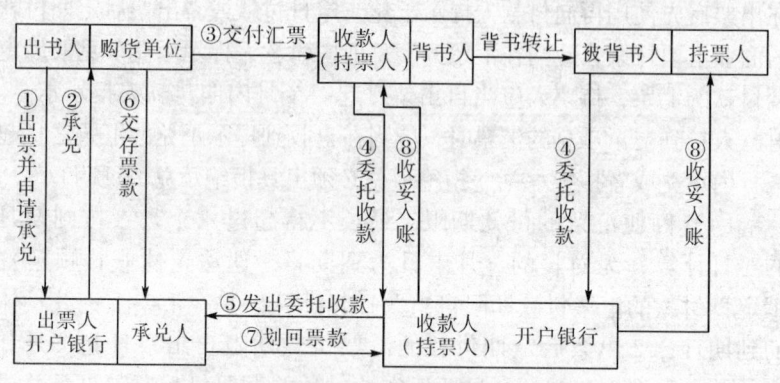

图 2-4　银行承兑汇票结算流程图

## 2.3.3　银行本票结算方式

### 2.3.3.1　银行本票的含义

银行本票是指由银行签发的，承诺自己在见票时无条件支付确定的金额给收款人或者持票人的票据。

### 2.3.3.2　银行本票的主要规定

（1）单位和个人在同一票据交换区域需要支付各种款项，均可以使用银行本票。

（2）银行本票可以用于转账，注明"现金"字样的银行本票可以用于支取现金。申请人或收款人为单位的，银行不得为其签发现金银行本票。

（3）签发银行本票必须记载下列事项：①表明"银行本票"的字样；②无条件支付的承诺；③确定的金额；④收款人名称；⑤出票日期；⑥出票人签章。欠缺记载上列事项之一的，银行本票无效。

（4）银行本票的提示付款期限，自出票日起不得超过两个月。

（5）银行本票见票即付。

### 2.3.3.3　银行本票结算的办理

银行本票结算可以分为银行本票的签发和款项的结算两个步

骤。银行本票结算流程图见图2-5。

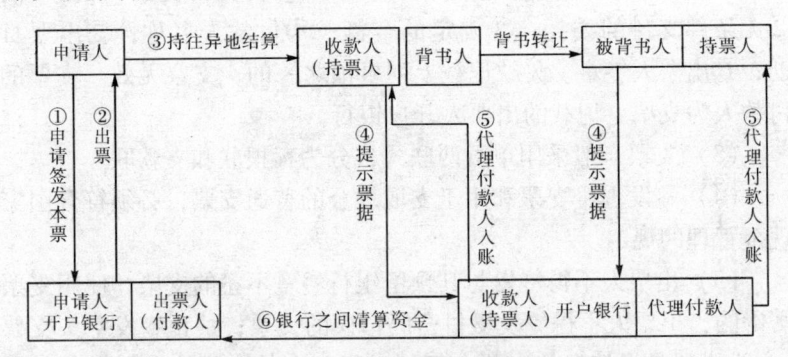

图2-5 银行本票结算流程图

## 2.3.4 支票结算方式

### 2.3.4.1 支票的含义及种类

支票是指由出票人签发的,委托办理支票存款业务的银行在见票时无条件支付确定的金额给收款人或者持票人的票据。

(1) 现金支票。支票上印有"现金"字样的为现金支票,现金支票只能用于支取现金。

(2) 转账支票。支票上印有"转账"字样的为转账支票,转账支票只能用于转账。

(3) 普通支票。支票上未印有"现金"或"转账"字样的为普通支票,普通支票既可以用于支取现金,也可以用于转账。在普通支票左上角划两条平行线的,为划线支票。划线支票只能用于转账,不得支取现金。

支票结算具有简便、灵活、迅速和可靠的特点,是目前较为常用的一种同城结算方式。

### 2.3.4.2 支票结算的主要规定

(1) 单位和个人在同一票据交换区域的各种款项结算均可以使用支票。

(2) 签发支票必须记载下列事项：①表明"支票"的字样；②无条件支付的委托；③确定的金额；④付款人名称；⑤出票日期；⑥出票人签章。欠缺记载上列事项之一的，支票无效。支票的付款人为支票上记载的出票人开户银行。

(3) 支票一般采用单页两联式，分为存根联和支款联。

(4) 签发现金支票和用于支取现金的普通支票，必须符合国家现金管理的规定。

(5) 出票人不得签发与其预留银行签章不符的支票；使用支票密码的，出票人不得签发支付密码错误的支票；禁止签发空头支票（空头支票是指签发的支票金额超过银行存款余额的支票）。否则，银行予以退票，并按票面金额处以5%但不低于1 000元的罚款，持票人有权要求出票人赔偿支票金额2%的赔偿金。对屡次签发空头支票的，银行应停止其签发支票的权利。

(6) 支票的提示付款期限自出票日起10日内有效（遇法定休假日顺延）。过期支票作废，银行不予受理。

2.3.4.3 支票结算的流程

收款人持支票结算流程图见图2-6；出票人持支票结算流程图见图2-7。

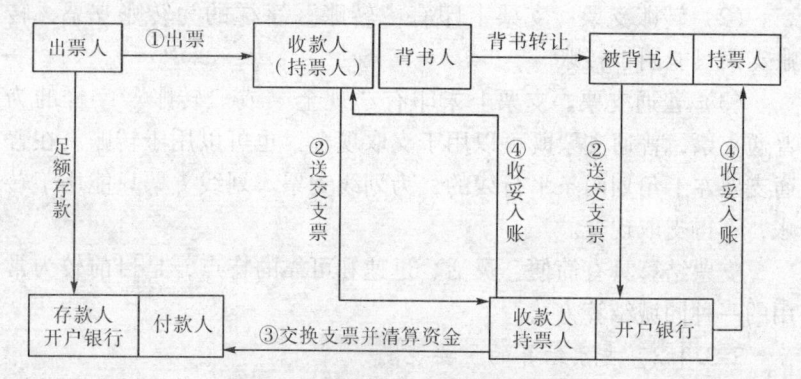

图2-6 收票人持支票结算流程图

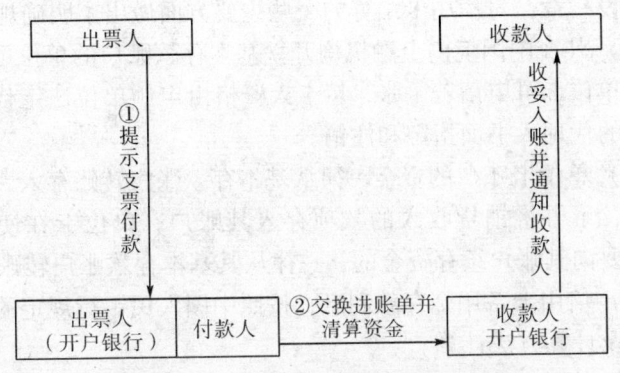

```
┌─────────┐                              ┌─────────┐
│  出票人  │                              │  收款人  │
└────┬────┘                              └────▲────┘
     │                                        │收
     │①                                       │妥
     │提                                       │人
     │示                                       │账
     │支                                       │并
     │票                                       │通
     │付                                       │知
     │款                                       │收
     │                                        │款
     ▼                                        │人
┌─────────┐ ┌─────┐  ②交换进账单并  ┌─────────┐
│  出票人  │ │付款人│ ─ 清算资金 ──→ │  收款人  │
│(开户银行)│ │      │                │ 开户银行 │
└─────────┘ └─────┘                  └─────────┘
```

图2-7 出票人持支票结算流程图

## 2.4 信用卡结算方式

### 2.4.1 信用卡的含义及种类

信用卡是指商业银行向个人和单位发行的，凭以向特约单位购物、消费和向银行存取现金，且具有消费信用的特制载体卡片。

信用卡按使用对象，分为单位卡和个人卡；按信誉等级，分为金卡和普通卡。目前，我国各个商业银行发行的信用卡主要有：中国工商银行发行的牡丹卡；中国银行发行的长城卡；中国建设银行发行的龙卡；中国农业银行发行的金穗卡以及交通银行发行的太平洋卡等。

使用信用卡购物、消费，既方便、安全，又可以应急，允许在规定限额内小额善意透支。信用卡是现代社会一种较理想的信用支付工具。

### 2.4.2 信用卡结算的基本规定及办理

为了加强信用卡结算的规范和管理，中国人民银行曾于1996年颁发了《信用卡业务管理办法》，在新颁布的《支付结算办法》

中又专设一章，对信用卡结算的一些主要方面做出了明确规定。

（1）凡在中国境内金融机构开立基本存款账户的单位可申领单位卡。单位卡可申请若干张，持卡人资格由申领单位法定代表人或其委托的代理人书面指定和注销。

（2）单位卡账户的资金一律从基本存款账户转账存入，不得交存现金，不得将销货收入的款项存入其账户；单位卡在使用过程中，需要向其账户续存资金的，一律从其基本存款账户转账存入。

（3）信用卡备用金存款利息，按照中国人民银行规定的活期存款利率及计算方法计算。

（4）信用卡仅限于合法持卡人本人使用，持卡人不得出租或转借信用卡。

（5）持卡人可持信用卡在特约单位购物、消费。单位卡不得用于 100 000 元以上的商品交易、劳务供应款项的结算。

（6）单位卡一律不得支取现金。

（7）信用卡透支额，金卡最高不超过 10 000 元，普通卡最高不得超过 5 000 元。信用卡透支期限最长为 60 天。对信用卡透支利息的利率及其利息的计算规定是：自签单日或银行汇账日起 15 日内按日息万分之五计算，超过 15 日按日息万分之十计算，超过 30 日或透支金额超过规定限额的，按日息万分之十五计算。透支计息不分段，按最后期限或者最高透支额的最高利率档次计算。

（8）持卡人使用信用卡不得发生恶意透支。恶意透支是指持卡人超过规定限额或规定期限，并且经发卡银行催收无效的透支行为。

### 2.4.3 信用卡使用结算的办理

信用卡使用结算一般可分为申领、受理、特约单位办理信用卡进账三个步骤。信用卡结算流程图见图 2-8。

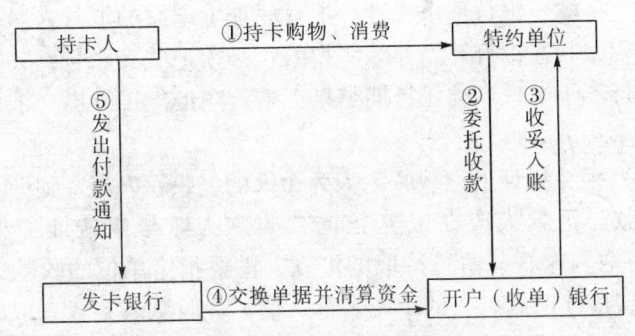

图 2-8 信用卡结算流程图

## 2.5 汇兑结算方式

### 2.5.1 汇兑的含义及种类

汇兑是指汇款人委托银行将其款项支付给收款人的结算方式。

汇兑按款项划转方式，分为信汇和电汇两种。信汇是指汇款人委托银行通过邮寄方式将款项划给收款人；电汇是指汇款人委托银行通过电报将款项划转给收款人。在这两种汇兑结算方式中，信汇费用较低，但速度相对较慢；电汇速度快，但费用较高。

单位和个人的各种款项的结算，均可以使用汇兑结算方式。如单位之间先付款后发货的商品交易，单位对在异地的退休职工支付工资、医药费一类款项都可以采用信（电）汇结算方式。

### 2.5.2 汇兑结算的主要规定及办理

#### 2.5.2.1 汇兑结算的主要规定

（1）签发汇兑凭证必须记载下列事项：①表明"信汇"或"电汇"的字样；②无条件支付的委托；③确定的金额；④收款人的名称；⑤汇票人名称；⑥汇入地点、汇入行名称；⑦汇出地点、汇出行名称；⑧委托日期；⑨汇款人签章。汇兑凭证上欠缺上列记载事项之一的，银行不予受理。汇兑凭证上记载的汇款人名称、收款人名称，其在银行开立存款账户的，必须记载其账号，欠缺记载的，银行不予受理。委托日期是指汇款人向汇出银行提交汇兑凭证的当日。

（2）汇兑凭证上记载收款人为个人的，收款人需要到汇入银行领取汇款。汇款人应在汇兑凭证"收款人账号或住址"栏注明"留行待取"字样。留行待取的汇款，需要指定单位的收款人领取汇款的，应注明收款人的单位名称；信汇凭收款人签章支取的，应在信汇凭证上预留其签章。汇款人确定不得转汇的，应在汇兑凭证备注中注明"不得转汇"字样。

（3）汇款人和收款人均为个人，需要在汇入银行支取现金的，应在信汇凭证或电汇凭证的"汇款金额"大写栏，填写"现金"字样后，填写汇款金额。

（4）汇入银行对于向收款人发出取款通知，经过两个月无法交付的汇款以及收款人拒绝接受的汇款，应主动办理退汇。

#### 2.5.2.2 汇兑结算的办理

汇兑结算的具体办理有两个步骤，即付款人办理汇款、收款人办理进账或取款。汇兑结算流程图见图2-9。

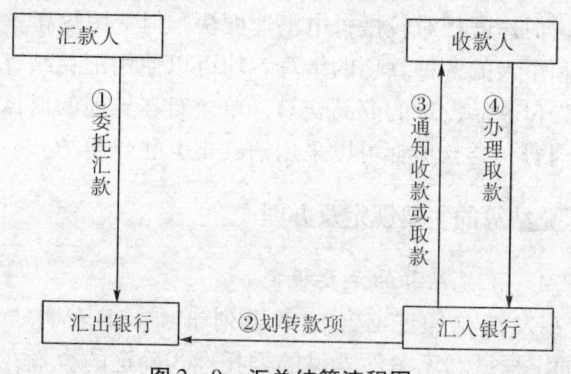

图2-9 汇兑结算流程图

## 2.6 托收承付结算方式

### 2.6.1 托收承付的含义及特点

托收承付是指根据购销合同由收款人发货后委托银行向异地付款人收取款项,由付款人向银行承认付款的结算方式。

托收承付结算具有使用范围较窄、监督严格和信用度较高的特点。

### 2.6.2 托收承付的主要规定及办理

#### 2.6.2.1 托收承付的主要规定

(1) 使用托收承付结算方式的收款单位和付款单位,必须是国有企业、供销合作社以及经营管理较好,并经开户银行审查同意的城乡集体所有制工业企业。

(2) 办理托收承付的款项,必须是商品交易,以及因商品交易而产生的劳务供应的款项。代销、寄销、赊销商品的款项,不得办理托收承付结算。

(3) 收付双方使用托收承付结算必须签有符合《中华人民共和国合同法》的购销合同,并在合同上注明使用托收承付结算方式。

(4) 收付双方办理托收承付结算,必须重合同、守信用。收款人对同一付款人发货托收累计三次收不回货款的,收款人开户银行应暂停收款人向该付款人办理托收;付款人累计三次提出无理拒付的,付款人开户银行应暂停其向外办理托收。

(5) 收款人办理托收,必须具有商品确已发运的证件(包括铁路、航运、公路等运输部门签发的运单、运车副本和邮局包裹回执)。

(6) 托收承付结算每笔金额的起点为 10 000 元。新华书店系统每笔金额的起点为 1 000 元。

(7) 签发托收承付凭证必须记载下列事项:①表明"托收承

付"的字样；②确定的金额；③付款人名称及账号；④收款人名称和账号；⑤付款人开户银行名称；⑥收款人开户银行名称；⑦托收附寄单证张数或册数；⑧合同名称、号码；⑨委托日期；⑩收款人签章。托收承付凭证上欠缺记载上列事项之一的，银行不予受理。

#### 2.6.2.2 托收承付结算的办理

托收承付结算流程图见图 2-10。

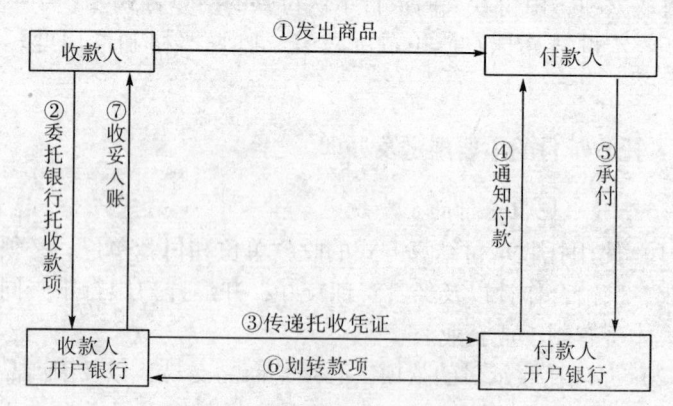

图 2-10 托收承付结算流程图

## 2.7 委托收款结算方式

### 2.7.1 委托收款的含义及特点

委托收款是指收款人委托银行向付款人收取款项的结算方式。

委托收款结算具有使用范围广、灵活、简便等特点，在同城、异地均可以使用。

### 2.7.2 委托收款结算的主要规定及办理

#### 2.7.2.1 委托收款结算的主要规定

（1）单位和个人凭已承兑商业汇票、债券、存单等付款人债务证明办理款项的结算,均可以使用委托收款结算方式。

(2)签发委托收款凭证必须记载下列事项:①表明"委托收款"的字样;②确定的金额;③付款人名称;④收款人名称;⑤委托收款凭证名称及附寄单证张数;⑥委托日期;⑦收款人签章。委托收款凭证上欠缺记载上列事项之一的,银行不予受理。委托收款以银行以外的单位为付款人的,委托收款凭证必须记载付款人开户银行名称;以银行以外的单位或在银行开立存款账户的个人为收款人的,委托收款凭证必须记载收款人开户银行名称;未在银行开立存款账户的个人为收款人的,委托收款凭证必须记载被委托银行名称。委托收款凭证上欠缺记载上列事项之一的,银行不予受理。

(3)银行不负责审查付款人拒付理由。

2.7.2.2 委托收款结算的办理

委托收款结算流程图见图 2-11。

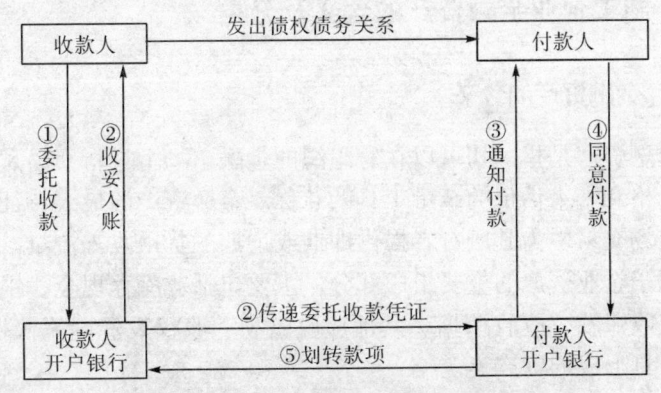

图 2-11 委托收款结算流程图

# 第3章 施工企业货币性金融资产实账模拟

## 3.1 施工企业金融资产的含义及分类

### 3.1.1 金融资产的含义

金融资产是指一切可以在有组织的金融市场上进行交易、具有现实价格和未来估价的金融工具的总称。金融资产的最大特征是能够在市场交易中为其所有者提供即期或远期的货币收入流量。金融资产属于企业资产的重要组成部分，主要包括：库存现金、银行存款、应收账款、应收票据、其他应收款项、股权投资、债权投资、衍生工具形成的资产等。

### 3.1.2 金融资产的分类

施工企业应当结合自身业务的特点、投资策略和风险管理要求，将取得的金融资产在初始确认时划分为以下五类：

(1) 交易性金融资产；

(2) 持有至到期投资;
(3) 可供出售金融资产;
(4) 长期股权投资;
(5) 应收款项。

前面四类属于非货币性金融资产,后一类属于货币性金融资产。

本章主要涉及货币性金融资产的实账模拟。非货币性金融资产的内容将在后面的章节中介绍。

### 3.1.3 货币性金融资产的内容

施工企业的货币性金融资产主要包括企业持有的库存现金、银行存款、其他货币资金以及各项应收款项。

## 3.2 施工企业库存现金实账模拟

### 3.2.1 库存现金的总分类核算

库存现金是指存放于施工企业,由出纳人员保管,主要用于日常零星开支的现金,包括库存的人民币和外币。库存现金是流动性最强的一种货币性资产,可以随时用于购买企业所需物资、支付有关费用、偿还债务等,也可以随时存入银行。

#### 3.2.1.1 账户设置

为了总括地反映库存现金的收入、支出和结存情况,施工企业应设置"库存现金"账户,用来核算现金收支业务。该账户属于资产类账户。其借方登记库存现金的增加,贷方登记库存现金的减少,期末余额在借方,反映企业持有的库存现金金额。

#### 3.2.1.2 库存现金的账务处理

【例3-1】四川东方建筑工程公司2011年初现金余额为15 000元,银行核定的库存限额为20 000元。

(1) 4日,张华借支差旅费2 000元,填制了借款单,并报请领导签了字。

会计人员根据借款单编制现金付款凭证,见表3-1。

表3-1　　　　　　　　　付款凭证
贷方科目:库存现金　　　2011年1月4日　　　现付字第01号

| 摘要 | 借方科目 | | 记账 | 金额 |
|---|---|---|---|---|
| | 一级科目 | 明细科目 | | |
| 张华借支差旅费 | 其他应收款 | 张华 | | 2 000.00 |
| | | | | |
| | | | | |
| 合计 | | | | 2 000.00 |

附件1张

会计主管:　　　记账:　　　出纳:张　　　审核:　　　制单:胡

(2) 4日,销售部章华持手续齐备的领款单,领取备用金1 000元。

会计人员根据领款单编制现金付款凭证,见表3-2。

表3-2　　　　　　　　　付款凭证
贷方科目:库存现金　　　2011年1月4日　　　现付字第02号

| 摘要 | 借方科目 | | 记账 | 金额 |
|---|---|---|---|---|
| | 一级科目 | 明细科目 | | |
| 销售部门领取备用金 | 其他应收款 | 销售部门 | | 1 000.00 |
| | | | | |
| | | | | |
| | | | | |
| 合计 | | | | 1 000.00 |

附件1张

会计主管:　　　记账:　　　出纳:张　　　审核:　　　制单:胡

· 54

(3) 4日，销售A材料，收到5笔现金，开出普通发票5份，价款共计4 680元。

会计人员根据发票第三联编制现金收款凭证，见表3－3。

表3－3　　　　　　　　　　收款凭证
借方科目：库存现金　　　2007年1月4日　　　　现收字第01号

| 摘要 | 贷方科目 | | 记账 | 金额 |
|---|---|---|---|---|
| | 一级科目 | 明细科目 | | |
| 销售A材料 | 其他业务收入 | A材料 | | 4 680.00 |
| | | | | |
| | | | | |
| | | | | |
| 合计 | | | | 4 680.00 |

附件5张

会计主管：　　记账：　　出纳：张　　审核：　　制单：胡

(4) 4日，职工陈栋归还借款800元。

会计人员根据借款单编制现金收款凭证，见表3－4。

表3－4　　　　　　　　　　收款凭证
借方科目：库存现金　　　2007年1月4日　　　　现收字第02号

| 摘要 | 贷方科目 | | 记账 | 金额 |
|---|---|---|---|---|
| | 一级科目 | 明细科目 | | |
| 陈栋归还借款 | 其他应收款 | 陈栋 | | 800.00 |
| | | | | |
| | | | | |
| | | | | |
| 合计 | | | | 800.00 |

附件张

会计主管：　　记账：　　出纳：张　　审核：　　制单：胡

下面发生的经济业务，都以会计分录代替记账凭证。

（5）4日，将销售款项4 680元存入银行，带回现金缴款单第一联。

　　借：银行存款　　　　　　　　　　　　　　4 680
　　　　贷：库存现金　　　　　　　　　　　　　　　　4 680

（6）8日，出纳签发一张现金支票，到银行提取现金5 000元。

　　借：库存现金　　　　　　　　　　　　　　5 000
　　　　贷：银行存款　　　　　　　　　　　　　　　　5 000

（7）8日，用现金购买办公用品1 900元。

　　借：管理费用——办公费　　　　　　　　　1 900
　　　　贷：库存现金　　　　　　　　　　　　　　　　1 900

（8）8日，职工黄华报销医药费100元。

　　借：应付职工薪酬——福利费　　　　　　　　100
　　　　贷：库存现金　　　　　　　　　　　　　　　　100

（9）8日，收到职工王林的赔偿款120元，开出内部收据一张。

　　借：库存现金　　　　　　　　　　　　　　　120
　　　　贷：其他应收款——赔偿款　　　　　　　　　　120

（10）15日，张华出差归来，报销差旅费1 800元，并退回多余款项。

　　借：库存现金　　　　　　　　　　　　　　　200
　　　　贷：其他应收款——张华　　　　　　　　　　　200
　　借：管理费用　　　　　　　　　　　　　　1 800
　　　　贷：其他应收款——张华　　　　　　　　　　1 800

（11）15日，收回乙公司前欠货款900元，开出普通发票一张。

　　借：库存现金　　　　　　　　　　　　　　　900
　　　　贷：应收账款——乙公司　　　　　　　　　　　900

（12）15日，支付第一季度报刊费600元。

借：管理费用——报刊费　　　　　　　　　　　600
　　贷：库存现金　　　　　　　　　　　　　　　　　600

(13) 15日，退回预收甲公司的包装物押金800元。

借：其他应付款——甲公司　　　　　　　　　　800
　　贷：库存现金　　　　　　　　　　　　　　　　　800

(14) 30日，车间购买考勤表等办公用品，款项500元，用现金支付，取得普通发票。

借：制造费用　　　　　　　　　　　　　　　　200
　　贷：库存现金　　　　　　　　　　　　　　　　　200

(15) 30日，根据领导已经审批的工资表，上午，开出金额为100 000元的现金支票一张到银行提现。下午，发放1月份工资100 000元。其中：生产工人工资60 000元，生产车间管理人员工资5 000元，行政管理人员工资25 000元，销售人员工资10 000元。

借：库存现金　　　　　　　　　　　　　　100 000
　　贷：银行存款　　　　　　　　　　　　　　　100 000
借：应付职工薪酬——工资　　　　　　　　100 000
　　贷：库存现金　　　　　　　　　　　　　　　100 000

(16) 出售办公室废旧报刊，取得现金100元。

借：库存现金　　　　　　　　　　　　　　　　100
　　贷：管理费用　　　　　　　　　　　　　　　　　100

(17) 31日，开出现金支票3500元，补足库存限额。

借：库存现金　　　　　　　　　　　　　　　3 500
　　贷：银行存款　　　　　　　　　　　　　　　　3 500

### 3.2.2　库存现金的序时核算

为了全面、连续地反映和监督库存现金的收支和结存情况，企业还要对库存现金进行序时核算。企业应当设置"现金日记账"，由出纳人员根据审核无误的现金收、付款凭证，按照业务发生顺序逐笔登记。每日终了，应当计算当日的现金收入合计额、现金支出合计额和结余额,并将结余额与实际库存额核对,做到账款相符。月份终了,现金日记账的余额需要与现金总分类账的余额核对相符。有外币现金的企业,应分别按人民币和各种外币设置现金日记账。现金日记账的格式及登记方法见表3-5。

【例3-2】根据【例3-1】的资料,出纳人员登记现金日记账,见表3-5。

表3-5　　　　　　　　现金日记账

2011 年度　　　　　　　　　　第 1 页

| 2011年 | | 凭证号 | 摘要 | 借方 | 贷方 | 借或贷 | 余额 |
|---|---|---|---|---|---|---|---|
| 月 | 日 | | | | | | |
| 1 | 1 | | 期初余额 | | | 借 | 1500000 |
| | 4 | 现付1 | 借差旅费 | | 200000 | | |
| | | 现付2 | 领备用金 | | 100000 | | |
| | | 现收1 | 销售A材料 | 468000 | | | |
| | | 现收2 | 归回借款 | 80000 | | | |
| | | 现付3 | 销款送银行 | | 468000 | | |
| | | | 本日合计 | 548000 | 768000 | 借 | 1280000 |
| | 8 | 银付3 | 支票提现 | 500000 | | | |
| | | 现付4 | 购买办公品 | | 9000 | | |
| | | 现付5 | 报销医药费 | | 1000 | | |
| | | 现收3 | 收赔偿款 | 12000 | | | |
| | | | 本日合计 | 512000 | 100000 | 借 | 1692000 |
| | 15 | 现收4 | 退回多余款 | 20000 | | | |
| | | 现收5 | 收回货款 | 90000 | | | |
| | | 现付6 | 支付报刊费 | | 60000 | | |
| | | 现付7 | 退回押金 | | 80000 | | |
| | | | 本日合计 | 110000 | 140000 | 借 | 1662000 |
| | 30 | 现付8 | 购买办公品 | | 3000 | | |
| | | 银付6 | 提现发工资 | 1000000 | | | |
| | | 现付9 | 发工资 | | 1000000 | | |
| | | 现收6 | 出售废报纸 | 10000 | | | |
| | | | 本日合计 | 1001000 | 1003000 | 借 | 1642000 |
| | 31 | 银付10 | 支票提现 | 350000 | | | |
| | | | 本月合计 | 1153000 | 1038000 | 借 | 1992000 |

· 58 ·

## 3.3 施工企业银行存款实账模拟

### 3.3.1 银行存款的总分类核算

#### 3.3.1.1 账户设置

企业应设置"银行存款"账户,用来核算企业存入银行或其他金融机构的各种款项。本账户的借方登记银行存款的增加,贷方登记银行存款的减少,期末余额在借方,反映企业存在银行或其他金融机构的各种款项。

#### 3.3.1.2 银行存款的账务处理

【例3-3】四川东方建筑工程公司2011年"银行存款"账户期初余额为1 990 000元。1月份发生银行存款收付业务及账务处理如下:

(1) 4日,收到客户甲按合同规定拨付的备料款170 000,对方开具转账支票一张,出纳人员填制进账单,将其存入开户银行。

借:银行存款　　　　　　　　　　　　170 000
　　贷:预收账款——预收备料款(某客户)　170 000

(2) 4日,公司采购材料M,交回增值税专用发票一张,价税合计234 000元,出纳人员开出转账支票一张及进账单,支付货款。

借:原材料　　　　　　　　　　　　　234 000
　　贷:银行存款　　　　　　　　　　　234 000

(3) 4日,出纳人员到银行办理金额为200 000元的银行汇票一张。

借:其他货币资金　　　　　　　　　　200 000
　　贷:银行存款　　　　　　　　　　　200 000

(4) 4日,将销售款项4 680元存入银行,带回现金缴款单第一联。

借:银行存款　　　　　　　　　　　　4 680
　　贷:库存现金　　　　　　　　　　　4 680

(5) 4日,银行传来信汇凭证收账通知,上月A公司所欠工程款项 58 000 元于今日收到。

借：银行存款　　　　　　　　　　　　　　58 000
　　贷：应收账款——A 公司　　　　　　　　　58 000

（6）8 日，出纳签发一张现金支票，到银行提取现金 5 000 元。

借：库存现金　　　　　　　　　　　　　　5 000
　　贷：银行存款　　　　　　　　　　　　　5 000

（7）8 日，收到乙客户转账支付的工程价款 175 000 元，对方开具转账支票一张，出纳人员填制进账单，将其存入开户银行。

借：银行存款　　　　　　　　　　　　　　175 500
　　贷：应收账款——乙客户　　　　　　　　175 500

（8）8 日，将一张银行承兑汇票送交银行，收到进账单收账通知（第三联），收到票款 200 000 元。

借：银行存款　　　　　　　　　　　　　　200 000
　　贷：应收票据——银行承兑汇票　　　　　200 000

（9）8 日，银行传来托收承付收款通知（托收承付凭证第四联），款项 117 000 元已经收存银行。

借：银行存款　　　　　　　　　　　　　　117 000
　　贷：应收账款——K 公司　　　　　　　　117 000

（10）15 日，将多余的 B 材料出售，价款 234 000 元，当即收到对方的银行汇票一张，出纳人员开出发票。

借：银行存款　　　　　　　　　　　　　　234 000
　　贷：其他业务收入——B 材料　　　　　　234 000

（11）15 日，金额为 58 500 元的商业承兑汇票一张到期，收到银行委托收款凭证收账通知。

借：银行存款　　　　　　　　　　　　　　58 500
　　贷：应收票据——商业承兑汇票　　　　　58 500

（12）15 日，采购员王强出差，借支备用金 5 000 元，出纳人员开出现金支票。

借：其他应收款——王强　　　　　　　　　5 000

贷：银行存款　　　　　　　　　　　　　　　　　5 000
　（13）15 日，以信汇方式支付前欠丙公司的材料款 100 000 元。
　　借：应付账款——丙公司　　　　　　　　100 000
　　贷：银行存款　　　　　　　　　　　　　　　　100 000
　（14）30 日，根据领导已经审批的工资表，开出金额为100 000元的现金支票一张到银行提现。该业务根据支票存根和工资表登记银行存款日记账或编制银行存款付款凭证。
　　借：库存现金　　　　　　　　　　　　　　100 000
　　贷：银行存款　　　　　　　　　　　　　　　　100 000
　（15）30 日，公司收到银行支付到期银行承兑汇票的付款通知，该笔款项金额为 351 000 元。
　　借：应付票据——银行承兑汇票　　　　　351 000
　　贷：银行存款　　　　　　　　　　　　　　　　351 000
　（16）30 日，收到银行的商业承兑汇票付款通知。此汇票是三个月前开出的一张金额为 200 000 元的商业承兑汇票到期。
　　借：应付票据——商业承兑汇票　　　　　200 000
　　贷：银行存款　　　　　　　　　　　　　　　　200 000
　（17）30 日，从本市某机器厂购回机器一台，价税合计234 000元，采用银行本票结算。
　①办理银行本票时：
　　借：其他货币资金——银行本票存款　　　234 000
　　贷：银行存款　　　　　　　　　　　　　　　　234 000
　②结算时：
　　借：固定资产　　　　　　　　　　　　　　234 000
　　贷：其他货币资金——银行本票存款　　　　　234 000
　（18）31 日，开出现金支票 3 500 元，补足库存限额。
　　借：库存现金　　　　　　　　　　　　　　　3 500
　　贷：银行存款　　　　　　　　　　　　　　　　3 500
　（19）31 日，购买 K 公司 M 材料，价税合计 46 800 元，对方开出增值税专用发票,出纳人员开出等额转账支票一张交对方。
  借:原材料             46 800
   贷:银行存款            46 800

### 3.3.2 银行存款的序时核算

为了全面、连续地反映和监督银行存款的收支和结存情况,企业还要对银行存款进行序时核算。企业应当设置"银行存款日记账",由出纳人员根据审核无误的银行存款收、付款凭证,按照业务发生顺序逐笔登记。每日终了,应当计算当日的银行存款收入合计额、银行存款支出合计额、结出当日余额。

【例3-4】根据【例3-3】的资料,登记银行存款日记账,见表3-6。

表3-6       银行存款日记账
         2011年度       第 1 页

| 2011年 月 日 | 凭证号 | 摘要 | 借方 | 贷方 | 借或贷 | 余额 |
|---|---|---|---|---|---|---|
| 1 1 | | 期初余额 | | | 借 | 1 9 9 0 0 0 0 0 |
| 4 | 银收1 | 销售B材料 | 1 7 0 0 0 0 0 0 | | | |
| | 银付1 | 采购M材料 | | 2 3 4 0 0 0 0 0 | | |
| | 银付2 | 办理银行汇票 | | 2 0 0 0 0 0 0 0 | | |
| | 现付3 | 销售款送银行 | 4 6 8 0 0 0 0 | | | |
| | 银收2 | 收到货款 | 5 8 9 0 0 0 0 | | | |
| | | 本日合计 | 2 3 3 5 8 0 0 0 | 4 3 4 0 0 0 0 0 | 借 | 1 7 8 9 5 8 0 0 0 |
| 8 | 银付3 | 支票提现 | | 5 0 0 0 0 0 | | |
| | 银收3 | 销售B材料 | 1 7 5 5 0 0 0 0 | | | |
| | 银收4 | 银行承兑汇票兑现 | 2 0 0 0 0 0 0 0 | | | |
| | 银收4 | 托收承付款项已到 | 1 1 7 0 0 0 0 0 | | | |
| | | 本日合计 | 4 9 2 5 0 0 0 0 | 5 0 0 0 0 0 | 借 | 2 2 7 7 0 8 0 0 0 |
| 15 | 银收5 | 银行汇票收款 | 2 3 4 0 0 0 0 0 | | | |
| | 银收6 | 商业承兑汇票收款 | 5 8 5 0 0 0 0 | | | |
| | 银付4 | 借支备用金 | | 5 0 0 0 0 0 | | |
| | 银付5 | 信汇付材料款 | | 1 0 0 0 0 0 0 0 | | |
| | | 本日合计 | 2 9 2 5 0 0 0 0 | 1 0 5 0 0 0 0 0 | 借 | 2 4 6 4 5 8 0 0 0 |
| 30 | 银付6 | 提现发工资 | | 1 0 0 0 0 0 0 0 | | |
| | 银付7 | 银行承兑汇票付款 | | 3 5 1 0 0 0 0 0 | | |
| | 银付8 | 商业承兑汇票付款 | | 2 0 0 0 0 0 0 0 | | |

表3-6(续)

| 2011年 | | 凭证号 | 摘要 | 借方 百十万千百十元角分 | 贷方 百十万千百十元角分 | 借或贷 | 余额 百十万千百十元角分 |
|---|---|---|---|---|---|---|---|
| 月 | 日 | | | | | | |
| | | 银付9 | 银行本票付机器款 | | 2 3 4 0 0 0 0 0 | | |
| | | | 本日合计 | | 8 8 5 0 0 0 0 0 | 借 | 1 5 7 9 5 8 0 0 0 |
| | 31 | 银付10 | 支票提现 | | 3 5 0 0 0 0 | | |
| | | 银付11 | 购买原材料 | | 4 6 8 0 0 0 0 | | |
| | | | 本日合计 | | 5 0 3 0 0 0 0 | 借 | 1 5 7 6 0 8 0 0 0 |
| | | | 本月合计 | 1 0 1 8 5 8 0 0 0 1 4 | 7 9 3 0 0 0 0 | 借 | 1 5 2 9 2 8 0 0 0 |

## 3.3.3 银行存款余额调节表

银行存款日记账应当定期与银行转来的对账单进行核对,每月至少核对一次。当两者不一致时,就必须编制银行存款余额调节表进行验证。

### 3.3.3.1 银行存款余额调节表的含义

银行存款余额调节表是出纳人员为了核对本企业银行存款日记账余额与银行方的存款账面余额而编制的,通过对双方未达账项进行调整而实现双方余额平衡的一种报表。

### 3.3.3.2 未达账项的含义及种类

未达账项是指由于企业与银行取得有关凭证的时间不同而发生的,一方已经取得凭证并登记入账,另一方由于未取得凭证而尚未入账的款项。未达账项主要包括以下两类:

(1) 施工企业出纳人员已经入账,银行方尚未入账的款项。具体包括:①企业存入银行的款项,企业已经作为存款增加入账,而银行尚未办手续入账。如企业收到外企业的转账支票,填好进账单,并经银行受理盖章,即可记账,而银行则要办妥转账手续后,才能入账。②企业开出转账支票或其他付款凭证,并已做存款减少入账,银行尚未支付没有记账。如企业已开出支票,而持票人尚未去银行提现或转账等。

(2) 银行方已经入账,施工企业尚未入账的款项。具体包括:①银行代企业划转收取的款项已经入账,企业尚未收到银行的收账通知而未入账。如委托银行收取的贷款,银行已入账,而企业尚未收到银行的收款通知。②银行代企业划转支付的款项已经划出并记账,企业尚未收到付款通知而未入账。如扣借款利息、应付购货款的托收承付、代付水电费、通信费等。

出现第(1)类第①种和第(2)类第②种情况时,企业银行存款日记账账面余额会大于银行对账单的余额;反过来,出现第(1)类第②种和第(2)类第①种情况时,企业银行存款日记账账面余额会小于银行对账单的余额。

【例3-5】四川东方建筑工程公司2011年10月31日银行存款日记账余额为1 529 280元,收到的银行对账单余额为1 703 480元,出纳人员进行逐笔核对后发现有以下未达账项:①K公司开出一张转账支票给本公司偿付货款,金额为46 800元。支票已送存银行,但银行尚未入账。②本公司开出5 000元现金支票一张供职工胡名作为借支的差旅费,本单位已入账;但胡名尚未到银行兑付,所以银行尚未入账。③本公司开户行代为收妥L公司款项93 600元,银行已入账;而本单位尚未收到银行收账通知,所以企业尚未入账。④本公司开户行代自来水公司和电力局扣本月水电费8 000元,银行已入账;而本单位尚未收到银行的付账通知,所以公司尚未入账。根据以上资料,企业编制银行存款余额调节表,见表3-7。

表3-7　四川东方建筑工程公司银行存款余额调节表

2011年10月31日

| 项目 | 金额 | 项目 | 金额 |
| --- | --- | --- | --- |
| 银行存款日记账余额<br>加:银行已收,<br>　　公司未收的款项<br>减:银行已付,<br>　　公司未入账的款项 | 1 529 280.00<br><br>93 600.00<br><br>8 000.00 | 银行对账单余额<br>加:企业已收,<br>　　银行未收的款项<br>减:企业已付,<br>　　银行未付的款项 | 1 401 880.00<br><br>46 800.00<br><br>5 000.00 |
| 调整后的银行存款余额 | 1 443 680.00 | 调整后的银行存款余额 | 1 443 680.00 |

## 3.4 施工企业其他货币资金实账模拟

### 3.4.1 其他货币资金的含义及账户设置

#### 3.4.1.1 其他货币资金的含义

其他货币资金是指除库存现金、银行存款外的各种货币资金，主要包括银行汇票存款、银行本票存款、信用卡存款、信用证保证金存款、存出投资款、外埠存款等货币资金。

#### 3.4.1.2 账户设置

企业应当设置"其他货币资金"账户，用来核算银行汇票存款、银行本票存款、信用卡存款、信用证保证金存款、存出投资款、外埠存款等其他货币资金的增减变化。该账户属于资产类账户。本账户的借方登记增加的其他货币资金，贷方登记减少的其他货币资金，期末借方余额，反映企业持有的其他货币资金。

本账户可按银行汇票或银行本票、信用证的收款单位，外埠存款的开户银行，分别设置"银行汇票"、"银行本票"、"信用卡"、"信用证保证金"、"存出投资款"、"外埠存款"等明细科目，进行明细核算。

### 3.4.2 银行汇票存款和银行本票存款的账务处理

#### 3.4.2.1 银行汇票的账务处理

（1）企业办理银行汇票时，根据银行汇票申请书第一联存根联，借记"其他货币资金——银行汇票"账户，贷记"银行存款"账户。

（2）企业采购人员持银行汇票购买材料时，借记"材料采购"账户，贷记"其他货币资金——银行汇票"账户。

（3）如有多余款项，企业根据签发银行转来的银行汇票第四联多余款收账通知联中列明的多余金额数额，借记"银行存款"账户，贷记"其他货币资金——银行汇票"账户。

### 3.4.2.2 银行本票的账务处理

(1) 企业办理银行本票时,借记"其他货币资金——银行本票"账户,贷记"银行存款"账户。

(2) 银行按规定收取的办理银行本票手续费时,企业借记"财务费用——银行手续费"账户,贷记"银行存款"或"库存现金"账户。

(3) 企业持银行本票购买货物时,借记"材料采购"账户,贷记"其他货币资金——银行本票"账户。

(4) 如果实际购货金额大于银行本票金额,付款单位可以用支票或现金等补齐不足的款项,借记"材料采购"等账户,贷记"银行存款"或"库存现金"账户。

(5) 如果实际购货金额小于银行本票金额,则由收款单位用支票或现金退回多余的款项,借记"银行存款"或"库存现金"账户,贷记"其他货币资金——银行本票"账户。

【例3-6】四川东方建筑工程公司2011年9月5日用银行存款办理了200 000元的银行汇票和50 000元的银行本票各一张。9月10日,采购人员使用银行汇票到广州购买材料乙一批,取得增值税专用发票,金额为160 000元,税额为27 200元,余款退回银行,各种发票账单已经传递到财务部门。另外,用现金支付采购费用100元。9月11日,用银行本票支付广告费49 500元,对方用现金退回多余款项。四川东方建筑工程公司的会计处理如下:

(1) 办理银行汇票与本票时:

借:其他货币资金——银行汇票存款　　　　　200 000
　　　　　　　　　　——银行本票存款　　　　　50 000
　　贷:银行存款　　　　　　　　　　　　　　250 000

(2) 用银行汇票购买材料时:

借:材料采购　　　　　　　　　　　　　　　187 300
　　银行存款　　　　　　　　　　　　　　　 12 800
　　贷:其他货币资金——银行汇票存款　　　　200 000

|  |  |
|---|---|
| 库存现金 | 100 |

（3）支付广告费时：

| 借：销售费用 | 49 500 |
|---|---|
| 　　库存现金 | 500 |
| 　贷：其他货币资金——银行本票存款 | 50 000 |

### 3.4.3　外埠存款的账务处理

企业将款项汇往外地开立采购专户时，借记"其他货币资金——外部存款"账户，贷记"银行存款"账户；收到采购人员提供的采购发票等单证时，借记"材料采购"账户，贷记"其他货币资金——外部存款"账户；采购完毕收回剩余款项时，借记"银行存款"，贷记"其他货币资金——外部存款"账户。

【例3-7】四川东方建筑工程公司在上海银行开立采购专户并于2011年9月10日将200 000元款项汇往上海，进行采购活动；采购人员于2010年10月15日采购材料到达企业，取得的增值税专用发票上注明金额为150 000元，税额为22 500元。另有采购费用等相关凭证1 000元。多余款项转回当地开户银行。四川东方建筑工程公司的会计处理如下：

（1）办理外埠存款时：

| 借：其他货币资金——外埠存款 | 200 000 |
|---|---|
| 　贷：银行存款 | 200 000 |

（2）材料达到公司验收入库时：

| 借：材料采购 | 173 500 |
|---|---|
| 　贷：其他货币资金——外埠存款 | 173 500 |

（3）将多余的外埠存款转回当地银行结算户时：

| 借：银行存款 | 26 500 |
|---|---|
| 　贷：其他货币资金——外埠存款 | 26 500 |

## 3.5 施工企业应收款项实账模拟

企业的应收款项是指企业在日常生产经营活动中发生的各项应收而尚未收到的各种款项,包括应收票据、应收账款、其他应收款以及预付账款等。

### 3.5.1 应收账款

#### 3.5.1.1 应收账款的含义及核算账户

应收账款是指施工企业因完成承建工程应向发包单位收取的工程价款和列入营业收入的其他款项,以及因销售产品、材料,应向购货单位收取的款项,或提供劳务、作业而向接受劳务、作业的单位收取的款项。

应收账款的账务处理包括对应收账款本身的处理和对坏账准备的处理。所以,企业需要设置"应收账款"账户、"坏账准备"账户进行核算。

(1)"应收账款"账户。"应收账款"是资产类账户,用来核算施工企业因完成承建工程应向发包单位收取的工程价款以及因销售商品、材料、提供劳务等经营活动应收取的款项。本账户的借方登记发生的应收未收账款,贷方登记收回或转销的账款,期末余额一般在借方,反映企业尚未收回的应收账款。本账户可按债务人进行明细核算。

(2)"坏账准备"账户。"坏账准备"是"应收账款"账户的备抵账户,用来核算施工企业按规定从"资产减值损失——坏账损失"中提取的坏账准备。本账户的借方登记企业已经发生的坏账损失,贷方登记按规定提取的坏账准备或收回的已经确认并转销的坏账损失,期末贷方余额反映企业已提取尚未转销的坏账准备。

#### 3.5.1.2 应收账款的账务处理

【例3-8】四川东方建筑工程公司发生的经济业务及会计分录

如下：2011年9月5日销售A材料20吨给M公司，单价400元，并为购材料单位垫付了包装费、运杂费200元，款项尚未收到；9月19日收到货款存入银行。

（1）销售A材料确认其他业务收入。

借：应收账款　　　　　　　　　　　　　8 400
　　贷：其他业务收入　　　　　　　　　　　　8 200
　　　　库存现金　　　　　　　　　　　　　　 200

（2）收回款项存入银行。

借：银行存款　　　　　　　　　　　　　8 400
　　贷：应收账款　　　　　　　　　　　　　　8 400

【例3-9】四川东方建筑工程公司向发包单位B开出了工程价款结算单，接受工程款300 000元，临时设施费5 000元，发包单位尚未支付。

借：应收账款——应收工程款（B单位）　305 000
　　贷：主营业务收入　　　　　　　　　　　305 000

### 3.5.1.3 坏账准备的账务处理

施工企业坏账准备会计核算的方法是备抵法，即企业按期（一般是一个会计年度）对应收款项进行检查，预计各项应收款项可能发生的坏账，并计提坏账准备；当某一应收款项全部或部分被确认为坏账时，应当根据其确认的坏账金额冲减坏账准备，同时转销相应的应收款项金额。备抵法的关键在于合理地按期估计坏账损失，即合理计提坏账准备。企业计提坏账准备的方法主要是应收账款余额百分比法。

应收账款余额百分比法，是指根据企业会计期末应收账款的账面余额并按照预先确定的估计坏账率（计提比率）来估计本期坏账损失并计算本期应计提坏账准备的金额的方法。其计算公式为：

当期计提的坏账准备＝当期按应收账款计算的应计提的坏账准备金额－"坏账准备"账户的贷方余额

计提的坏账准备计入"资产减值损失"账户；发生坏账时，直接用"坏账准备"进行核销。

【例3-10】四川东方建筑工程公司采用应收账款余额百分比法核算坏账损失，坏账准备的提取比例为5‰。根据如下资料编制会计分录：

（1）公司从2006年开始计提坏账准备，该年应收账款余额是100万元。

应计提坏账准备 = 1 000 000 × 5‰ = 5 000(元)(期末贷方余额)

实际计提 = 5 000元

借：资产减值损失——坏账损失　　　　　　　5 000
　　贷：坏账准备　　　　　　　　　　　　　　　　5 000

（2）2007年和2008年末应收账款余额分别为250万元和220万元，这两年均未发生坏账损失。

2007年：

应计提坏账准备 = 2 500 000 × 5‰
　　　　　　　　= 12 500元（期末贷方余额）

实际计提 = 12 500 - 5 000 = 7 500元（补提）

借：资产减值损失——坏账损失　　　　　　　7 500
　　贷：坏账准备　　　　　　　　　　　　　　　　7 500

2008年：

应计提坏账准备 = 2 200 000 × 5‰
　　　　　　　　= 11 000元（期末贷方余额）

实际计提 = 11 000 - 12 500 = -1 500元（冲销）

借：坏账准备　　　　　　　　　　　　　　　　1 500
　　贷：资产减值损失——坏账损失　　　　　　　1 500

（3）2009年6月确认一笔坏账损失18 000元；2009年末应收账款余额为200万元。

确认坏账时：

借：坏账准备　　　　　　　　　　　　　　　　18 000

　　　　贷：应收账款　　　　　　　　　　　　　　　　18 000
　　期末未提坏账准备前账户余额 = 11 000 - 18 000
　　　　　　　　　　　　　　= -7 000（借方余额）
　　期末计算应计提坏账准备 = 2 000 000 × 5‰
　　　　　　　　　　　　 = 10 000 元（期末余额）
　　实际计提坏账准备 = 10 000 -（-7 000）= 17 000（元）
　　借：资产减值损失——坏账损失　　　　　　17 000
　　　　贷：坏账准备　　　　　　　　　　　　　　　17 000
　（4）2010 年又收回 2009 年确认的坏账；2010 年应收账款余额为 300 万元。
　　收回 2009 年确认的坏账时：
　　借：银行存款　　　　　　　　　　　　　　　　18 000
　　　　贷：应收账款　　　　　　　　　　　　　　　18 000
　　同时：
　　借：应收账款　　　　　　　　　　　　　　　　18 000
　　　　贷：坏账准备　　　　　　　　　　　　　　　18 000
　　期末未提坏账准备前账户余额 = 10 000 + 18 000
　　　　　　　　　　　　　　= 28 000（贷方余额）
　　期末计算应计提坏账准备 = 3 000 000 × 5‰
　　　　　　　　　　　　 = 15 000（元）
　　实际计提坏账准备 = 15 000 - 28 000 = -13 000 元（冲销）
　　借：坏账准备　　　　　　　　　　　　　　　　13 000
　　　　贷：资产减值损失——坏账损失　　　　　　13 000

### 3.5.2　应收票据

#### 3.5.2.1　应收票据的含义及核算账户

　　应收票据是指企业因销售商品、产品、提供劳务等而收到的商业汇票，包括银行承兑汇票和商业承兑汇票。企业应在收到开出、承兑的商业汇票时,按应收票据的票面价值入账。带息应收票据,应在期末计提利息,计提的利息增加应收票据的账面余额。

企业应当设置"应收票据"账户,用来核算企业因销售商品、提供劳务等而收到的商业汇票。本账户的借方登记收到的商业汇票的票面金额,贷方登记到期兑现的商业汇票的票面金额,期末余额在借方,反映企业持有的商业汇票的票面金额。本账户可按开出、承兑商业汇票的单位设置明细账,进行明细核算。

3.5.2.2 应收票据的账务处理

【例3-11】四川东方建筑工程公司有关应收票据的经济业务及账务处理如下:

(1) 四川东方建筑工程公司向发包单位C开出了工程价款结算单,接受工程款200 000元,临时设施费5 000元,发包单位用支票支付了5 000元,另开出6个月期限、票面金额为200 000元的无息商业承兑汇票一张。

借:应收票据　　　　　　　　　　　　　200 000
　　银行存款　　　　　　　　　　　　　　5 000
　　贷:主营业务收入　　　　　　　　　　205 000

(2) 公司将上述商业汇票背书转让给K公司,按应收票据的面值抵偿上个月所欠购货款200 000元。

借:应付账款——K公司　　　　　　　　200 000
　　贷:应收票据　　　　　　　　　　　　200 000

(3) 公司上月收到的M公司开出的6个月期限、票面金额为200 000元的无息商业承兑汇票提前5个月到银行进行贴现。(贴现率为6%)

商业汇票的贴现方法和计算如下:

贴现所得 = 票据到期值 - 贴现利息

贴现利息 = 票据到期值 × 贴现率 × 贴现期

贴现期 = 票据期限 - 企业已持有票据期限

一般的贴现会计分录如下:

①持未到期的不带息票据向银行贴现时：
借：银行存款（按实际收到的金额）
　　财务费用（按贴现息）
　　贷：应收票据（按应收票据的票面余额）
②持未到期的带息票据向银行贴现时：
借：银行存款（按实际收到的金额）
　　财务费用（按实际收到的金额小于票面账面余额的差额）
　　贷：应收票据（按应收票据的票面余额）
　　　　财务费用（按实际收到的金额大于票面账面余额的差额）

本例：

贴现利息 $= 200\,000 \times 6\% \times \dfrac{5}{12}$

　　　　$= 5\,000$（元）

贴现所得 $= 200\,000 - 5\,000$

　　　　$= 195\,000$（元）

借：银行存款　　　　　　　　　　　　195 000
　　财务费用　　　　　　　　　　　　　5 000
　　贷：应收票据　　　　　　　　　　　　　200 000

如果贴现的商业承兑汇票到期，承兑人（M公司）的银行账户余额不足以支付，申请贴现的企业（四川东方建筑工程公司）收到银行退回的应收票据、支款通知和拒绝付款理由书或付款人未付票款通知书时，按票面价值（如是带息票据为所付本息）：

借：应收账款　　　　　　　　　　　　200 000
　　贷：应收票据　　　　　　　　　　　　　200 000

如申请贴现企业的银行存款账户余额不足，银行做逾期贷款处理，按转作贷款的本息。

借：应收账款　　　　　　　　　　　　200 000
　　贷：短期借款　　　　　　　　　　　　　200 000

（4）公司4个月前收到的一张期限为3个月、票面利率为

12%的100 000元带息银行承兑汇票到期，到银行办理了手续，收回本金和利息。

  借：银行存款          103 000
   贷：应收票据         100 000
    财务费用          3 000

（5）因付款人（N公司）无力支付票款，收到银行退回的商业承兑汇票、委托收款凭证、未付票款通知书或拒绝付款证明等，按应收票据的账面余额100 000元转为应收账款。

  借：应收账款         100 000
   贷：应收票据         100 000

### 3.5.3 预付账款

#### 3.5.3.1 预付账款的含义及账户设置

预付账款是指施工企业按照购货合同规定预付给供应单位的款项。

企业应当设置"预付账款"账户，用来核算企业按照合同规定预付的款项。本账户的借方登记在采购业务发生之前预付的货款或采购业务发生之后补付的货款，贷方登记所购货物或接受劳务的金额及退回多付的款项。期末余额一般在借方，反映企业预付的款项；期末如为贷方余额，反映企业尚未补付的款项。本账户可按供货单位设置明细账，进行明细核算。预付款项情况不多的，也可以不设置本账户，将预付的款项直接记入"应付账款"账户。

#### 3.5.3.2 预付账款的账务处理

施工企业因购货而预付的款项，借记本账户，贷记"银行存款"等账户。

收到所购物资，按应计入购入物资成本的金额，借记"材料采购"或"原材料"、"库存商品"等账户，按应支付的金额，贷记本账户。补付的款项，借记本账户，贷记"银行存款"等账户；退回多付的款项做相反的会计分录。涉及增值税进项税额的，还应进行相应的处理。

【例3-12】四川东方建筑工程公司用银行存款向B公司预付购货款50 000元,8天后收到材料入库,并取得增值税专用发票,价款100 000元,增值税17 000元,补付现金61 700元。四川东方建筑工程公司的账务处理如下:

(1) 预付款项时:

借:预付账款——B公司　　　　　　　　　50 000
　　贷:银行存款　　　　　　　　　　　　　　　50 000

(2) 收到材料时:

借:原材料　　　　　　　　　　　　　117 000
　　贷:预付账款　　　　　　　　　　　　　　117 000

(3) 补付货款(或退回余款)时:

借:预付账款　　　　　　　　　　　　　67 000
　　贷:银行存款　　　　　　　　　　　　　　　67 000

### 3.5.4　其他应收款

#### 3.5.4.1　其他应收款的含义及账户的设置

其他应收款是指企业除应收票据、应收账款、预付账款的其他各种应收、暂付款项。它主要包括:①应收的各种赔款、罚款;②应收出租包装物租金;③应向职工收取的各种垫付款项;④不设置"备用金"账户的企业拨出的备用金;⑤其他的各种应收、暂付款项。

企业应当设置"其他应收款"账户,用来核算企业除存款保证金、应收票据、应收账款、预付账款、应收股利、应收利息、长期应收款等以外的其他各种应收及暂付款项。本账户的借方登记发生的各种应收未收其他应收款项,贷方登记款项的收回或转销。期末余额在借方,反映企业尚未收回的其他应收款项。本账户可按对方单位(或个人)设置明细账,进行明细核算。

企业发生其他各种应收、暂付款项时,借记本账户,贷记"银行存款"、"固定资产清理"等账户；收回或转销各种款项时，借记"库存现金"、"银行存款"等账户，贷记本账户。

3.5.4.2 其他应收款的账务处理

【例3-13】2010年9月2日，业务员李林出差预借差旅费5 000元，一个星期后回来报销差旅费5 800元。其账务处理如下：

(1) 借支差旅费时：

借：其他应收款——李林　　　　　　　　　　5 000
　　贷：库存现金　　　　　　　　　　　　　　　　5 000

(2) 报销费用时：

借：管理费用　　　　　　　　　　　　　　　5 800
　　贷：其他应收款　　　　　　　　　　　　　　　5 000
　　　　库存现金　　　　　　　　　　　　　　　　　800

四川东方建筑工程公司财产清查后，账存实存对比表所列毁损D材料2 000元。经查，属于自然灾害造成的损失，保险公司同意赔付1 300元。其账户处理如下：

(1) 批准前，调整材料账存数：

借：待处理财产损溢——待处理流动资产损溢　2 340
　　贷：原材料——D材料　　　　　　　　　　　　2 000

(2) 批准后：

借：其他应收款——保险公司　　　　　　　　1 300
　　营业外支出　　　　　　　　　　　　　　　　700
　　贷：待处理财产损溢——待处理流动资产损溢　2 000

## 3.6 施工企业内部往来实账模拟

### 3.6.1 内部往来的含义及账户设置

内部往来是指施工企业与所属内部独立核算单位之间或内部独立核算单位之间，由于工程价款结算，产品、作业和材料销售、提供劳务等业务所发生的各种应收、应付、暂收、暂付款项。

施工企业应当设置"内部往来"账户,用来核算和监督内部往来款项的结算情况。该账户是混合结算账户,即同时具有资产、负债性质的双重性质账户。本账户的借方登记施工企业与所属内部独立核算单位及内部独立核算单位之间发生的各种应收、暂付款项和转销的应付、暂收款项,贷方登记企业与所属内部独立核算单位及内部独立核算单位之间发生的各种应付、暂收款项和转销的应收入、暂付款项;期末余额应与所属内部独立核算单位各明细账的借方余额合计与贷方余额合计的差额相等。"内部往来"各明细账户的期末借方余额合计数反映应收内部单位的款项,贷方余额合计数反映应付内部单位的款项。本账户应当按各内部单位的户名设置明细账,进行明细核算。

### 3.6.2 施工企业所属内部独立核算单位之间的往来结算

施工企业所属内部独立核算单位之间的往来结算的方法有两种:一种是公司集中核算法;另一种是直接结算法。

#### 3.6.2.1 集中核算

集中核算是指公司各内部独立核算单位之间的经济往来,都视同为各单位与公司的经济往来,随时通过公司办理转账,各内部独立核算单位之间不发生直接结算关系。

【例3-14】四川东方建筑工程公司所属内部独立核算的材料供应站将一批材料销售给一工区,价款为150 000元,通过公司集中核算。材料供应站应当填制内部往来记账通知单一式三联:一联自留,一联交公司,一联连同单证交给工区。

公司账务处理如下:

借:内部往来——一工区　　　　　　　　150 000
　　贷:内部往来——材料供应站　　　　　　　150 000

材料供应站的账务处理如下:

借:内部往来——公司　　　　　　　　　150 000

贷：其他业务收入 150 000
一工区的账务处理如下：
借：材料采购——一工区 150 000
贷：内部往来——公司 150 000

3.6.2.2 直接结算

直接结算是指公司各内部独立核算单位之间的经济往来，先在各单位之间直接进行结算，月末再由公司组织集中对账并进行结账。

【例3-15】四川东方建筑工程公司所属内部独立核算的机械站出租建筑设备3台给一工区，应收台班费20 000元。机械站应当填制内部往来记账通知单一式两联：一联自留，一联连同所附单证交一工区。

机械站的账务处理如下：
借：内部往来——一工区 20 000
贷：其他业务收入 20 000
一工区的账务处理如下：
借：工程施工 20 000
贷：内部往来——机械站 20 000

月末，公司集中对账，机械站"内部往来——一工区"明细账的借方余额为20 000元，一工区的"内部往来——机械站"明细账的贷方余额为20 000元，两者相符。根据内部往来清单，三方的账务处理如下：

机械站的账务处理：
借：内部往来——公司 20 000
贷：内部往来——一工区 20 000
一工区的账务处理：
借：内部往来——机械站 20 000
贷：内部往来——公司 20 000
公司的账务处理：

借：内部往来——工区　　　　　　　　　　20 000
　　贷：内部往来——机械站　　　　　　　　　　20 000

### 3.6.3　施工企业与所属内部独立核算单位之间的往来结算

【例3-16】四川东方建筑工程公司委托所属内部独立核算的运输队为公司运输办公用品，发生运输费用5 000元。运输队应当填制内部往来记账通知单一式两联：一联自留，一联连同所附单证交公司。

公司的财务处理如下：
借：管理费用　　　　　　　　　　　　　　5 000
　　贷：内部往来——运输队　　　　　　　　　　5 000
运输队的财务处理如下：
借：内部往来——公司　　　　　　　　　　5 000
　　贷：其他业务收入　　　　　　　　　　　　　5 000

# 第4章 施工企业非货币性金融资产实账模拟

## 4.1 施工企业交易性金融资产实账模拟

### 4.1.1 交易性金融资产的含义及账户设置

交易性金融资产是指施工企业为了近期内出售而持有的金融资产。比如,企业以赚取差价为目的从二级市场购入的股票、债券、基金等。

施工企业应设置"交易性金融资产"账户,用来核算企业为交易目的所持有的债券投资、股票投资、基金投资等交易性金融资产的公允价值。本账户可按交易性金融资产的类别和品种,分别"成本"、"公允价值变动"等进行明细核算。

### 4.1.2 交易性金融资产的账务处理

#### 4.1.2.1 交易性金融资产的取得

交易性金融资产初始确认时,应按公允价值计量,相关交易费用应当直接计入当期损益。交易费用包括支付给代理机构、咨询公司、券商等的手续费和佣金及其他必要支出,不包括债券溢价、折价、融资费用、内部管理成本及其他与交易不直接相关的费用。

企业取得交易性金融资产,按其公允价值,借记"交易性金融资产——成本"账户,按发生的交易费用,借记"投资收益"账户,按实际支付的金额,贷记"银行存款"、"其他货币资金"等账户。

【例4-1】2011年5月10日,四川东方建筑工程公司支付价款500 000元从二级市场购入乙公司发行的股票50 000股,每股价格10元。另支付交易费用1 000元。四川东方建筑工程公司将持有的乙公司股权划分为交易性金融资产,且持有乙公司股权后对其无重大影响。其账务处理为:

借:交易性金融资产——成本　　　　　　　500 000
　　投资收益　　　　　　　　　　　　　　　1 000
　贷:银行存款　　　　　　　　　　　　　　501 000

企业取得交易性金融资产时,如果所支付价款中包含已宣告但尚未发放的现金股利或已到付息期但尚未领取的债券利息的,应当单独确认为应收项目。

【例4-2】承上例,四川东方建筑工程公司的购买价格为10.2元/股(包含已宣告发放尚未支付的股利0.2元/股),其他条件不变。其账务处理为:

借:交易性金融资产——成本　　　　　　　500 000
　　应收股利　　　　　　　　　　　　　　 10 000
　　投资收益　　　　　　　　　　　　　　　1 000
　贷:银行存款　　　　　　　　　　　　　　511 000

#### 4.1.2.2　交易性金融资产持有期间的收益计算

交易性金融资产持有期间被投资单位宣告发放的现金股利,或在资产负债表日按分期付息、一次还本债券投资的票面利率计算的利息,借记"应收股利"账户或"应收利息"账户,贷记"投资收益"账户。实际收到股利或利息时,借记"银行存款"、"其他货币资金"等账户,贷记"应收股利"或"应收利息"账户。

【例4-3】续【例4-1】,5月15日,乙公司宣告发放现金股利0.3元/股,四川东方建筑工程公司5月25日收到股利。其账务处理为:

5月15日乙公司宣告发放股利时:
 借:应收股利         15 000
  贷:投资收益         15 000
5月25日收到现金股利时:
 借:银行存款         15 000
  贷:应收股利         15 000

#### 4.1.2.3 交易性金融资产的期末计价

资产负债表日,企业应将交易性金融资产的账面价值调整为公允价值,将其公允价值的变动确认为当期损益,记入"公允价值变动损益"。具体账务处理为,交易性金融资产的公允价值高于其账面余额的差额,借记"交易性金融资产——公允价值变动"账户,贷记"公允价值变动损益"账户;公允价值低于其账面余额的差额做相反的会计分录。

【例4-4】续【例4-1】,6月30日,乙公司股票公允价值为11元/股。其账务处理为:

 借:交易性金融资产——公允价值变动  50 000
  贷:公允价值变动损益       50 000

#### 4.1.2.4 交易性金融资产的出售

交易性金融资产的出售所实现的损益由两部分构成:一部分是出售该交易性金融资产时的实际收入与账面价值的差额;另一部分是原来已经作为公允价值变动损益入账的金额。这两部分损益均应记入投资收益,以集中反映出售该金融资产实际实现的损益。

会计处理上,出售金融资产时,应按实际收到的金额,借记"银行存款"、"其他货币资金"等账户,按该项金融资产的成本,贷记"交易性金融资产——成本",按该项交易性金融资产的公允价值变动借记(原来记录的公允价值变动贷方净额)或贷记(原来记录的公允价值变动借方净额)"交易性金融资产——公允价值变动"账户,按其差额贷记或借记"投资收益"账户。同时,将原计入该金融资产的公允价值变动转出,借记或贷记"公允价值变动损益"账户,贷记或借记"投资收益"账户。

【例4-5】续例【4-4】,8月6日,四川东方建筑工程公司将所持有的乙公司股票以12.5元/股的价格全部售出。其账务处理为:

借:银行存款　　　　　　　　　　　　625 000
　　贷:交易性金融资产——成本　　　　　　500 000
　　　　　　　　　　——公允价值变动　　 50 000
　　　　投资收益　　　　　　　　　　　　 75 000

同时,
借:公允价值变动损益　　　　　　　　　50 000
　　贷:投资收益　　　　　　　　　　　　 50 000

如果交易性金融资产是部分出售的,无论是其账面价值,还是原来已经记入公允价值变动损益的金额,均应按出售的交易性金融资产占该金融资产比例计算。

【例4-6】假设在【例4-5】中,四川东方建筑工程公司售出30 000股乙公司股票。则其账务处理为:

借:银行存款　　　　　　　　　　　　375 000
　　贷:交易性金融资产——成本　　　　　　300 000
　　　　　　　　　　——公允价值变动　　 30 000
　　　　投资收益　　　　　　　　　　　　 45 000

同时,
借:公允价值变动损益　　　　　　　　　30 000
　　贷:投资收益　　　　　　　　　　　　 30 000

## 4.2 施工企业持有至到期投资实账模拟

### 4.2.1 持有至到期投资的含义及特征

持有至到期投资是指到期日固定、回收金额固定或可确定,且企业有明确意图和能力持有至到期的非衍生金融资产。如从二级市场上购入的固定利率国债、浮动利率金融债券等。

持有至到期投资具有以下特征:
(1) 该金融资产到期日固定、回收金额固定或可确定;
(2) 企业有明确意图将该金融资产持有至到期;
(3) 企业有能力将该金融资产持有至到期。

对于持有至到期投资,施工企业应设置"持有至到期投资"账户进行核算。"持有至到期投资"账户用来核算企业持有至到期投资的摊余成本。本账户可按持有至到期投资的类别和品种,分别"成本"、"利息调整"、"应计利息"等进行明细核算。

### 4.2.2 持有至到期投资的账务处理

#### 4.2.2.1 持有至到期投资的取得

施工企业取得持有至到期投资时,应当按照公允价值和相关交易费用之和作为初始入账金额。实际支付的价款中包括的已到付息期但尚未领取的债券利息,应单独确认为应收项目。

在会计处理上,企业取得持有至到期投资,应按该投资的面值,借记"持有至到期投资——成本"账户,按支付的价款中包含的已到付息期但尚未领取的利息,借记"应收利息"账户,按实际支付的金额,贷记"银行存款"、"其他货币资金"等账户,按其差额,借记或贷记"持有至到期投资——利息调整"账户。

【例4-7】2006年1月1日,四川东方建筑工程公司支付价款110 000元(含交易费用)从活跃市场上购入某公司5年期债券,面值100 000元,票面利率为5%,按年支付利息(即每年5 000元),本金最后一次支付。四川东方建筑工程公司将购入的该公司债券划分为持有至到期投资,且不考虑所得税、减值损失等因素。(实际利率为2.83%)

四川东方建筑工程公司取得该项投资时的账务处理为:

借:持有至到期投资——成本　　　　　　100 000
　　　　　　　　——利息调整　　　　　　10 000
　　贷:银行存款　　　　　　　　　　　　　110 000

#### 4.2.2.2　持有至到期投资持有期间的收益计算

企业应在持有至到期投资持有期间,采用实际利率法,按照摊余成本和实际利率计算确认利息收入,计入投资收益。

具体账务处理上,在资产负债表日,持有至到期投资为分期付息、一次还本债券投资的,应按票面利率计算确定的应收未收利息,借记"应收利息"账户,按持有至到期投资摊余成本和实际利率计算确定的利息收入,贷记"投资收益"账户,按其差额借记或贷记"持有至到期投资——利息调整"账户。

持有至到期投资为一次还本付息债券投资的,应于资产负债表日按票面利率计算确定的应收未收利息,借记"持有至到期投资——应计利息"账户,按持有至到期投资摊余成本和实际利率计算确定的利息收入,贷记"投资收益"账户,按其差额,借记或贷记"持有至到期投资——利息调整"账户。

【例4-8】续【例4-7】,按2.83%的实际利率编制利息计算表,见表4-1。

表4-1　　　　　　　　　　　　　　　　　　　金额单位:元

| 年份 | 期初摊余成本<br>(A) | 实际利息收入<br>(B) = A×2.83% | 票面利息<br>(C) | 期末摊余成本<br>(D = A + B - C) |
|---|---|---|---|---|
| 2006年 | 110 000 | 3 113 | 5 000 | 108 113 |
| 2007年 | 108 113 | 3 060 | 5 000 | 106 173 |

表4-1(续)

| 年份 | 期初摊余成本<br>（A） | 实际利息收入<br>（B）= A×2.83% | 票面利息<br>（C） | 期末摊余成本<br>（D = A + B - C） |
|---|---|---|---|---|
| 2008年 | 106 173 | 3 005 | 5 000 | 104 177 |
| 2009年 | 104 177 | 2 948 | 5 000 | 102 125 |
| 2010年 | 102 125 | 2 874 ※ | 105 000 | 0 |

※含尾差。

四川东方建筑工程公司的相关账务处理为：

(1) 2006年12月31日。

①确认实际利息收入时：

借：应收利息　　　　　　　　　　　　　　　　5 000
　　贷：投资收益　　　　　　　　　　　　　　　　　3 113
　　　　持有至到期投资——利息调整　　　　　　　1 887

②收到票面利息时：

借：银行存款　　　　　　　　　　　　　　　　5 000
　　贷：应收利息　　　　　　　　　　　　　　　　　5 000

(2) 2007年12月31日。

①确认实际利息收入时：

借：应收利息　　　　　　　　　　　　　　　　5 000
　　贷：投资收益　　　　　　　　　　　　　　　　　3 060
　　　　持有至到期投资——利息调整　　　　　　　1 940

②收到票面利息时：

借：银行存款　　　　　　　　　　　　　　　　5 000
　　贷：应收利息　　　　　　　　　　　　　　　　　5 000

(3) 2008年12月31日。

①确认实际利息收入时：

借：应收利息　　　　　　　　　　　　　　　　5 000
　　贷：投资收益　　　　　　　　　　　　　　　　　3 005

|  |  |
|---|---|
| 持有至到期投资——利息调整 | 1 995 |

②收到票面利息时:
| | |
|---|---|
| 借:银行存款 | 5 000 |
| 　贷:应收利息 | 5 000 |

(4) 2009年12月31日。

①确认实际利息收入时:
| | |
|---|---|
| 借:应收利息 | 5 000 |
| 　贷:投资收益 | 2 948 |
| 　　　持有至到期投资——利息调整 | 2 052 |

②收到票面利息时:
| | |
|---|---|
| 借:银行存款 | 5 000 |
| 　贷:应收利息 | 5 000 |

(5) 2010年12月31日。

①确认实际利息收入时:
| | |
|---|---|
| 借:应收利息 | 5 000 |
| 　贷:投资收益 | 2 874 |
| 　　　持有至到期投资——利息调整 | 2 126 |

②收到票面利息和本金时:
| | |
|---|---|
| 借:银行存款 | 105 000 |
| 　贷:持有至到期投资——成本 | 100 000 |
| 　　　应收利息 | 5 000 |

### 4.2.2.3 持有至到期投资的转换

施工企业应当于每个资产负债表日对持有至到期投资的意图和能力进行评价。发生变化的,应当将其重分类为可供出售金融资产进行处理。

会计处理上,应在重分类日按其公允价值,借记"可供出售金融资产"账户,按其账面余额,贷记"持有至到期投资"账户(成本、利息调整、应计利息),按其差额,贷记或借记"资本公积——其他资本公积"账户。已计提减值准备的,还应同时结转减

· 87 ·

值准备。

【例4-9】续【例4-8】，2011年1月1日，由于贷款基准利率的变动和其他市场因素的影响，该债券公允价值降低为104 500元，四川东方建筑工程公司将该项持有至到期投资重分类为可供出售金融资产。其账务处理为：

借：可供出售金融资产——成本　　　　　104 500
　　资本公积——其他资本公积　　　　　　3 613
　　贷：持有至到期投资——成本　　　　　　　100 000
　　　　　　　　　　　——利息调整　　　　　　8 113

#### 4.2.2.4 持有至到期投资的出售

施工企业出售持有至到期投资时，应按实际收到的金额，借记"银行存款"、"其他货币资金"等账户，按其账面余额，贷记"持有至到期投资"账户（成本、利息调整、应计利息），按其差额，贷记或借记"投资收益"账户。已计提减值准备的，还应同时结转减值准备。

【例4-10】续【例4-8】，四川东方建筑工程公司2011年1月1日出售了所持有的债券，价格为104 500元。其账务处理为：

借：银行存款　　　　　　　　　　　　　104 500
　　投资收益　　　　　　　　　　　　　　3 613
　　贷：持有至到期投资——成本　　　　　　　100 000
　　　　　　　　　　　——利息调整　　　　　　8 113

## 4.3 施工企业可供出售金融资产实账模拟

### 4.3.1 可供出售金融资产的含义及账户设置

可供出售金融资产是指初始确认时即被指定为可供出售的非衍生金融资产，以及除下列各类资产以外的金融资产：①贷款和应收款项；②持有至到期投资；③以公允价值计量且其变动计入当期损

· 88 ·

益的金融资产。例如，企业购入的在活跃市场上有报价的股票、债券和基金等。

对于可供出售金融资产，企业应设置"可供出售金融资产"账户进行核算。"可供出售金融资产"账户用来核算企业持有的可供出售金融资产的公允价值，包括划分为可供出售的股票投资、债券投资等金融资产。本账户按可供出售金融资产的类别和品种，分别"成本"、"利息调整"、"应计利息"、"公允价值变动"等进行明细核算。

### 4.3.2 可供出售金融资产的账务处理

#### 4.3.2.1 可供出售金融资产的取得

账务处理上，施工企业取得可供出售金融资产时，应按其公允价值与交易费用之和，借记"可供出售金融资产——成本"账户，按支付的价款中包含的已宣告但尚未发放的现金股利，借记"应收股利"账户，按实际支付的金额，贷记"银行存款"、"其他货币资金"等账户。

【例4-11】四川东方建筑工程公司于2010年4月10日从二级市场购入股票1 000 000股，每股市价15元，手续费30 000元；初始确认时，该股票划分为可供出售金融资产。四川东方建筑工程公司的账务处理为：

借：可供出售金融资产——成本　　　　15 030 000
　　贷：银行存款　　　　　　　　　　　　15 030 000

企业取得的可供出售金融资产为债券投资的，应按债券的面值，借记"可供出售金融资产——成本"账户，按支付的价款中包含的已到付息期但尚未领取的利息，借记"应收利息"账户，按实际支付的金额，贷记"银行存款"、"其他货币资金"等账户，按差额，借记或贷记"可供出售金融资产——利息调整"账户。

【例4-12】四川东方建筑工程公司2010年1月3日购入可供出售的D公司与2010年1月1日发行的五年期债券，债券的面值

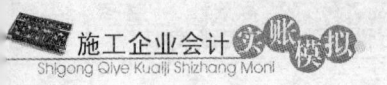

为1 000元，票面利率为8%，企业按照1 050元的价格买入100张。该债券每年付息一次，最后一年归还本金并付最后一次利息。债券的实际利率为6.79%。假设乙公司按年计算利息。则四川东方建筑工程公司购入时的账务处理为：

借：可供出售金融资产——成本　　　　　100 000
　　　　　　　　　　——利息调整　　　　5 000
　　贷：银行存款　　　　　　　　　　　　　　105 000

4.3.2.2　可供出售金融资产持有期间的收益计算

可供出售金融资产持有期间取得的利息或现金股利，应当计入投资收益。会计处理上，在资产负债表日，可供出售债券为分期付息、一次还本债券投资的，应按票面利率计算确定的应收未收利息，借记"应收利息"账户，按可供出售债券的摊余成本和实际利率计算确定的利息收入，贷记"投资收益"账户，按其差额，借记或贷记"可供出售金融资产——利息调整"账户。

【例4-13】续【例4-12】，2010年12月31日四川东方建筑工程公司计算利息的账务处理为：

借：应收利息　　　　　　　　　　　　　　8 000
　　贷：投资收益　　　　　（105 000×6.79%）7 129.50
　　　　可供出售金融资产——利息调整　　　　870.50

可供出售债券为一次还本付息债券投资的，应于资产负债表日按票面利率计算确定的应收未收利息，借记"可供出售金融资产——应计利息"账户，按可供出售债券的摊余成本和实际利率计算确定的利息收入，贷记"投资收益"账户，按其差额，借记或贷记"可供出售金融资产——利息调整"账户。

【例4-14】上例中，假如四川东方建筑工程公司购买的是到期一次还本付息债券。则其账务处理为：

借：可供出售金融资产——应计利息　　　　8 000
　　贷：投资收益　　　　　　　　　　　　　7 129.50
　　　　可供出售金融资产——利息调整　　　　870.50

### 4.3.2.3 可供出售金融资产的期末计价

资产负债表日，可供出售金融资产应当以公允价值计量，且公允价值变动计入资本公积（其他资本公积）。具体账务处理上，可供出售金融资产的公允价值高于其账面余额的差额，借记"可供出售金融资产——公允价值变动"账户，贷记"资本公积——其他资本公积"账户；公允价值低于其账面余额的差额做相反的会计分录。

【例4-15】续【例4-13】，假设2010年12月31日该债券的公允价值为105 400元。则四川东方建筑工程公司的账务处理为：

借：可供出售金融资产——公允价值变动　　1 270.50[①]
　　贷：资本公积——其他资本公积　　　　　　　　1 270.50

### 4.3.2.4 可供出售金融资产的出售

处置可供出售金融资产时，应将取得的价款与该金融资产账面价值之间的差额，计入投资损益；同时，将原直接计入所有者权益的公允价值变动累计额对应处置部分的金额转出，计入投资损益。

具体账务处理上，出售可供出售的金融资产，应按实际收到的金额，借记"银行存款"、"其他货币资金"等账户，按其账面余额，贷记"可供出售金融资产"账户（成本、公允价值变动、利息调整、应计利息），按应从所有者权益中转出的公允价值累计变动额，借记或贷记"资本公积——其他资本公积"账户，按其差额，贷记或借记"投资收益"账户。

【例4-16】续【例4-15】，假设四川东方建筑工程公司2009年1月5日出售所持有的债券，价格为105 800元。则其账务处理为：

借：银行存款　　　　　　　　　　　105 800
　　资本公积——其他资本公积　　　　1 270.50
　　贷：可供出售金融资产——成本　　　　　100 000

---

[①] 105 400 -（100 000 + 5 000 - 870.50）= 1 270.50。

　　　　　　　　　——利息调整
　　　　　　　　　（5000 - 870.5）　4 129.50
　　　　　　　　　——公允价值变动　　1 270.50
　　　投资收益　　　　　　　　　　　1 670.50

## 4.4　施工企业长期股权投资实账模拟

### 4.4.1　长期股权投资的确认

　　长期股权投资是指通过投入各种资产、承担债务等方式取得被投资企业股权且不准备随时出售的投资。其主要目的是为了长远利益而影响、控制其他在经济业务上相关联的企业。企业进行长期股权投资后，成为被投资企业的股东，有参与被投资企业经营决策的权利。

　　长期股权投资包括：

　　（1）企业持有的能够对被投资单位实施控制的权益性投资，即对子公司投资；

　　（2）企业持有的能够与其他合营方一同对被投资单位实施共同控制的权益性投资，即对合营企业投资；

　　（3）企业持有的能够对被投资单位施加重大影响的权益性投资，即对联营企业投资；

　　（4）企业对被投资单位不具有控制、共同控制或重大影响，且在活跃市场中没有报价、公允价值不能可靠计量的权益性投资。

### 4.4.2　长期股权投资取得业务的实账模拟

　　长期股权投资应在取得时按初始投资成本入账。长期股权投资的形成不同，其初始计量也不同。

### 4.4.2.1 同一控制下的企业合并形成的长期股权投资的账务处理

同一控制下的企业合并,在合并日取得对其他参与合并企业控制权的一方为合并方,参与合并的其他企业为被合并方。合并日是指合并方实际取得对被合并方控制权的日期。

企业应设置"长期股权投资"账户来核算企业持有的采用成本法和权益法核算的长期股权投资。本账户应当按照被投资单位进行明细核算。采用权益法核算的,应当分别"投资成本"、"损益调整"、"其他权益变动"进行明细核算。

(1)合并方以支付现金、转让非现金资产或承担债务方式作为合并对价的,应在合并日按取得被合并方所有者权益账面价值的份额,借记"长期股权投资"账户,按应享有被投资单位已宣告但尚未发放的现金股利或利润,借记"应收股利"账户,按支付的合并对价的账面价值,贷记有关资产或借记有关负债账户,按其差额,贷记"资本公积——资本溢价或股本溢价"账户;为借方差额的,借记"资本公积——资本溢价或股本溢价"账户,资本公积(资本溢价或股本溢价)不足冲减的,借记"盈余公积"、"利润分配——未分配利润"账户。

合并方为进行企业合并发生的各项直接相关费用,包括为进行企业合并而支付的审计费用、评估费用、法律服务费用等,应当于发生时计入当期损益;合并方发行债券或承担其他债务支付的手续费、佣金等,应当计入所发行债券及其他债务的初始成本。

【例4-17】甲公司和乙公司同为某集团的子公司,2011年7月1日,甲公司以银行存款取得乙公司所有者权益的70%,甲公司有资本公积(股本溢价)300万元,同日乙公司所有者权益的账面价值为1 000万元。甲公司的账务处理如下:

(1)若甲公司支付银行存款620万元:

借:长期股权投资                          7 000 000

    贷:银行存款                             6 200 000

　　　　资本公积——股本溢价　　　　　　　　　800 000
　（2）若甲公司支付银行存款900万元：
　　　借：长期股权投资　　　　　　　　　　7 000 000
　　　　　资本公积——股本溢价　　　　　　2 000 000
　　　　贷：银行存款　　　　　　　　　　　　　　　9 000 000
　　如资本公积不足冲减，冲减留存收益。
　　4.4.2.2　非同一控制下的企业合并形成的长期股权投资的账务处理

　　非同一控制下的企业合并，在购买日取得对其他参与合并企业控制权的一方为购买方，参与合并的其他企业为被购买方。购买日是指购买方实际取得对被购买方控制权的日期。

　　非同一控制下的企业合并，应以合并成本作为长期股权投资的初始成本。合并成本应当分别以下情况确定：

　　（1）一次交换交易实现的企业合并，合并成本为购买方在购买日为取得对被购买方的控制权而付出的资产、发生或承担的债务的公允价值。

　　（2）通过多次交换交易分步实现的企业合并，合并成本为每一单项交易成本之和。

　　（3）购买方为进行企业合并发生的各项直接相关费用也应当计入企业合并成本。

　　（4）在合并合同或协议中对可能影响合并成本的未来事项做出约定的，购买日如果估计未来事项很可能发生并且对合并成本的影响金额能够可靠计量的，购买方应当将其计入合并成本。

　　在具体的会计处理中，应在购买日按企业合并成本（不含应自被投资单位收取的现金股利或利润），借记"长期股权投资"账户，按享有被投资单位已宣告但尚未发放的现金股利或利润，借记"应收股利"账户，按支付合并对价的账面价值，贷记有关资产或借记有关负债账户，按发生的直接相关费用，贷记"银行存款"等账户，按其差额，贷记"营业外收入"或借记"营业外支出"等账户。

非同一控制下企业合并涉及以库存商品等作为合并对价的,应按库存商品的公允价值,贷记"主营业务收入"账户,并同时结转相关的成本。涉及增值税的,还应进行相应的处理。

【例 4-18】A 公司于 2011 年 3 月以 1 000 万元取得 B 公司 30% 的股权。2011 年 4 月,A 公司又斥资 1 500 万元取得 B 公司另外 20% 的股权。假定 A 公司在取得对 B 公司的长期股权投资以后,B 公司并未宣告发放现金股利。

本例中,A 公司是通过分步购买最终取得对 B 公司的控制权,形成企业合并。在合并日 A 公司的账务处理如下:

借:长期股权投资　　　　　　　　15 000 000
　　贷:银行存款　　　　　　　　　　　　15 000 000

企业合并成本 = 1 000 + 1 500 = 2 500(万元)

【例 4-19】甲公司 2011 年 6 月 5 日与乙公司签订协议(甲公司和乙公司不属于同一控制下的公司):甲公司以存货和承担乙公司的短期还贷义务换取乙公司股权,2010 年 9 月 1 日,即合并日乙公司可辨认净资产公允价值为 1 000 万元,甲公司取得 51% 的份额。甲公司投出存货的公允价值为 300 万元,增值税 51 万元,账面成本 250 万元,承担归还贷款义务 100 万元。甲公司的账务处理如下:

借:长期股权投资　　　　　　　　4 510 000
　　贷:短期借款　　　　　　　　　　　　1 000 000
　　　　主营业务收入　　　　　　　　　　3 000 000
　　　　应交税费——应交增值税(销项税额)　510 000
借:主营业务成本　　　　　　　　2 500 000
　　贷:库存商品　　　　　　　　　　　　2 500 000

企业合并成本 = 300 + 51 + 100 = 451(万元)

【例 4-20】2011 年 5 月 8 日,甲公司以一项专利权和银行存款 100 万元向丙公司投资(甲公司和丙公司不属于同一控制的两个公司），占乙公司注册资本的50%，该专利权的账面原价为500万元，已计提累计摊销100万元，已计提无形资产减值准备20万元，公允价值为350万元。不考虑其他相关税费。甲公司的账务处理如下：

借：长期股权投资　　　　　　　　　　4 500 000
　　累计摊销　　　　　　　　　　　　1 000 000
　　无形资产减值准备　　　　　　　　　 200 000
　　营业外支出　　　　　　　　　　　　 300 000
　贷：无形资产　　　　　　　　　　　 5 000 000
　　　银行存款　　　　　　　　　　　 1 000 000

【例4-21】2011年1月1日，甲公司以一台固定资产和银行存款100万元向乙公司投资（甲公司和乙公司不属于同一控制的两个公司），占乙公司注册资本的60%，该固定资产的账面原价为900万元，已计提累计折旧200万元，已计提固定资产减值准备50万元，公允价值为800万元。不考虑其他相关税费。甲公司的账务处理如下：

借：固定资产清理　　　　　　　　　　6 500 000
　　累计折旧　　　　　　　　　　　　2 000 000
　　固定资产减值准备　　　　　　　　　 500 000
　贷：固定资产　　　　　　　　　　　 9 000 000
借：长期股权投资　　　　　　　　　　8 000 000
　贷：固定资产清理　　　　　　　　　 6 500 000
　　　银行存款　　　　　　　　　　　 1 000 000
　　　营业外收入　　　　　　　　　　　 500 000

4.4.2.3　以企业合并以外的方式取得的长期股权投资的账务处理

（1）以支付现金取得的长期股权投资，应当按照实际支付的购买价款作为初始投资成本。

【例4-22】2011年6月1日，甲公司从证券市场上购入丁公司发行在外的 50 万股股票作为长期股权投资,每股 4 元(含已宣告但尚未发放的现金股利 0.3 元),实际支付价款 200 万元,另支付相关税费 30 万元。甲公司的账务处理如下:

  借:长期股权投资        2 150 000
    应收股利          150 000
    贷:银行存款         2 300 000

  (2)投资者投入的长期股权投资,是指投资者将其持有的对第三方的投资作为出资投入企业形成的长期股权投资。其初始投资成本应当按照投资合同或协议约定的价值确定,但合同或协议约定价值不公允的除外。

  【例 4-23】2011 年 8 月 1 日,A 公司接受 B 公司投资,B 公司将持有的对 C 公司的长期股权投资投入到 A 公司。B 公司持有的对 C 公司的长期股权投资的账面余额为 300 万元,未计提减值准备。A 公司和 B 公司投资合同约定的价值为 350 万元,A 公司的注册资本为 500 万元。A 公司的账务处理如下:

  借:长期股权投资        3 500 000
   贷:实收资本          3 500 000

  (3)通过非货币性资产交换取得的长期股权投资。其初始投资成本将在本书第十四章中介绍。

  (4)通过债务重组取得的长期股权投资。其初始投资成本应当按照《企业会计准则第 12 号——债务重组》确定。

## 4.4.3 长期股权投资的后续计量业务的核算方法

  4.4.3.1 长期股权投资核算的成本法

  (1)成本法的概念及其适用范围。成本法是指长期股权投资按成本计价的方法。该方法主要适用于以下长期股权投资:①投资企业能够对被投资单位实施控制的长期股权投资。②投资企业对被投资单位不具有共同控制或重大影响,并且在活跃市场中没有报价、公允价值不能可靠计量的长期股权投资。

（2）成本法核算实账模拟。采用成本法核算的长期股权投资，除取得投资时实际支付的价款或对价中包含的已宣告但尚未发放的现金股利或利润外，投资企业应当按照享有被投资单位宣告发放的现金股利或利润确认投资收益。

【例4-24】2011年1月1日，甲公司以银行存款500 000元购入乙公司5%的股份，并准备长期持有，采用成本法核算。乙公司于2011年3月1日宣告分派2010年度的现金股利1 000 000元，甲公司于2011年3月15日收到股利。其账务处理如下：

（1）购买股份时：

借：长期股权投资——乙公司　　　　　500 000
　　贷：银行存款　　　　　　　　　　　　　　500 000

（2）乙公司宣告发放现金股利时：

借：应收股利　　　　　　　　　　　　50 000
　　贷：投资收益　　　　　　　　　　　　　　50 000

（3）收到股利时：

借：银行存款　　　　　　　　　　　　50 000
　　贷：应收股利　　　　　　　　　　　　　　50 000

#### 4.4.3.2　长期股权投资核算的权益法

（1）权益法的概念及其适用范围。权益法是指长期股权投资以初始投资成本计量后，在投资持有期间根据投资企业享有被投资单位所有者权益份额的变动对长期股权投资的账面价值进行调整的方法。投资企业对被投资企业具有共同控制或重大影响的长期股权投资，应采用权益法进行核算。

（2）初始投资成本的调整。①长期股权投资的初始投资成本大于投资时应享有被投资单位可辨认净资产公允价值份额的，不调整长期股权投资的初始投资成本；②长期股权投资的初始投资成本小于投资时应享有被投资单位可辨认净资产公允价值份额的，应按其差额，借记"长期股权投资——成本"账户，贷记"营业外收入"账户。

【例4-25】A公司以银行存款320万元取得B公司30%的股权,取得投资时被投资单位可辨认净资产的公允价值为1 000万元。

①如A公司能够对B公司施加重大影响,则A公司的账务处理如下:

借:长期股权投资——成本　　　　　　3 200 000
　　贷:银行存款　　　　　　　　　　　　　3 200 000

注:商誉20万元(320-1 00×30%)体现在长期股权投资成本中。

②如投资时B公司可辨认净资产的公允价值为1 200万元,则A公司的账务处理如下:

借:长期股权投资——成本　　　　　　3 600 000
　　贷:银行存款　　　　　　　　　　　　　3 200 000
　　　　营业外收入　　　　　　　　　　　　 400 000

(3) 投资损益的账务处理。

投资企业取得长期股权投资后,应当按照应享有或应分担的被投资单位实现的净损益的份额,一方面确认投资收益;另一方面作为追加投资,调整长期股权投资的账面价值,借记"长期股权投资——损益调整",贷记"投资收益"账户。投资企业按照被投资单位宣告分派的利润或现金股利计算应分得的部分,相应减少长期股权投资的账面价值。

①投资企业在确认应享有被投资单位实现的净损益的份额时,应当以取得投资时被投资单位各项可辨认资产等的公允价值为基础,对被投资单位的净利润进行调整后确认。

【例4-26】某企业于2010年1月1日取得对联营企业30%的股权,取得投资时被投资单位的固定资产公允价值为500万元,账面价值为300万元,固定资产的预计使用年限为10年,净残值为零,按照直线法计提折旧。被投资单位2010年度利润表中净利润为400万元,其中被投资单位当期利润表中已按其账面价值计算扣除的固定资产折旧费用为30万元,按照取得投资时固定资产的公允价值计算确定的折旧费用为50万元,不考虑所得税影响。

按该固定资产的公允价值计算的调整后的净利润为380万元(400-20),投资企业按照持股比例计算确认的当期投资收益应为114万元(380×30%)。

借:长期股权投资——损益调整　　　　1 140 000
　　贷:投资收益　　　　　　　　　　　　　　1 140 000

如果无法可靠确定投资时被投资单位各项可辨认资产等的公允价值时,可以直接按照被投资单位的账面净损益与持股比例计算确认投资损益。

②投资企业确认被投资单位发生的净亏损,应当以长期股权投资的账面价值以及其他实质上构成对被投资单位净投资的长期权益减记至零为限;在确认应分担被投资单位发生的亏损时,应当按照以下顺序进行处理:首先,冲减长期股权投资的账面价值;其次,长期股权投资的账面价值不足以冲减的,冲减长期应收项目的账面价值;最后,经过上述处理,按照投资合同或协议约定企业仍承担额外义务的,应按预计承担的义务确认预计负债,计入当期投资损失。

被投资单位以后期间实现盈利的,企业扣除未确认的亏损分担额后,应按与上述相反的顺序处理,减记已确认预计负债的账面余额、恢复其他实质上构成对被投资单位净投资的长期权益及长期股权投资的账面价值,同时确认投资收益。

【例4-27】甲企业持有乙企业30%的股权,2010年12月31日长期股权投资的账面价值为300万元。乙企业2010年亏损600万元。假定取得投资时被投资单位各资产公允价值等于账面价值,双方采用的会计政策、会计期间相同。则甲企业2010年应确认投资损失180万元,长期股权投资账面价值降至120万元。

如果乙企业当年度的亏损额为1 100万元,当年度甲企业应分担损失330万元,长期股权投资账面价值减至0,还有30万元损失未冲减。如果甲企业账上有应收乙企业长期应收款500万元,则应进一步确认损失。

  借：投资收益          300 000
    贷：长期应收款         300 000

③其他权益变动。在持股比例不变的情况下，被投资单位除净损益以外所有者权益的其他变动，企业按持股比例计算应享有的份额，借记或贷记"长期股权投资——其他权益变动"账户，贷记或借记"资本公积——其他资本公积"账户。

【例4-28】A公司对C公司的投资占其有表决权资本的比例为30%，C公司2010年8月20日将自用房地产转换为采用公允价值模式计量的投资性房地产，该项房地产在转换日的公允价值大于其账面价值的差额为50万元。A公司的账务处理如下：

  借：长期股权投资——其他权益变动  150 000
    贷：资本公积——其他资本公积    150 000

### 4.4.4 长期股权投资的处置

长期股权投资处置时，其账面价值与实际取得价款的差额，应当计入当期损益。投资企业应根据实际收到的价款，借记"银行存款"等账户；根据处置长期股权投资的账面价值，贷记"长期股权投资"等账户；根据两者的差额，借记或贷记"投资收益"账户。采用权益法核算的长期股权投资，因被投资企业除净损益以外所有者权益的其他变动而计入资本公积的数额，也应转入当期损益。

【例4-29】2011年1月5日，四川东方建筑工程公司将其持有的A公司30%的股份全部对外转让，转让价款240万元，相关的股权划转手续已办妥，转让价款已存入银行。转让时，四川东方建筑工程公司对A公司长期股权投资的构成是：成本200万元，损益调整50万元，其他权益变动10万元。四川东方建筑工程公司的的账务处理如下：

  借：银行存款         2 400 000
    投资收益          200 000

　　　　贷：长期股权投资——成本　　　　　　　2 000 000
　　　　　　　　　　　　——损益调整　　　　　　500 000
　　　　　　　　　　　　——其他损益变动　　　　100 000
　　　借：资本公积——其他资本公积　　　100 000
　　　　贷：投资收益　　　　　　　　　　　　　　100 000

## 4.5　施工企业金融资产减值实账模拟

### 4.5.1　金融资产减值损失的确认

　　企业应当在资产负债表日对以交易性金融资产以外的金融资产的账面价值进行检查，有客观证据表明该金融资产发生减值的，应当确认减值损失，计提减值准备。

　　表明该金融资产发生减值的客观证据，是指金融资产初始确认后实际发生的、对该金融资产的预计未来现金流量有影响，且企业能够对该影响进行可靠计量的事项。

### 4.5.2　持有至到期投资减值损失的账务处理

　　持有至到期投资以摊余成本后续计量，其发生减值时，应当将该持有至到期投资的账面价值减记至预计未来现金流量（不包括尚未发生的未来信用损失）现值，减记的金额确认为资产减值损失，计入当期损益。

　　预计未来现金流量现值，应当按照该持有至到期投资的原实际利率折现确定，并考虑相关担保物的价值（取得和出售该担保物发生的费用应当予以扣除）。原实际利率是初始确认该金融资产时计算确定的实际利率。对于浮动利率持有至到期投资，在计算未来现金流量现值时可采用合同规定的现行实际利率作为折现率。

　　持有至到期投资的减值准备应当在"持有至到期投资减值准备"账户核算。"持有至到期投资减值准备"账户可按持有至到期投资类别和品种进行明细核算。资产负债表日，持有至到期投资发生减值的，按应减记的金额，借记"资产减值损失"账户，贷记"持有至到期投资减值准备"账户。已计提减值准备的持有至到期投资价值以后又得以恢复的，应在原已计提的减值准备金额内，按恢复增加的金额，借记"持有至到期投资减值准备"账户，贷记"资产减值损失"账户。"持有至到期投资减值准备"账户期末贷方余额，反映企业已计提但尚未转销的持有至到期投资减值准备。

【例4-30】续【例4-8】，假设2007年12月31日四川东方建筑工程公司持有的债券的预计未来能收回的现金流量为105 000元，则其计提减值准备的账务处理为：

资产减值损失 = 106 173 - 105 000 = 1 173（元）

借：资产减值损失　　　　　　　　　　　　1 173
　　贷：持有至到期投资减值准备　　　　　　　　1 173

【例4-31】续【例4-30】，假设2008年12月31日四川东方建筑工程公司持有的债券预计未来能收回的现金流量为105 500元。

2008年12月31日该持有至到期投资的减值金额为：

104 177 - 105 500 = -1 323（元）

该项减值恢复金额为：

1 173 - (-1 323) = 2 496（元）

账务处理为：

借：持有至到期投资减值准备　　　　　　　　2 496
　　贷：资产减值损失　　　　　　　　　　　　　2 496

### 4.5.3 可供出售金融资产减值损失的账务处理

可供出售金融资产发生减值时，即使该金融资产没有终止确认，原直接计入所有者权益中的因公允价值下降形成的累计损失，应当予以转出，计入当期损益。该转出的累计损失，等于可供出售金融资产的初始取得成本扣除已收回本金和已摊余金额、当前公允价值和原已计入损益的减值损失后的余额。

具体账务处理上,可供出售金融资产减值损失应当在"可供出售金融资产——公允价值变动"账户中核算。确定可供出售金融资产发生减值的,按应减记的金额,借记"资产减值损失"账户,按应从所有者权益中转出原计入资本公积的累计损失金额,贷记"资本公积——其他资本公积"账户,按其差额,贷记"可供出售金融资产——公允价值变动"。

对于已确认减值损失的可供出售金融资产,在随后会计期间内公允价值已上升且客观上与确认原减值损失事项有关的,应按原确认的减值损失,借记"可供出售金融资产——公允价值变动"账户,贷记"资产减值损失"账户;但可供出售金融资产为股票等权益工具投资的(不含在活跃市场上没有报价、公允价值不能可靠计量的权益工具投资),借记"可供出售金融资产——公允价值变动"账户,贷记"资本公积——其他资本公积"账户。

【例4-32】2008年1月1日,C公司按面值从债券二级市场购入M公司发行的债券10 000张,每张面值100元,票面利率为3%,划分为可供出售金融资产。

2008年12月31日,该债券的市场价格为每张100元。

2009年,M公司因投资决策失误,发生严重财务困难,但仍可支付该债券当年的票面利息。2007年12月31日,该债券的公允价值下降为每张80元。C公司预计,如M公司不采取措施,该债券的公允价值预计会持续下跌。

2010年,M公司调整产品结构并整合其他资源,致使上年发生的财务困难大为好转。2008年12月31日,该债券的公允价值已上升至每张95元。

假定C公司初始确认该债券时,计算确定的债券实际利率为3%,且不考虑其他因素。则C公司有关的账务处理如下:

(1) 2008年1月1日购入债券时:

借:可供出售金融资产——成本　　　　　1 000 000
　　贷:银行存款　　　　　　　　　　　　　　　1 000 000

(2) 2008年12月31日确认利息、公允价值变动时：
借：应收利息　　　　　　　　　　　　　30 000
　　贷：投资收益　　　　　　　　　　　　　30 000
借：银行存款　　　　　　　　　　　　　30 000
　　贷：应收利息　　　　　　　　　　　　　30 000
债券的公允价值变动为零，故不做账务处理。
(3) 2009年12月31日确认利息收入及减值损失时：
借：应收利息　　　　　　　　　　　　　30 000
　　贷：投资收益　　　　　　　　　　　　　30 000
借：银行存款　　　　　　　　　　　　　30 000
　　贷：应收利息　　　　　　　　　　　　　30 000
借：资产减值损失　　　　　　　　　　　200 000
　　贷：可供出售金融资产——公允价值变动　200 000
由于该债券的公允价值预计会持续下跌，C公司应确认减值损失。
(4) 2010年12月31日确认利息收入及减值损失转回时：
应确认的利息收入
=（期初摊余成本1 000 000 - 发生的减值损失200 000）×3%
= 24 000（元）
借：应收利息　　　　　　　　　　　　　30 000
　　贷：投资收益　　　　　　　　　　　　　24 000
　　　　可供出售金融资产——利息调整　　　6 000
借：银行存款　　　　　　　　　　　　　30 000
　　贷：应收利息　　　　　　　　　　　　　30 000
减值损失转回前，该债券的摊余成本 = 1 000 000 - 200 000 - 6 000
　　　　　　　　　　　　　　　　= 794 000（元）
2010年12月31日，该债券的公允价值为950 000元。
应转回的金额 = 950 000 - 794 000 = 156 000（元）
借：可供出售金融资产——公允价值变动　156 000

贷：资产减值损失　　　　　　　　　　　　　　　156 000

【例4-33】2008年5月1日，D公司从股票二级市场以每股15元（含已宣告发放但尚未领取的现金股利0.2元）的价格购入X公司发行的股票2 000 000股，占X公司有表决权股份的5%，对X公司无重大影响，D公司将该股票划分为可供出售金融资产。其他资料如下：

2008年5月10日，D公司收到X公司发放的上年现金股利400 000元。

2008年12月31日，该股票的市场价格为每股13元。D公司预计该股票的价格下跌是暂时的。

2009年，X公司因违反相关证券法规，受到证券监管部门查处。受此影响，X公司股票的价格下跌。至2007年12月31日，该股票的市场价格下跌到每股6元。

2010年，X公司整改完成，加之市场宏观面好转，股票价格有所回升，至12月31日，该股票的市场价格上升到每股10元。

假定2009年和2010年均未分派现金股利，不考虑其他因素的影响，则D公司有关的账务处理如下：

(1) 2008年5月1日购入股票时：
借：可供出售金融资产——成本　　　　29 600 000
　　应收股利　　　　　　　　　　　　　　400 000
　贷：银行存款　　　　　　　　　　　　　30 000 000

(2) 2008年5月收到现金股利时：
借：银行存款　　　　　　　　　　　　　　400 000
　贷：应收股利　　　　　　　　　　　　　　400 000

(3) 2008年12月31日确认股票公允价值变动时：
借：资本公积——其他资本公积　　　　　3 600 000
　贷：可供出售金融资产——公允价值变动　　3 600 000

(4) 2009年12月31日确认股票投资的减值损失时：
借：资产减值损失　　　　　　　　　　　17 600 000

·106·

贷：资本公积——其他资本公积　　　　　　　3 600 000
　　　　可供出售金融资产——公允价值变动　14 000 000
（5）2010年12月31日确认股票价格上涨时：
　　借：可供出售金融资产——公允价值变动　8 000 000
　　贷：资本公积——其他资本公积　　　　　　　8 000 000

### 4.5.4　长期股权投资的减值

　　如果长期股权投资可收回金额的计量结果表明其可收回金额低于账面价值，说明长期股权投资已经发生减值损失，应当将其账面价值减记至可收回金额，借记"资产减值损失"账户，贷记"长期股权投资减值准备"账户。长期股权投资减值损失一经确认，在以后会计期间不得转回。

　　【例4-34】四川东方建筑工程公司2008—2010年投资业务的有关资料如下：

　　2008年11月5日，四川东方建筑工程公司与A公司签订股权转让协议。该股权转让协议规定：四川东方建筑工程公司收购A公司股份总额的30%，收购价格为270万元，收购价款于协议生效后以银行存款支付；该股权协议生效日为2008年12月31日。

　　（2）2009年1月1日，A公司股东权益总额为800万元，其中股本为400万元，资本公积为100万元，未分配利润为300万元（均为2008年度实现的净利润）。

　　（3）2009年1月1日，A公司董事会提出2008年利润分配方案。该方案如下：按实现净利润的10%提取法定盈余公积金；不分配现金股利。对该方案进行会计处理后，A公司股东权益总额仍为800万元，其中股本为400万元，资本公积为100万元，盈余公积为30万元，未分配利润为270万元。假定2009年1月1日A公司可辨认净资产的公允价值为800万元。

　　（4）2009年1月1日，四川东方建筑工程公司以银行存款支付收购股权价款270万元，并办理了相关的股权划转手续。

(5) 2009 年 5 月 1 日，A 公司股东大会通过 2007 年度利润分配方案。该分配方案如下：按实现净利润的 10% 提取法定盈余公积；分配现金股利 200 万元。

(6) 2009 年 6 月 5 日，四川东方建筑工程公司收到 A 公司分派的现金股利。

(7) 2009 年 6 月 12 日，A 公司因可供出售金融资产业务核算确认资本公积 80 万元。

(8) 2009 年度，A 公司实现净利润 400 万元。

(9) 2010 年 5 月 4 日，A 公司股东大会通过 2008 年度利润分配方案。该分配方案如下：按实现净利润的 10% 提取法定盈余公积金；不分配现金股利。

(10) 2010 年度，A 公司发生净亏损 200 万元。

(11) 2010 年 12 月 31 日，四川东方建筑工程公司对 A 公司投资的预计可收回金额为 270 万元。

根据以上资料，四川东方建筑工程公司的账务处理如下：

(1) 2009 年 1 月 1 日付款时：

借：长期股权投资——成本　　　　　　　　2 700 000
　　贷：银行存款　　　　　　　　　　　　　　　　2 700 000

四川东方建筑工程公司初始投资成本 270 万元大于应享有 A 公司可辨认净资产公允价值的份额 240 万元（800×30%），四川东方建筑工程公司不调整长期股权投资的初始投资成本。

(2) 2009 年 A 公司分配现金股利时：

借：应收股利　　　　　　　　　　　　　　　600 000
　　贷：长期股权投资——损益调整　　　　　　　　600 000

(3) 2009 年收到现金股利时：

借：银行存款　　　　　　　　　　　　　　　600 000
　　贷：应收股利　　　　　　　　　　　　　　　　600 000

(4) 2009 年 A 公司增加资本公积时：

借：长期股权投资——其他权益变动　　　　　240 000

贷：资本公积——其他资本公积　　　　　　　240 000
　（5）2009 年 A 公司实现净利润 400 万元时：
　　借：长期股权投资——损益调整　　　1 200 000
　　贷：投资收益　　　　　　　　　　　　　　1 200 000
　（6）2010 年 5 月 4 日，A 公司按实现净利润的 10% 提取法定盈余公积金，四川东方建筑工程公司不做账务处理。
　（7）2010 年 A 公司发生净亏损 200 万元时：
　　借：投资收益　　　　　　　　　　　　　600 000
　　贷：长期股权投资——损益调整　　　　　　600 000
　（8）2010 年 12 月 31 日，长期股权投资的账面余额为 294 万元 (270 - 60 + 24 + 120 - 60)，因预计可收回金额为 270 万元，所以应计提减值准备 24 万元。
　　借：资产减值损失　　　　　　　　　　　240 000
　　贷：长期股权投资减值准备——A 公司　　　240 000

# 第5章

## 施工企业存货实账模拟

## 5.1 施工企业存货的特殊性

### 5.1.1 施工企业存货的含义及特殊性

施工企业的存货是指在施工过程中为施工耗用而储备的各种材料、物料,包括主要材料、低值易耗品、周转材料、在产品、产成品、协作件、自制半成品以及在固定资产标准以下的工具、设备、用品、器皿等低值易耗品。

施工企业存货的特殊性表现在以下四个方面:

(1) 存货是具有物质实体的有形资产。这一特征使其有别于应收款项、投资、无形资产等没有物质实体的资产,也不同于库存现金、银行存款等货币资金。

(2) 存货属于流动资产,具有较强的流动性。存货在生产经营过程中,经常处于不断销售、重置或耗用、重置之中,属于一项流动资产,具有较强的变现能力和较大的流动性,但其流动性又低于货币资金、交易性金融资产、应收款项等流动资产项目。

（3）存货具有时效性和发生潜在损失的可能性。由于存货的价值易受市场价格以及其他因素变动的影响，其能够转换的货币数额具有较大的不确定性。当存货长期不能销售或耗用时，就有可能变为积压物资或者需要降价销售，给企业带来损失。

（4）施工企业持有存货的最终目的是为了在建造工程过程中获得结算价款。无论是在建造过程中直接耗用的存货（如钢材、沙石、水泥等），还是处于建造过程或已经完工的建筑工程（如道路、桥梁和房屋等），都是为了获取工程结算价款。这一特征，使其与施工企业使用的固定资产等相区别，也区别于其他企业的存货。

## 5.1.2 施工企业存货的分类

施工企业的存货种类繁多，按其在施工中的作用和存放的地点不同，具体可以分为以下几类：

（1）原材料。施工企业的原材料主要包括主要材料、结构件、机械配件和其他材料等。①主要材料。它是指用于工程施工或产品生产并构成工程或产品实体的各种材料，包括黑色金属材料（如钢材、水泥、砖瓦、石灰、沙、石等）、小五金材料、电器材料、化工原料（如油漆材料等）。②结构件。它是指经过吊装、钢筋混凝土与木质的结构物和构件，如钢窗、木门、钢筋混凝土预制件等。③机械配件。它是指施工生产过程中使用的施工机械、生产设备、运输设备等替换、维修用的各种零件和配件，以及为机械设备准备的各种备品备件，如曲轴、活塞、轴承齿轮、阀门等。④其他材料。它是指不构成工程或产品实体，但有助于工程或产品形成或便于施工生产进行的各种材料，如燃料、油料、催化剂、饲料等。

（2）低值易耗品。低值易耗品是指使用期限较短、单位价值较低，不作为固定资产核算的各种用具物品，如铁钎、铁镐、手推车等生产工具，工作鞋、工作帽、安全带等劳保用品，办公桌椅等管理用品。

（3）周转材料。周转材料是指企业在施工生产过程中，能够多次使用并基本保持原有的物质形态、但价值逐渐转移的各种材料，如模板、挡板和架料等。

（4）在途材料。在途材料是指企业从外购进，货款已支付，但尚在运输途中或已到达但尚未验收入库的材料。

（5）委托加工中的存货。委托加工中的存货是指委托加工的各种材料和构件。

（6）在产品和产成品。在产品是指施工企业的附属工业生产和辅助生产部门正在加工尚未完工的产品，以及为客户施工的在建工程项目；产成品是指施工企业的附属工业生产和辅助生产部门已加工完成全部生产过程并验收入库的产品，以及为客户建造并完工的工程项目。

### 5.1.3 存货的交接方式

施工企业存货的交接方式通常有以下几种：

#### 5.1.3.1 送货制

送货制是指购销双方在签订购销合同后，由供货单位按照合同所规定的时间和发货数量将商品、物资送到购货单位的仓库或其他指定地点的一种存货交接方式。采用送货制，由于送货而发生的运输费用、途中商品损耗等一般由供货方承担，可降低购货方的风险。

#### 5.1.3.2 提货制

提货制也称取货制，是指购销双方在签订购销合同后，由购货方到供货方的指定的仓库或其他指定地点提取货物的一种交接方式。采用提货制，一般是先结算货款，后提取货物。提货时发生的运输费用、途中货物损耗等，一般由购货方自行承担，可降低销货方的风险。

#### 5.1.3.3 发货制

发货制是指购销双方签订购销合同后，由供货方按照合同规定将货物委托运输部门发送至购货方所在地或指定的车站、码头的一种存货交接方式。采用发货制，在货物发运过程中发生的运输费用和途中损耗等，一般按合同规定和责任划分确定承担单位。异地存货的购销一般采用这种交接方式。

施工企业存货的交接方式较多，一般由施工材料供应单位直接发送施工现场，少数存货通过仓库收发。

### 5.1.4 施工企业存货收发核算的会计凭证

存货的收发凭证是进行存货核算的重要依据。为了有效地反映和控制存货收发、保管情况，明确经济责任，对存货的收入和发出必须严格按照规定办理各项存货的入库、出库手续，填制和审核各项收发凭证，据以登记会计账簿，进行存货收发的总分类核算和明细分类核算。

#### 5.1.4.1 存货入库核算的会计凭证

企业收入的存货，除从外部购入外，还有自制的、委托外部加工后入库以及投资者投入的。对于不同来源渠道取得的存货，应根据具体情况填制入库凭证。

（1）外购存货收入的凭证。企业购入材料等存货可以采取不同的结算方式。在不同的结算方式下，其结算手续、所用的凭证以及传递程序也各有不同。但无论采用哪种结算方式，财会部门收到银行结算凭证和供应单位的发票账单后，都应及时送交材料供应部门。外购存货验收入库后，一般由仓库人员根据购货发票等结算单据和实际验收入库数量填制入库单。入库单一般一式三联：一联作为仓库登记存货明细账的依据，一联送交供应部门存查，一联连同购货发票等结算凭证送交财会部门作为记账核算的依据。收料单是常用的存货收入凭证。其格式如表 5-1 所示。

表 5-1　　　　　　　　　　收料单

材料类别：　　　　　　　　　　　　　　　材料编号：
供应单位：　　　　　　　　　　　　　　　材料仓库：
发票号码：　　　　　　　　年　月　日

| 材料编号 | 材料名称 | 材料规格 | 单位 | 数量 || 实际成本 || 计划成本 || 备注 |
|---|---|---|---|---|---|---|---|---|---|---|
| | | | | 应收 | 实收 | 单价 | 金额 | 单价 | 金额 | |
| | | | | | | | | | | |

供应部门负责人：　　　　记账：　　　　收料：　　　　填制：

（2）其他入库凭证。企业自制的存货，包括自制材料、自制结构件以及废料交库时，一般应由交库部门填制入库单，在单上注明"自制完工入库"或"废料交库"，待仓库验收后，在凭证上填明实收数量；并由收交双方在凭证上签字或签章，以明确责任。委托外单位加工完成的材料、建筑产品等存货，可以采用收料单或商品验收单等办理入库手续，也可以采用"委托加工存货入库单"办理入库手续。

5.1.4.2　存货出库核算的会计凭证

施工企业发出存货包括本企业有关部门生产领用的主要材料、结构件、机械配件和其他材料，以及委托外单位加工或企业间协作等原因而发出的材料、自制结构件等。为健全施工企业经济责任制，正确核算和监督主要材料、结构件等存货的领用和使用情况，并为正确核算建设工程或产品生产成本提供可靠依据，明确存货物资及相关部门和人员的责任，促进材料的节约使用，防止损失和浪费，施工企业应当建立健全主要材料、结构件等存货的领用制度。

施工企业存货发出核算的会计凭证通常有以下几种：

（1）领料单。领料单是一种一次使用的领发料凭证。领料单的格式如表 5-2 所示。

表 5-2　　　　　　　　　　领料单

领料单位：　　　　　　　　　　　　　凭证编号：

材料用途：　　　　　　年　月　日　　发料仓库：

| 材料类别 | 材料编号 | 材料名称 | 规格 | 计量单位 | 数量 | | 单价 | 金额 |
| --- | --- | --- | --- | --- | --- | --- | --- | --- |
| | | | | | 请领 | 实发 | | |
| | | | | | | | | |
| | | | | | | | | |
| | | | | | | | | |
| | | | | | | | | |

领料单位负责人：　　　　发料：　　　　领料：　　　　制票：

（2）限额领料单。限额领料单又称定额领料单，是一种在有效期内（通常为一个月）在规定的领料限额内可多次使用的累计领料凭证。采用限额领料单可以减少会计凭证的数量，实时反映和监督发料过程中材料消耗定额的执行情况，有利于企业加强定额管理，按照定额对材料的领发进行日常控制，便于施工队或生产班组了解和控制建设工程或产品的用料情况、分析材料耗用的节约或超支情况，从而促使各领料单位按照消耗定额节约、合理地使用材料，降低材料消耗，以达到降低工程或产品成本的目的。限额领料单的格式见表 5-3。

表 5-3　　　　　　　　　　限额领料单

工程名称：　　　　　　　　　　　　　发料仓库：

任务单号：　　　　　　　　　　　　　领料单位：

工程量：　　　　　　　年　月　日　　编　　号：

| 材料编号 | 材料名称 | 计量单位 | 计划投产量 | 单位消耗定额 | 领用限额 | 全月实发 | | |
| --- | --- | --- | --- | --- | --- | --- | --- | --- |
| | | | | | | 数量 | 单价 | 金额 |
| | | | | | | | | |

表5-3(续)

| 日期 | 领用 |  |  | 退料 |  |  | 限额结余数量 |
|---|---|---|---|---|---|---|---|
|  | 数量 | 领料人 | 发料人 | 数量 | 退料人 | 收料人 |  |
|  |  |  |  |  |  |  |  |
|  |  |  |  |  |  |  |  |
|  |  |  |  |  |  |  |  |

签发单位：　　　施工员：　　　发料员：　　　领料员：　　　记账：

(3) 领料登记表。领料登记表是一种可多次使用的累计领发料凭证。领料登记表一般用于办理经常领用的各种消耗材料的领用业务。领料登记表的格式如表5-4所示。

表5-4　　　　　　　　　　领料登记表

领料单位：　　　　　　　　　　　　　　　　发料仓库：

材料类别：　　　　　　　　　　　　　　　　计量单位：

材料名称：　　　　　　　　年　月

| 日期 | 领用数量 | 用途 | 领料人签章 | 备注 |
|---|---|---|---|---|
|  |  |  |  |  |
|  |  |  |  |  |

为了确定本月实际消耗材料的费用，正确计算工程成本，对于已领用但尚未消耗的各种材料，应在月末办理领退料手续。对于下月不再继续使用的材料，应当退回仓库。办理退料，一般填制红字领料单（冲减本月领料数额），送交仓库据以收料；对于下月需要继续使用的材料，可以办理假退料手续，材料不退回仓库，同时填制本月红字领料单和下月领料单，一并交仓库转账。

(4) 大堆材料耗用计算单。大堆材料耗用计算单是一种特殊形式的耗料计算凭证，适用于用料时不易清点数量、难以分清受益对象的大堆材料，如砖、瓦、灰、砂、石等。大堆材料耗用计算单一般一式两联：一联交仓库据以办理材料物资出库手续，一联交财会部门作为核算成本的依据。大堆材料耗用计算单及耗用量计算表的格式分别见表 5-5 和表 5-6。

表 5-5　　　　　　　　　　大堆材料耗用计算单
年　月

| 材料规格名称 | 洗砂 | 碎石 | 煤灰 | 砖 |
|---|---|---|---|---|
| 单价 | | | | |
| 期初余额 | | | | |
| 加：本期收入 | | | | |
| 减：本期调出 | | | | |
| 减：期末结存 | | | | |
| 本期耗用 | | | | |

表 5-6　　　　　　　　　　耗用量计算表

| 洗砂 ||| 碎石 ||| 煤灰 ||| 砖 |||
|---|---|---|---|---|---|---|---|---|---|---|---|
| 定额用量 | 实耗数量 | 金额 | 定额用量 | 实耗数量 | 金额 | 定额用量 | 实耗数量 | 金额 | 定额用量 | 实耗数量 | 金额 |
| | | | | | | | | | | | |
| | | | | | | | | | | | |

（5）集中配料耗用计算单。集中配料耗用计算单是指用料时虽然能点清数量，但系集中配料或统一下料（如玻璃、油漆、木材等）所使用的一种耗料凭证。凡是集中配料的，一般应在领料单上加盖"工程集中配料"戳记，月末由材料管理员或领料班组根据用料情况，按照材料消耗定额，编制集中配料耗用计算单，交财会部门据以分配计入各成本核算对象。其计算方法与大堆材料基本相同。

(6) 其他出库凭证。施工企业委托其他单位加工材料时，企业供应部门与加工单位应先签订加工合同，按照合同规定的品种、规格、数量发出材料，企业供应部门填制委托加工存货出库单交仓库据以发料。企业外销的材料、结构件、机械配件等，应由销售部门开出销售凭证，仓库据以发货；企业内部仓库之间存货的调拨，也应填制存货调拨单，据以进行各项存货物资的收发及核算工作。

## 5.2 施工企业材料实账模拟

### 5.2.1 材料核算的要求

材料是施工企业资产的重要组成部分，用于核算材料的科目主要包括"原材料"、"工程物资"等。在材料的会计核算中，主要需要解决以下关键问题：①取得材料时，如何确定材料的价值；②发出材料时，如何确定材料的成本；③会计期末时，如何对材料的成本进行调整。

#### 5.2.1.1 材料核算的主要方法

施工企业材料的会计核算方法，主要有计划成本法和实际成本法两种。

材料按计划成本法核算的特点是：材料的收入、发出和结存均采用计划成本进行日常核算，同时将实际成本与计划成本的差额另行设置"材料成本差异"账户反映；期末计算发出材料和结存材料应分摊的成本差异，将发出材料和结存材料由计划成本调整为实际成本。

材料按实际成本法核算的特点是：材料的收发凭证、原材料明细分类账、原材料总分类账全部按实际成本反映原材料的收、发、结存情况。实际成本法一般适用于规模较小、材料品种不多、采购业务不多的企业。在实际成本法的会计核算中，由于各种材料是分次购入或分批生产形成的，同一项目材料的单价或单位成本往往不同，要确定发出材料的成本，就要选择一定的计价方法。常见的计价方法有先进先出法、加权平均法、移动加权平均法和个别计价法等。

5.2.1.2 材料核算的主要内容

（1）正确、及时地反映材料采购情况，考核材料供应计划和用款计划的执行，促使企业不断改善材料采购工作，做到既保证施工生产需要，又节约使用采购资金、降低材料采购成本。

（2）正确、及时地反映材料的收发和结存情况，考核材料储备定额的执行，防止材料超储、积压或储备不足等现象，不断加速材料储备资金周转。

（3）反映和考核材料消耗定额的执行情况，促使企业节约使用材料，降低工程、产品的材料消耗成本。

（4）正确计算耗用材料的实际成本，分别按照用途记入工程和产品成本。

（5）定期对材料的结存数量和质量进行清查盘点，查明盘点盈亏的原因，并按照规定做出处理，防止丢失和被盗，确保材料的安全、完整，做到账、料、卡相符。

5.2.1.3 我国施工企业材料核算的现状

施工企业由于材料种类繁多、收发频繁，为简化工作量，在实际操作中，多采用计划成本法核算材料成本。但也有少数规模不大的施工企业采用实际成本法核算材料收发成本。

## 5.2.2 材料初始成本的计量

材料初始成本的计量是指材料收入的计价。由于各种材料的来源不同，其成本组成的内容也不完全相同，因此，施工企业应按制度的规定和不同的来源，分别计算和确定各类材料的成本。根据取得材料的来源不同，材料初始成本的计量主要包括外购材料的成本、自制材料的成本和委托加工材料的成本，以及其他渠道取得材料的成本等几类。

#### 5.2.2.1 材料的采购成本

材料的采购成本，包括购买价款、进口关税和其他税费、运输费、装卸费、保险费以及其他可归属于材料采购成本的费用。

（1）购买价款。购买价款是指企业购入材料或商品的发票价格。如在存在商业折扣的情况下，应将商业折扣扣除后的余款作为购买价款；如果是进口商品，采购价格除国外进价外还应分摊外汇价差，其国外进价一律以到岸价为基础，如按合同以离岸价成交，商品离开对方口岸后，应由我方负担的运杂费、保险费、佣金等费用计入进价。收入的佣金，能够按照商品认定的，直接冲减该商品的进价；不能够认定是哪种商品的，则冲减销售费用。

（2）相关税费。相关税费是指不能抵扣的进项增值税、进口关税、其他税金等。进口物资的关税应计入材料成本。其他税金是指企业购买、自制或委托加工材料发生的消费税、资源税和不能抵扣的增值税进项税额及其他费用。

施工企业一般是营业税纳税人，不是增值税纳税人，所以在购进材料中的进项增值税是直接计入材料采购成本；但如果施工企业从事商品化建筑材料的生产与销售，被核定为增值税一般纳税人，并取得增值税专用发票或完税凭证中证明的，可以作为进项税额抵扣增值税，而不计入材料成本；否则，发生的增值税计入所购材料的成本。

（3）附加费用。附加费用是指可以计入材料成本但不包括在上述采购成本中的费用。它主要指在采购过程中发生的运输费、装卸费、保险费、包装费，运输途中的合理损耗，入库前的挑选整理费用等。

#### 5.2.2.2 材料的加工成本

材料的加工成本包括直接人工和制造费用。制造费用是指企业为生产产品和提供劳务而发生的各项间接费用。企业应当根据制造费用的性质，合理选择分配方法。

#### 5.2.2.3 材料的其他成本

材料的其他成本是指除采购成本、加工成本以外的，使材料达到目前场所和状态所发生的其他支出，如在生产过程中为达到下一个生产阶段所必需的费用、为特定客户设计产品所发生的设计费用等。

根据《企业会计准则》的规定，下列费用应当在发生时确认为当期损益，不计入材料成本：

（1）非正常消耗的直接材料、直接人工及制造费用；

（2）仓储费用（不包括在生产过程中为达到下一个生产阶段所必需的费用），这里是指企业在材料加工和销售环节发生的仓储费用；

（3）不能归属于材料达到目前场所和状态的其他支出。

#### 5.2.2.4 材料实际成本的构成

企业材料由于来源不同，其实际成本的具体构成也有所不同。

（1）外购材料的实际成本。企业外购材料主要包括原材料和商品。外购材料的成本是指企业物资从采购到入库前所发生的全部支出，包括购买价款、相关税费、运输费、装卸费、保险费、运输途中的合理损耗、入库前的挑选整理费用等。

对于采购过程中发生的物资毁损、短缺等，除合理的途耗应当计入材料的采购成本外，其他的应区别不同情况进行会计处理：①从供货单位、外部运输机构等收回的物资短缺或其他赔款，应冲减所购物资的采购成本；②因遭受意外灾害发生的损失和尚待查明原因的途中损耗，暂作为待处理财产损溢进行核算，查明原因后再做处理。

（2）加工取得材料的实际成本。企业通过进一步加工取得的材料主要包括产成品、在产品、半成品、委托加工物资等，其成本由采购成本、加工成本构成。其中：采购成本是指由所使用或消耗的原材料采购成本转移而来的成本；加工成本是指生产加工过程中发生的直接人工费和制造费用。直接人工费是指企业在生产产品过程中直接从事产品生产的工人的职工薪酬；制造费用是指企业为生产产品和提供劳务而发生的各项间接费用，包括企业生产部门管理人员的职工薪酬、折旧费、办公费、水电费、机物料消耗、劳动保护费、季节性和修理期间的停工损失等。

委托外单位加工的材料，以实际耗用的原材料或者半成品成本、加工成本、运输费、装卸费等费用以及按规定应计入成本的税金作为实际成本。

（3）投资者投入材料的实际成本。投资者投入材料的成本应当按照投资合同或协议约定的价值确定，但合同或协议约定价值不公允的除外。在投资合同或协议约定价值不公允的情况下，按照该项材料的公允价值作为其入账价值。

（4）接受捐赠材料的实际成本。捐赠方提供了有关凭据（如发票、报关单、有关协议）的，按凭据上标明的金额加上应支付的相关税费作为实际成本。捐赠方没有提供有关凭据的，按以下顺序确定其实际成本：同类或类似材料存在活跃市场的，按同类或类似材料的市场价格估计的金额，加上应支付的相关税费作为实际成本；同类或类似材料不存在活跃市场的，按该接受捐赠材料预计未来现金流量的现值，作为实际成本。

（5）以非货币性交易换入材料的实际成本。非货币性资产交换是指交易双方以非货币性资产进行的交换。在这里，以非货币性交易换入的材料主要包括：以材料换入的材料、以固定资产或无形资产换入的材料等。这其中可能会涉及少量的货币支付，称其为"补价"。企业以非货币性资产交换取得的材料，其实际成本应当根据该项交换是否具有商业实质以及换入材料或换出资产的公允价值是否能够可靠地计量，分别以公允价值为基础进行计量或以历史成本为基础进行计量。

（6）债务重组取得材料的实际成本。企业通过债务重组取得的材料，应当对受让方的材料按其公允价值加上应支付的相关税费，确认为实际成本；如果施工企业属于增值税一般纳税人，并取得了可抵扣的增值税专用发票，则应以减去可抵扣的增值税进项税额后的差额加上应支付的相关税费，确认为实际成本。重组债权的账面余额与受让的材料的公允价值之间的差额，计入当期损益。

(7) 盘盈材料的实际成本。盘盈材料的成本，应按照同类或类似材料的市场价格作为实际成本。

### 5.2.3 材料收发核算的计划成本法实账模拟

材料按计划成本进行收发核算的特点是：存货的收入、发出和结存均采用计划成本进行日常核算，同时将实际成本与计划成本的差额另行设置"材料成本差异"账户反映。期末计算发出材料和结存材料应分摊的成本差异，将发出材料和结存材料由计划成本调整为实际成本。

#### 5.2.3.1 应设置的账户

(1) "材料采购"账户。本账户用来核算企业采用计划成本进行材料日常核算而购入材料的采购成本。本账户的借方登记采购材料的实际成本，贷方登记入库材料的计划成本；贷方大于借方的差额表示节约，计入"材料成本差异"账户的贷方；借方大于贷方的差额表示超支，计入"材料成本差异"账户的借方；期末借方余额，反映企业在途材料的采购成本。本账户可按供应单位和材料品种。设置明细账，进行明细核算。

(2) "原材料"账户。本账户用来核算库存材料的计划成本。本账户的借方登记入库材料的计划成本，贷方登记发出材料的计划成本，期末借方余额，反映企业库存材料的计划成本。

(3) "材料成本差异"账户。本账户用来核算企业采用计划成本进行日常核算的材料计划成本与实际成本的差额。本账户的借方登记购入材料实际成本大于计划成本的数额（超支差异）以及发出材料应分摊的成本节约差异的结转数，贷方登记购入材料实际成本小于计划成本的数额（节约差异）以及发出材料应分摊的成本超支差异的结转数。期末如果为借方余额，反映企业库存材料的实际成本大于计划成本的差异;期末如果为贷方余额,则反映企业库存材料的实际成本小于计划成本的节约差异。

发出材料应负担的成本差异应当按期(月)分摊,不得在季末或年末一次计算。

5.2.3.2 材料收入的账务处理

(1)外购材料。同实际成本计价核算一样,外购材料也要区分不同情况进行处理。所不同的是,外购材料购入时,无论是否验收入库,按照实际成本均应先借记"材料采购"账户;然后根据验收入库材料的计划成本,由"材料采购"账户的贷方转入"材料"账户的借方。实际成本与计划成本的差异结转记入"材料成本差异"账户。一般情况下,结转验收入库材料的计划成本和结转验收入库材料的成本差异均在月末进行处理。

【例5-1】四川东方建筑工程公司2011年3月有关购料业务如下:

①2日,向本地甲公司购入A材料一批,含税价为10 000元,计划成本为11 000元,支付整理挑选费为700元,材料已验收入库,款项通过银行转账支付。

②8日,向乙公司购入B材料一批,根据合同以银行存款预付50 000元货款。

③10日,上述向乙公司购入的B材料,含税价为100 000元,发生装卸费3 000元,该材料计划成本为101 000元。材料已验收入库。已通过银行结清余款。

④26日,向丙公司购入C材料一批,含税价为200 000元,银行转来的结算凭证已到,款项尚未支付,另外以银行存款支付装卸费5 000元,材料已验收入库,该材料计划成本为210 000元。

根据有关的凭证,会计处理如下:

①2日,购入A材料时:

借:材料采购　　　　　　　　　　　　　　10 700
　　贷:银行存款　　　　　　　　　　　　　　　10 700

②8日,预付货款时:

借:预付账款——乙公司　　　　　　　　50 000
　　贷:银行存款　　　　　　　　　　　　　　50 000

③10日,货到结清余款时:

借:材料采购　　　　　　　　　　　　　103 000
　　贷:预付账款——乙公司　　　　　　　　103 000
借:预付账款——乙公司　　　　　　　　53 000
　　贷:银行存款　　　　　　　　　　　　　　53 000

④26日,购入C材料时:

借:材料采购　　　　　　　　　　　　　205 000
　　贷:应付账款——丙公司　　　　　　　　200 000
　　　　银行存款　　　　　　　　　　　　　　5 000

【例5-2】承【例5-1】,月末,四川东方建筑工程公司汇总结转本月入库材料的计划成本。会计处理如下:

本月入库材料的计划成本 = 11 000 + 10 1000 + 210 000

　　　　　　　　　　　　= 322 000(元)

借:原材料　　　　　　　　　　　　　　322 000
　　贷:材料采购　　　　　　　　　　　　　322 000

本月入库材料的实际成本 = 10 700 + 103 000 + 205 000

　　　　　　　　　　　　= 318 700(元)

材料成本差异 = 318 700 - 322 000

　　　　　　 = -3 300(元)(购入材料的节约差异)

借:材料采购　　　　　　　　　　　　　3 300
　　贷:材料成本差异　　　　　　　　　　　3 300

(2)自制材料。企业自制的材料,不需要通过"材料采购"账户确定材料成本差异,而直接按取得材料的计划成本,借记"材料"账户,按确定的实际成本,贷记"生产成本"账户,按实际成本与计划成本之间的差额,借记或贷记"材料成本差异"账户。

【例5-3】企业辅助生产车间为生产所需,自制丁材料一批,其实际成本为 5 500 元，按照材料交库单所列计划成本 5 200 元验收入库，并结转超支差异 300 元。会计处理如下：

借：原材料　　　　　　　　　　　　　　　5 200
　　材料成本差异　　　　　　　　　　　　　300
　贷：辅助生产　　　　　　　　　　　　　　5 500

（3）投资者投入材料。投资人以材料对企业进行投资，当企业接受投资后，应根据收料单等有关凭证，按材料的计划成本借记"原材料"账户，按双方协议确定的价值，贷记"实收资本"或"股本"等账户，按计划成本与投资各方确认的价值之间的差额，借记或贷记"材料成本差异"账户。

【例 5-4】四川东方建筑工程公司的甲投资者以一批材料作为投资，投入企业。投资各方确认的金额为 200 000 元，折换为四川东方建筑工程公司每股面值 1 元的股票 150 000 股。该批材料计划成本为 205 000 元。会计处理如下：

借：原材料　　　　　　　　　　　　　　　205 000
　贷：股本——甲股东　　　　　　　　　　 150 000
　　　资本公积——股本溢价　　　　　　　　50 000
　　　材料成本差异　　　　　　　　　　　　5 000

5.2.3.3　材料发出的账务处理

月末，企业根据领料单、退料单等编制发出材料汇总表，结转发出材料的计划成本，根据所发出材料的用途按计划成本分别记入"辅助生产"、"工程施工"、"管理费用"等账户。同时，企业应计算本月发出材料应负担的成本差异，根据领用材料的用途，计入相关成本或者费用账户，从而将发出材料的计划成本调整为实际成本。

发出材料应负担的成本差异，除委托外部加工发出材料可按期初成本差异率计算外，应使用本期的实际差异率；期初成本差异率与本期成本差异率相差不大的，也可以按期初成本差异率计算。计算方法一经确定，不得随意变更。材料成本差异率的计算公式为：

$$\text{本期材料成本差异率} = \frac{\text{期初结存材料的成本差异} + \text{本期验收入库材料的成本差异}}{\text{期初结存材料的计划成本} + \text{本期验收入库材料的计划成本}} \times 100\%$$

$$\text{期初材料成本差异率} = \frac{\text{期初结存材料的成本差异}}{\text{期初结存材料的计划成本}} \times 100\%$$

发出材料应负担的成本差异 = 发出材料的计划成本 × 材料成本差异率

【例5-5】2011年9月末,四川东方建筑工程公司根据本月领料单等汇总后,编制发出材料汇总表,见表5-7。

表5-7 发出材料汇总表

2011年9月 单位:元

| 用途 \ 类别 | 原料及主要材料 | 辅助材料 | 燃料 | 修理用备件 | 合计 |
| --- | --- | --- | --- | --- | --- |
| 工程领用 | 400 000 | | | | 400 000 |
| 辅助生产车间一般性消耗 | | 13 000 | 2 000 | 1 000 | 16 000 |
| 行政管理部门领用 | | 4 000 | | 4 000 | 8 000 |
| 合计 | 400 000 | 17 000 | 2 000 | 5 000 | 424 000 |

假设本月初,材料的计划成本为300 000元,成本差异为超支差异1 200元;本月入库材料计划成本为450 000元,成本差异为节约差异4 100元。会计处理如下:

借:工程施工——××工程——材料费　　400 000
　　辅助生产　　　　　　　　　　　　　 16 000
　　管理费用　　　　　　　　　　　　　　8 000
　　贷:原材料　　　　　　　　　　　　　　　424 000

材料成本差异率 = (1 200 - 4 100) ÷ (300 000 + 450 000) × 100%

$$= -0.39\%$$

结转发出材料的成本差异 $= 424\ 000 \times (-0.39\%)$

$$= -1\ 653.6\ (元)$$

借：材料成本差异　　　　　　　　　　1 653.6

　　贷：工程施工——××工程——材料费　　1 560

　　　　辅助生产　　　　　　　　　　　　62.4

　　　　管理费用　　　　　　　　　　　　31.2

### 5.2.4　材料收发核算的实际成本法实账模拟

为了如实地核算和监督材料物资的增减变动情况，正确计算工程或产品成本中的材料费用，计入工程或产品成本中的材料费用最终必须按照材料的实际成本计价。

#### 5.2.4.1　账户设置

按实际成本计价是指每一种材料物资的收入、付出和结存，都按其取得时（如购入、资质、委托加工等）所发生的实际成本计价，存货的收发凭证均记录实际成本。

按实际成本计价进行物资采购收发的总分类核算时，应设置"原材料"、"在途物资"、"采购保管费"、"应付账款"、"预付账款"等总分类账户。

"原材料"账户用来核算企业库存的各种原材料（包括主要材料、结构件、机械配件、外购半成品、修理用备件、辅助材料、燃料等）的实际成本。

"在途物资"账户用来核算已支付货款但尚未运到企业或尚未验收入库的各种材料实际成本。

"采购保管费"账户用来核算企业材料物资供应部门及仓库为采购、验收、保管和收发材料物资所发生的各项费用。本账户的借方登记企业发生的各项采购保管费用，贷方登记已分配计入物资采购成本的采购保管费。企业每月按实际发生数分配采购保管费时，本账户月末应余额。本账户应按采购保管费用设置明细账进行明细核算。

5.2.4.2 按实际成本计价的主要材料收入的总分类核算

由于采购地点不同、货款结算方式不同，因而出现材料入库与货款结算日期有时一致、有时不一致的情况。对此，应区分不同情况进行账务处理。

（1）付款同时收到材料（单货同到）。企业在本地采购的材料，采用同城结算的方式付款后，材料可以随即收到；从外地采购的材料，有时付款和收料的时间也很接近。货款、增值税及采购费用的支付及材料的验收工作可以在较短的时间完成。这时应该根据银行结算凭证、发票、运杂费等单据和收料单等凭证，填制付款和收料的记账凭证。

【例5-6】四川东方建筑工程公司（非增值税纳税人）[①] 从外地购入钢材一批，买价40万元，供货单位发货时代垫运费5 000元。另外，按钢材购价的17%缴纳增值税6.8万元。货款、运费以及增值税已通过银行支付，材料验收入库。根据有关凭证，应做账务处理如下：

原材料采购成本 = 400 000 + 68 000 + 5 000 = 473 000（元）

借：原材料　　　　　　　　　　　　　　473 000
　　贷：银行存款　　　　　　　　　　　　473 000

（2）先结算，后收料。企业所购物资若货款已支付而材料尚未运到时，为了反映和监督已经付款尚未入库的材料情况，应通过"在途物资"科目进行核算。

【例5-7】四川东方建筑工程公司购入机械配件一批，货款12万元，按货款的17%缴纳增值税2.04万元。货款以及增值税通过银行支付，机械配件尚未入库。根据银行结算凭证及所附发票单据，应做账务处理如下：

借：在途物资　　　　　　　　　　　　140 400

---

[①] 在本书中，除注明该企业为增值税纳税人外，均视为非增值税纳税人。

贷：银行存款　　　　　　　　　　　　　　140 400

　　待机械配件验收入库时,根据在途物资明细账的记录和收料单,应做账务处理如下：

　　借：原材料　　　　　　　　　　　　　　　140 400
　　　　贷：在途物资　　　　　　　　　　　　　140 400

　　如需预付款购货,需在合同中注明,大额预付款需要对方提供等额的预付款银行保函,要求材料采购人员提供经公司评审的采购合同。

　　①预付材料款时：
　　借：预付账款——××单位
　　　　贷：银行存款
　　②收到材料时：
　　借：原材料
　　　　贷：预付账款——××单位
　　③补付余额时：
　　借：预付账款——××单位
　　　　贷：银行存款
　　④退付多收材料款时：
　　借：银行存款
　　　　贷：预付账款——××单位

　　(3) 先收料,后结算。

　　第一种情况,收料后,暂未付款,但本月与供货方办理款项结算。

　　收料后,在收到结算凭证前,暂不做账务处理,待收到结算凭证时,再做如下会计分录：

　　①报销时,未付款的会计分录：
　　借：原材料
　　　　贷：应付账款——××单位
　　②报销时,支付材料价款的会计分录：

借：原材料
　　贷：银行存款

第二种情况，材料已收到，但结算凭证在月末仍未到达，无法办理款项结算。

为了如实反映企业月末资产的结存情况和负债情况，材料管理部门先按合同价格或计划价格对这批材料暂估入账，并通过"应付账款"账户下设"暂估入账"账户进行核算，在下月初用红字冲回，待收到结算凭证时，再根据是否付款情况分别编制相应的会计分录。

①月中，收到材料时，暂不做账务处理。

②月末，按暂估价入账的会计分录：

借：原材料　　　　　　　　　　　　（暂估价）
　　贷：应付账款——××单位　　　　　（暂估价）

③下月初，用红字金额冲销上述分录：

借：原材料　　　　　　　　　　　　（红字）
　　贷：应付账款——暂估入账　　　　（红字）

④收到该批材料结算凭证后，按实际价格结算价款的会计分录：

借：原材料
　　贷：银行存款（或应付账款等）

【例5-8】四川东方建筑工程公司购进水泥一批，货款20万元，按货款的17%缴纳增值税3.4万元，对方代垫运费6 000元，收到结算凭证，材料验收入库，企业存款不足尚未付款。应做账务处理如下：

借：原材料　　　　　　　　　　　　240 000
　　贷：应付账款　　　　　　　　　　240 000

待以后支付该批材料款项时，应做账务处理如下：

借：应付账款　　　　　　　　　　　240 000
　　贷：银行存款　　　　　　　　　　240 000

若对方同意延期付款,开出并承兑商业汇票抵付上项应付账款时,应做账务处理如下:

借:应付账款　　　　　　　　　　　　240 000
　贷:应付票据　　　　　　　　　　　　240 000

【例5-9】四川东方建筑工程公司从某预制件厂购入预制件一批,根据通知办理提货手续,并验收入库,月末结算凭证仍未到达,按合同价格6.8万元暂估入库,应做账务处理如下:

借:原材料——预制件　　　　　　　　68 000
　贷:应付账款——暂估应付账款　　　　68 000

待下月初,用红字金额冲销上述分录:

借:原材料　　　　　　　　　　　　　68 000
　贷:应付账款——暂估应付账款　　　　68 000

注:方框中的数字表示红字(下同)。

收到该批材料结算凭证时,按实际支付的辅助材料买价6.5万元、运费1 200元,以及实际支付的增值税1.105万元,应做账务处理如下:

原材料采购成本 = 65 000 + 11 050 + 1 200 = 77 250(元)

借:原材料　　　　　　　　　　　　　77 250
　贷:银行存款　　　　　　　　　　　　77 250

5.2.4.3　采购保管费的归集和结转

采购保管费包括采购人员的工资及工资附加费、交通费,平时在"在途物资——采购保管费"科目进行归集,月末进行分配结转,转入"原材料"科目。

①平时归集时:

借:在途物资——采购保管费
　贷:库存现金(或应付职工薪酬等)

②结转时:

借:原材料

贷：在途物资——采购保管费

采用实际成本进行材料日常核算的企业，采购过程中发生的采购保管费，应在发生时，逐一归集到"采购保管费"科目的借方。月末，采用适当方法进行分配。

采购过程中发生的采购保管费的分配方法主要有按实际分配率分配和按计划分配率分配两种。

（1）按实际分配率分配。按实际分配率分配即把当月实际发生的采购保管费用以当月购入材料物资的直接采购成本（买价和运杂费合计）为分配标准，全部分配计入当月购入的各种材料物资的采购成本中。其计算公式为：

$$\frac{采购保管费}{实际分配率} = \frac{本月发生的采购保管费}{本月购入材料物资的买价和运杂费之和} \times 100\%$$

本月购入某类材料物资应分配的采购保管费＝本月购入该类材料物资的买价和运杂费之和×本月采购保管费实际分配率

【例5-10】四川东方建筑工程公司本月购入各类材料的买价和运杂费合计为50万元，其中购入钢材20万元，本月共发生采购保管费1万元。购入钢材应分配的采购保管费计算如下：

$$本月采购保管费分配率 = \frac{10\ 000}{500\ 000} = 2\%$$

购入钢材应分配的采购保管费＝200 000×2%＝4 000（元）

（2）按计划分配率分配。按计划分配率分配即为均衡年度内各月材料物资的采购成本负担，采购保管费按预先确定的计划分配率进行分配。其计算公式为：

$$\frac{采购保管费}{计划分配率} = \frac{全年计划采购保管费额}{全年计划采购材料物资的计划成本} \times 100\%$$

本月购入某类材料物资应分配的采购保管费＝本月购入该类材料物资的计划成本×采购保管费计划分配率

【例5-11】四川东方建筑工程公司全年计划采购保管费为12万元，全年计划采购材料400万元。本月钢材的采购成本为40万元，本月购入钢材应分配的采购保管费计算如下：

$$采购保管费计划分配率 = \frac{120\,000}{4\,000\,000} \times 100\% = 3\%$$

本月购入钢材应分配采购保管费 = 400 000 × 3%
= 12 000（元）

采用实际成本组织材料日常核算的企业，采购保管费也可以直接分配计入当月各有关领用材料物资的部门或工程成本，不再逐月分配计入当月购入的各种材料物资的采购成本。其计算公式为：

$$本月采购保管费分配率 = \frac{采购保管费月初余额 + 本月采购保管费发生额}{月初结存材料买价和运费 + 本月购入材料买价和运杂费} \times 100\%$$

通过以上的分配结转后，采购保管费的月末余额，即为原材料物资负担的采购保管费。编制资产负债表时，应在存货项目内反映。但是，对于采购过程中发生的物资损毁、短缺等，除合理的损耗应作为存货的"其他可归属于存货采购成本的费用"记入采购成本外，应区别不同情况进行会计处理：①应用从供应单位、外部运输机构等收回的物资短缺或其他赔款，冲减物资的采购成本。②因遭受意外灾害发生的损失和尚待查明原因的途中损耗，应暂作为待处理财产损溢进行核算，在查明原因后再做处理。

【例5－12】四川东方建筑工程公司2010年10月发生采购保管费4 000元，其中应付工资2 000元，以银行存款支付相关费用1 200，领用包装材料800元。根据有关凭证，应做账务处理如下：

借：采购保管费　　　　　　　　　　　　　　　　4 000
　　贷：应付职工薪酬　　　　　　　　　　　　　2 000
　　　　银行存款　　　　　　　　　　　　　　　1 200
　　　　原材料　　　　　　　　　　　　　　　　　800

【例5－13】四川东方建筑工程公司2010年10月采购保管费余额为6 000元，本月发生采购保管费4 000元，月初结存材料29万

元,本月采购材料21万元,本月工程领用材料25万元。则有:

$$\text{本月采购保管费分配率} = \frac{6\,000 + 4\,000}{29\,000 + 210\,000} \times 100\%$$

$$= 2\%$$

本月工程领用材料应负担的采购保管费 = 250 000 × 2%
= 5 000(元)

月末结存工程材料应负担的采购保管费 = 6 000 + 4 000 − 5 000 = 5 000(元)

账务处理如下:
借:工程施工　　　　　　　　　　　　5 000
　　贷:采购保管费　　　　　　　　　　　5 000

需要特别指出的是,施工企业"原材料"的核算和普通工业"原材料"核算的最大不同在于增值税的处理上,对施工企业而言,一般只缴纳营业税,外购的各种非用于对外销售的工程材料的增值税进项税额,不得抵扣,应该一并计入材料的初始成本。

#### 5.2.4.4 材料验收入库

材料采购的点收小票采用月结的方法,在月末时,会计要根据材料点收小票将采购的材料点收入库。具体做法是:先查看当月的"在途物资"账户的明细账,所有的材料点收单号是否已由材料采购人员报销完毕。若当月累计余额小于材料点收小票的累计收入额,则首先必须要求材料采购人员及时到财务报销当月采购已点收的材料,按其点收入库时收料单号做点收入库的账务处理。

#### 5.2.4.5 材料发出的计价

材料因采购的时间、地点不同及其他一些原因,尽管其品种、规格、数量相同,但实际成本未必相同。因此,必须采取一定的方法,正确计算发出材料实际成本,以便正确计算工程成本和辅助生产成本、附属企业产品成本。施工企业常用的发出材料计价方法有先进先出法、加权平均法、移动平均法和个别计价法等。每种计价方法都有各自的特点和优缺点。同时,使用不同的方法计算的结果不同,最终导致利润不同。施工企业材料发出的计价方法,同样适用于其他采用实际成本法核算的存货资产。

(1)先进先出法,是指假定存货的收发顺序采取先收入的存货先发出,按收到存货的先后顺序及它们的实际成本确定各批发出存货的实际成本的计价方法。在这种计价方法下,最先发出存货的成本,要按原材料中最先收入的那批材料中最先收入的那批材料的数量,超出部分要一次按后一批收入材料的实际单价计价(见表5-8)。

表5-8　　　　　　　　原材料明细分类账

材料科目:原材料　　　　　　　　　　　存放地点:一号仓库
材料科目:金属类　　　　　　　　　　　实物单位:千克
名称及规格:100 cm 焊管　　　　　　　金额单位:元

| 2009年 | | 摘要 | 收入 | | | 发出 | | | 结存 | | |
|---|---|---|---|---|---|---|---|---|---|---|---|
| 月 | 日 | | 数量 | 单价 | 金额 | 数量 | 单价 | 金额 | 数量 | 单价 | 金额 |
| 9 | 1 | 期初余额 | | | | | | | 100 | 3.80 | 380 |
| | 10 | 购进 | 200 | 4.00 | 800 | | | | 100 | 3.80 | 380 |
| | | | | | | | | | 200 | 4.00 | 800 |
| | 15 | 领用 | | | | 100 | 3.80 | 380 | 200 | 4.00 | 800 |
| | 21 | 购进 | 250 | 4.04 | | | | | 200 | 4.00 | 800 |
| | | | | | | | | | 250 | 4.04 | 1010 |
| | 30 | 领用 | | | | 200 | 4.00 | 800 | 200 | 4.04 | 808 |
| | | | | | | 50 | 4.04 | 202 | | | |
| | | 合计 | 450 | | 1810 | | | | 200 | 4.04 | 808 |

在先进先出法下,存货是根据最近期的进货成本计价的,因而期末存货价值比较接近实际。采用先进先出法,成本流转与实物流转一致,存货成本计算比较准确。

(2)加权平均法又称月末一次加权平均法,是指以期初存货数量和本期各批收入存货的数量为权数,对存货的单位成本进行加权平均,计算出加权平均单位成本,根据对存货进行计价的方法(见表5-9)。其计算公式为:

$$加权平均单价 = \frac{期初结存存货实际成本 + 本期收入各批存货实际成本之和}{期初结存存货数量 + 本期收入各批存货数量之和}$$

本期发出存货实际成本 = 本期发出存货数量 × 加权平均单价

月末结存存货实际成本 = 月末结存存货数量 × 加权平均单价

表 5-9　　　　　　　　　　原材料明细分类账

材料科目:原材料　　　　　　　　　　存放地点:1 号仓库

材料类别:金属类　　　　　　　　　　实物单位:千克

名称及规格:100cm 焊管　　　　　　金额单位:元

| 2009 年 | | 摘要 | 收入 | | | 发出 | | | 结存 | | |
|---|---|---|---|---|---|---|---|---|---|---|---|
| 月 | 日 | | 数量 | 单价 | 金额 | 数量 | 单价 | 金额 | 数量 | 单价 | 金额 |
| 9 | 1 | 期初余额 | | | | | | | 100 | 3.80 | 380 |
| | 10 | 购进 | 200 | 4.00 | 800 | | | | 300 | | |
| | 15 | 领用 | | | | 100 | | | 200 | | |
| | 21 | 购进 | 250 | 4.04 | 1010 | | | | 450 | | |
| | 30 | 领用 | | | | 250 | | | 200 | | |
| | | 合计 | 450 | | 1810 | 350 | 3.98 | 1393 | 200 | 3.98 | 797 |

采用加权平均方法,本月收入与月初结存材料的单位成本平均化,本月发出材料又按同一单价计价,材料成本的分摊比较合理,而且发出的材料平时不计价,只有到月末时才一次计算材料的加权平均单价,并据以计算本月发出材料和月末结存材料的实际成本,因而手续简便,日常核算工作量小。

(3)个别计价法也称为分批认定法或具体认定法,是指对每次领用货者发出的存货进行个别辨认,看属于哪批或哪几批收入,然后分别按照所属各批收入的实际成本确定每次领用或发出存货的实际成本的方法。采用这种计价方法，存货保管方面应按收入存货批次分别存放，以便正确辨认并计量发出的存货的实际成本。

采用个别计价法，可以及时进行发出材料的价值核算，有利于均衡材料核算的工作量。同时，由于这种方法使材料的成本流动和实物流动完全一致，因而能够正确计算本月发出材料和月末结存材料的实际成本，计算结果比较符合实际情况，提高了会计核算的准确性，并便于随时掌握材料的实际库存情况。

#### 5.2.4.6 领用材料的账务处理

采用实际成本进行材料日常收发核算的企业，平时一般只根据各种领发料凭证登记材料明细账，反映各种材料的收发和结存金额，月末根据按实际成本计价的各种领发料凭证，按材料的类别和用途以及领用部门，汇总编制发料凭证汇总表，据以登记总分类账，进行材料领用的总分类核算。其账务处理方式是：根据用料对象，借记"工程施工"、"机械工作"、"辅助生产成本"、"管理费用"等科目，贷记"原材料"科目。

【例5-14】四川东方建筑工程公司2010年9月份各有关部门领用材料情况如表5-10所示。

表5-10　　　　　发料凭证汇总表　　　　　单位：元

| 用途 \ 材料类别 | 主要材料 钢材 | 水泥 | 其他 | 小计 | 构件 | 结构配件 | 其他材料 | 合计 |
|---|---|---|---|---|---|---|---|---|
| 工程施工 | 500 000 | 350 000 | 150 000 | 1 000 000 | 300 000 | | | 1 300 000 |
| 其中：A工程 | 350 000 | 250 000 | 100 000 | 700 000 | 200 000 | | | 900 000 |
| B工程 | 150 000 | 100 000 | 50 000 | 300 000 | 100 000 | | | 400 000 |
| 机械作业 | | | | | | 10 000 | 1 500 | 11 500 |
| 采购保管部门 | | | 4 000 | 4 000 | | | | 4 000 |
| 生产部门 | | 5 000 | 1 000 | 6 000 | | | | 6 000 |
| 管理部门 | | | 3 000 | 3 000 | | | 2 000 | 5 000 |
| 合计 | 500 000 | 355 000 | 158 000 | 1 013 000 | 300 000 | 10 000 | 3 500 | 1 326 500 |

账务处理如下：

| | |
|---|---|
| 借：工程施工——A 工程 | 900 000 |
| 　　　　　　——B 工程 | 400 000 |
| 　　机械作业 | 11 500 |
| 　　采购保管费 | 4 000 |
| 　　辅助生产 | 6 000 |
| 　　管理费用 | 5 000 |
| 　　贷：原材料——主要材料 | 1 013 000 |
| 　　　　　　——结构件 | 300 000 |
| 　　　　　　——机械配件 | 10 000 |
| 　　　　　　——其他材料 | 3 500 |

5.2.4.7　按实际成本计价的主要材料收发的明细分类核算

为了加强对各种材料的管理，保护材料物资的安全完整，必须合理地组织材料明细分类核算。材料明细分类核算包括实物核算和价值核算两个方面。

施工企业可以根据需要，设置"在途材料明细账"和"原材料明细账"。

按实际成本进行材料收发的明细核算时，对收款和付款同时进行的业务，应在收款和付款后，根据收料凭证的有关结算单据，在材料明细账中逐笔登记数量和金额。在途材料等到达验收入库后再在材料明细账中登记数量和金额。对未付款的收料业务先登记收料数量，待付款后再补充登记收入材料的金额。对月末仍未付款的收料业务，可在材料明细账中计入收入材料的暂估金额，下月初用红字冲回，待实际付款时，再将收入材料的实际金额登记入账。

材料的日常核算，既可以采用计划成本，也可以采用实际成本。具体采用哪种方法，由企业根据实际情况自行决定。一般来说，规模较大、材料品种繁多的企业，可以采用计划成本进行日常核算；对于规模较小、材料品种简单、采购业务不多的企业，一般采用实际成本进行原材料的日常收发核算。

## 5.3 施工企业周转材料实账模拟

### 5.3.1 周转材料的概念与类别

#### 5.3.1.1 周转材料的概念

周转材料是指企业能够在施工生产过程中多次周转使用并基本保持原有物质形态而价值逐渐转移的各种材料,主要包括钢模板、木模板、脚手架和其他周转材料等。

按照新会计准则规定,低值易耗品属于周转材料。

#### 5.3.1.2 周转材料的类别

周转材料按其在施工生产过程中的用途,可以分为以下几类:

(1)模板。模板是指浇灌混凝土使用的木模、组合钢模以及配合模板使用的支撑材料、滑模材料、构件等。按固定资产管理的固定钢模和现场固定大型钢模板不包括在内。

(2)挡板。挡板是指土方工程使用的挡土板等,包括支撑材料在内。

(3)架料。架料是指搭脚手架用的竹竿、木杆、竹木跳板、钢管脚手架及其附件等。

(4)低值易耗品。低值易耗品是指不作为固定资产核算的各种用具物品,如工具、管理用具、劳动用品等。

(5)其他周转材料。其他周转材料是指除以上各类外,作为流动资产管理的其他周转材料,如塔吊使用的轻轨、枕木等(不包括属于塔吊的钢轨)。

周转材料按其使用情况,可以分为在库周转材料和在用周转材料。

周转材料购进的核算与材料购进核算基本相同,本节不再赘述。

## 5.3.2 周转材料的摊销方法

由于周转材料在生产过程中能够多次周转使用,因此,它的价值应随同其损耗程度,逐渐转移、摊销计入工程成本或有关费用。实际工作中,为了使会计核算更具有实际意义,周转材料的摊销方法应视周转材料价值的多少而定。耐磨材料的摊销方法一般有以下几种,企业可以根据使用周转材料的具体情况选择使用。

### 5.3.2.1 一次转销法

一次摊销法是指在领用周转材料时,将其全部价值一次计入工程成本或有关费用的方法。这种方法一般适用于易腐、易潮、易损坏或价值较低、适用期限较短的周转材料,如安全网等。

### 5.3.2.2 分期摊销法

分期摊销法是指根据周转材料的预计使用期限、原值、预计残值确定每期摊销额,将其价值分期计入工程成本或有关费用的方法。其计算公式为:

$$\text{周转材料每月摊销额} = \frac{\text{周转材料原价} \times (1 - \text{残值占原值的百分比})}{\text{预计推销期数(月)}}$$

这种方法适用于钢模板、木模板、脚手架、跳板、塔吊轻轨、枕木等周转材料的计算。

### 5.3.2.3 分次摊销法

分次摊销法是指根据周转材料的预计使用次数、原值、预计残值确定每次摊销额,将其价值分次计入工程成本或有关费用的方法。其计算公式为:

$$\text{周转材料每次摊销额} = \frac{\text{周转材料原价} \times (1 - \text{残值占原值的百分比})}{\text{预计使用次数}}$$

本期摊销额 = 每次摊销额 × 本期使用次数

这种方法适用于适用于预制钢筋混凝土构件时所使用的定型模板、模板、挡板等周转材料的计算。

### 5.3.2.4 五五摊销法

五五摊销法是指在领用周转材料时摊销 50%,报废时再摊销

50%的方法。对于价值较大、使用期限较长的低值易耗品和其他周转材料，可以采用五五摊销法。

### 5.3.3 周转材料的盘点

由于施工企业的周转材料大都露天使用、堆放，受自然影响损耗较大，而且施工过程中安装拆卸周转材料的技术水平和施工生产工艺的高低对周转材料的使用寿命也有着直接影响。因此，在实际工作中，周转材料无论哪一种摊销方法，平时计算的摊销额一般都不可能与实际价值损耗完全一致。所以，需在年度或工程竣工时，对周转材料进行盘点，根据实际损耗调整已提摊销额，以保证工程成本和有关费用的正确性。

企业清查盘点中发现短缺、报废周转材料，应及时办理报废手续，并办理补提摊销。其计算公式为：

报废、短缺周转材料应补提摊销额 = 应提摊销额 - 已提摊销额

应提摊销额 = 报废、短缺周转材料计划成本 - 残料价值（短缺的周转材料无残值）

对工程竣工或不再使用而退库的周转材料，应及时办理退库手续，并确定成色补提摊销费。其计算公式为：

退回周转材料应补提摊销额 = 应提摊销额 - 已提摊销额

应提摊销额 = 退回周转材料计划成本 ×（1 - 退回时确定的成色即新旧程度比率）

已提摊销额 = 退回周转材料计划成本 × 该类在用周转材料账面已提摊销额 / 在周转材料账面计划成本

对于转移到其他工程的周转材料，也应及时办理转移手续，并比照上述方法，确定转移的成色，补提摊销额。

### 5.3.4 周转材料的核算

为了核算和监督周转材料的购入、领用、摊销和结存情况，企

业可以设置"周转材料"账户。本账户用来核算库存和在用的各种周转材料的计划成本或实际成本。在本账户下设置"在库周转材料"、"在用周转材料"和"周转材料摊销"三个明细账户。

【例 5-15】四川东方建筑工程公司某项工程领用一次摊销的安全网一批,实际成本 42 000 元。账务处理如下:

借:工程施工                         42 000
  贷:周转材料——在库周转材料            42 000

【例 5-16】四川东方建筑工程公司某项工程领用分期摊销的木板一批,实际成本 23 000 元。账务处理如下:

借:周转材料——在用周转材料         23 000
  贷:周转材料——在库周转材料           23 000

【例 5-17】四川东方建筑工程公司某项工程按规定的摊销方法,计算本期应计提周转材料摊销 24 000 元,其中架料 15 000 元、模板 9 000 元。账务处理如下:

借:工程施工                         24 000
  贷:周转材料——周转材料摊销(架料)      15 000
     周转材料——周转材料摊销(木模板)     9 000

【例 5-18】四川东方建筑工程公司某工程将领用钢模板退回仓库,实际成本 40 000 元,退回时估计成色为 50%,该类钢模板在用计划成本为 80 000 元,账面已提摊销 32 000 元。

退库模板应提摊销 = 40 000(1 - 50%) = 20 000(元)

退库模板已提摊销 = 40 000 × 32 000 ÷ 80 000 = 16 000(元)

应补提摊销 = 20 000 - 16 000 = 4 000(元)

根据以上计算结果补提摊销时:

借:工程施工                          4 000
  贷:周转材料——周转材料摊销              4 000

退回旧钢模板验收入库时:

借:周转材料——在库周转材料          40 000
  贷:周转材料——在用周转材料             40 000

【例5-19】四川东方建筑工程公司乙工程领用的木模板全部报废,其实际成本为20 000元,回收残料价值1 000万元,账面已提摊销1.8万元。账务处理如下:

应提摊销 = 20 000 - 1 000 = 19 000(元)

已提摊销 = 18 000元

应补提摊销 = 19 000 - 18 000 = 1 000(元)

根据以上计算结果,做补提摊销分录:

借:工程施工　　　　　　　　　　　　　　　1 000
　　贷:周转材料——周转材料摊销　　　　　　　1 000

材料验收入库,并转销报废木模板的计划成本时:

借:原材料　　　　　　　　　　　　　　　　1 000
　　周转材料——周转材料摊销　　　　　　　19 000
　　贷:周转材料——在用周转材料　　　　　　20 000

【例5-20】四川东方建筑工程公司2011年3月管理部门领用一次摊销的管理用具一批,实用成本40 000元。账务处理如下:

借:管理费用　　　　　　　　　　　　　　　40 000
　　贷:低值易耗品——在库低值易耗品　　　　40 000

【例5-21】四川东方建筑工程公司领用施工生产用工具一批。计划成本为34 000元,该批工具5个月后报废,报废时收回残料价值800元,采用五五摊销法进行核算。

(1) 领用时:

借:低值易耗品——在用低值易耗品　　　　34 000
　　贷:低值易耗品——在库低值易耗品　　　　34 000

(2) 摊销全部价值的50%时:

借:工程施工　　　　　　　　　　　　　　　17 000
　　贷:低值易耗品——低值易耗品摊销　　　　17 000

(3) 5个月后报废时,按剩下的50%扣除残值后的余额摊销,应作账务处理如下:

借:工程施工　　　　　　　　　　　　　　　16 200

贷：低值易耗品——低值易耗品摊销　　　　　16 200

　　同时，将收回的残料入库，并冲销报废低值易耗品已摊销的价值和在用低值易耗品的计划成本，应作账务处理如下：

　　借：原材料　　　　　　　　　　　　　　　　 800
　　　　低值易耗品——低值易耗品摊销　　　　33 200
　　　　贷：低值易耗品——在用低值易耗品　　　　34 000

【例5-22】四川东方建筑工程公司辅助生产领用分期摊销的生产工具一批，计划成本为30 000元。报废时收回残料价值2 000元。采用分期摊销法，摊销期限为10个月。作账务处理如下：

（1）领用时：

　　借：低值易耗品——在用低值易耗品　　　　 30 000
　　　　贷：低值易耗品——在库低值易耗品　　　 30 000

（2）按月计提摊销额时：

每月摊销额 = 30 000÷10 = 3 000（元）

　　借：工程施工　　　　　　　　　　　　　　  3 000
　　　　贷：低值易耗品——低值易耗品摊销　　　　3 000

（3）实用10个月报废时，回收残料入库，扣除残值补提摊销费额1 000元（30 000÷10-2 000）。

　　借：工程施工　　　　　　　　　　　　　　  1 000
　　　　原材料　　　　　　　　　　　　　　　  2 000
　　　　贷：低值易耗品——低值易耗品摊销　　　　3 000

（4）冲销在用低值易耗品计划成本时：

　　借：低值易耗品——低值易耗品摊销　　　　 30 000
　　　　贷：低值易耗品——在用低值易耗品　　　 30 000

## 5.3.5　建设单位供料的核算

　　施工单位在施工生产中所需的主要建筑材料，有一部分是由建设单位供应的。对这部分材料，双方应进行材料价款的核算。

　　建设单位供应材料，无论其实际采购成本是多少，按现行工程结算办法规定,施工企业一般都按材料的预算价格计算。如果材料需要进一步加工,所发生的加工费用和损耗等,也应由建设单位负担。如果该材料在施工现场以外的地点交货,由施工企业运往工地,所需运杂费用由建设单位支付。此外,在材料送交施工现场后,交施工单位保管。因此,施工企业可按该材料的预算价格扣除工地保管费后的余额,作为建设单位拨入材料的价格与建设单位进行款项结算。

### 5.3.6 材料内部调拨的核算

材料在企业各内部单位和各仓库之间的转移,叫做材料的内部调拨。施工企业的材料的内部调拨,一般有两种情况:一种是在供应部门内部仓库、工地之间的相互调拨,由于这种调拨是在同一内部独立核算单位进行,材料物资的收发只引起材料存放地点的变动,所以无需进行价款核算,只需要在材料物资保管明细账上做相应的增加或减少的处理。另一种是在企业内部各独立核算单位之间的材料调拨,应办理材料价款的结算手续。材料物资内部结算价格,可以由企业主管部门规定,也可以采用内部结算价格或销售价格。

为了反映材料物资内部调拨和结算,施工企业应该设置"内部往来"账户。该账户用来核算企业与所属内部独立核算单位之间,或内部独立核算单位之间,由于工程价款价款核算,产品、作业和材料销售、提供劳务等业务所发生的各种应收、应付、暂收、暂付往来款项,并按内部单位的户名设置明细账,进行明细核算。

【例5-23】四川东方建筑工程公司所属一工程处调剂给二工程处钢材一批,该批材料实际成本为4万元(不包括采购保管费),双方协议按4.4万元价格结算。

一工程处的账务处理为:

借:内部往来——二工程处　　　　　　　　44 000
　　贷:其他业务收入　　　　　　　　　　　　44 000

借：其他业务支出　　　　　　　　　　　　　40 000
　　贷：原材料　　　　　　　　　　　　　　　40 000
二工程处的账务处理为：
借：原材料　　　　　　　　　　　　　　　　44 000
　　贷：内部往来————工程处　　　　　　　44 000

### 5.3.7　拨给分包单位备料款物资的核算

在工程承包当中，有时施工单位作为总承包单位，承包工程后，除自行施工外，还要将其中的一部分工程转包给分包单位施工。在这种总分包的情况下，总承包单位对分包单位要按规定拨付一定的材料物资抵作备料款，并与分包单位进行工程价款核算。总承包单位拨付分包单位抵作备料款的材料，有时是直接拨付一定的材料物资抵作备料款，总承包单位拨付分包单位抵作备料款的价款，要按规定的价格结算。

为了核算拨付给分包单位抵作备料款的材料价款，企业应该设置"预付账款——预付分包单位款"账户。本账户的借方登记拨付分包单位抵作备料款的材料价值，贷方登记与分包单位结算已完工工程价款时，将拨付的材料价款抵作应付分包工程款；余额反映尚未抵作应付分包工程款的拨付分包单位材料款。

【例5-24】四川东方建筑工程公司拨给分包单位材料一批，抵作分包工程备料款，实际成本为6万元。

(1) 调拨时：
借：预付账款——预付分包单位款　　　　　60 000
　　贷：原材料　　　　　　　　　　　　　　60 000
(2) 已预付分包单位款6万元，抵作应付分包工程款时：
借：应付账款——应付工程款　　　　　　　60 000
　　贷：预付账款——预付分包单位款　　　　60 000

## 5.4 施工企业存货的期末计量实账模拟

### 5.4.1 施工企业存货的清查

#### 5.4.1.1 存货盘存制度
施工企业存货的盘存制度有实地盘存制和永续盘存制两种。

（1）实地盘存制。实地盘存制也称定期盘存制，是指会计期末通过对全部存货进行实地盘点，以确定期末存货的结存数量，然后分别乘以各项存货的盘存单价，计算出期末存货的总金额，计入有关存货账户，倒轧本期已耗用或已销售存货的成本。

（2）永续盘存制。永续盘存制也称账面盘存制，是指对存货项目设置经常性的库存记录，即分别品名、规格设置存货明细账，逐笔或逐日地登记调入发出的存货，并随时记列结存数。通过会计账簿资料，可以完整地反映存货的收入、发出和结存情况。在没有发生丢失和被盗的情况下，存货账户的余额应当与实际库存相符。

#### 5.4.1.2 存货清查及结果的处理
（1）存货清查的内容和方法。存货清查是指对企业各种存货进行实地盘点，将账存数与实存数进行相互核对，以查明账实相符的一种方法。

存货清查常用的方法有实地盘点和技术推算两种。实地盘点就是对各种存货逐一盘点或通过计量仪器来确定其实存数量；技术推算就是采用量方、计尺等技术方法，通过推算来确定那些大量的、成堆的存货的实存数量。

盘点清查时，应根据各种存货的特点，分别采用点数、过磅、丈量等计算方法，确定各种存货的实存数量和质量，发现存货实存数与账存数不相符合时，应查明其原因。根据各种存货实有数量，与存货明细账结存数量相核对，确定盘盈、盘亏和毁损的存货数量，编制存货清查盘点报告表。上报有关部门审批后，据以调整存货明细账的实存数，使实存数与账存数相一致。存货盘点表的格式如表 5-11 所示。

表 5-11　　　　　　　　存货清查盘点表

仓库：　　　　　　　　　年　月　日

| 编号 | 材料名称规格 | 计量单位 | 单价 | 数量 实存 | 数量 账存 | 盘盈 数量 | 盘盈 金额 | 盘亏 数量 | 盘亏 金额 | 盘亏 原因 | 备注 |
|---|---|---|---|---|---|---|---|---|---|---|---|
|  |  |  |  |  |  |  |  |  |  |  |  |
|  |  |  |  |  |  |  |  |  |  |  |  |
|  |  |  |  |  |  |  |  |  |  |  |  |

清查小组负责人：　　　　仓库负责人：　　　　保管员：

（2）存货清查结果的账务处理。为了核算和监督清查有关存货的盘盈、盘亏，损毁的发生和处理情况，企业应设置"待处理财产损溢——待处理流动资产损溢"账户。对于盘盈、盘亏的存货要记入"待处理财产损溢"账户，待查明原因后再进行处理。

①存货盘盈。发生盘盈的存货，经查明是由于收发计量或核算上的误差等原因造成的，应及时办理存货入账的手续，调整存货的实存数，按盘盈存货的成本或估计成本计入"待处理财产损溢——待处理流动资产损溢"账务。经有关部门批准后，再冲减管理费用。

【例 5-25】四川东方建筑工程公司在存货清查中盘盈木板一批，实际成本为 1.2 万元。账务处理如下：

借：原材料　　　　　　　　　　　　　　12 000
　　贷：待处理财产损溢——待处理流动资产损溢　12 000

经批准，盘盈木板价值将冲减管理费用。账务处理如下：

借：管理费用　　　　　　　　　　　　　12 000
　　贷：待处理财产损溢——待处理流动资产损溢　12 000

②存货盘亏和损毁。发生盘亏和损毁的存货,在报经批准以前,应按其成本(计划成本或实际成本)转入"待处理财产损溢——待处理流动资产损溢"账户。报经批准以后,再根据造成盘亏和损毁的原因,分别以下情况进行处理:属于自然损耗产生的定额内损耗,经批准后转作管理费用;属于计量收发差错和管理不善等原因造成的存货短缺或损毁,应先扣除残料价值、可以收回的保险赔偿和过失人的赔偿,然后将净损失计入管理费用;属于自然灾害或意外事故造成的存货损毁,应先扣除残料价值和可以收回的保险赔偿,然后将净损失转作营业外支出。

【例5-26】四川东方建筑工程公司在存货清查中盘亏水泥0.8万元。账务处理如下:

借:待处理财产损溢——待处理流动资产损溢　8 000
　　贷:原材料　　　　　　　　　　　　　　　　8 000

经查明,上述盘亏水泥,属于定额内损耗0.24万元,自然灾害造成损失0.4万元,由于管理不善造成损失0.16万元,经批准转销。账务处理如下:

借:采购保管费　　　　　　　　　　　　　　2 400
　　营业外支出　　　　　　　　　　　　　　4 000
　　管理费用　　　　　　　　　　　　　　　1 600
　　贷:待处理财产损溢——待处理流动资产损溢　8 000

### 5.4.2 存货价值的期末计量

#### 5.4.2.1 存货价值期末计量的原则

根据《企业会计准则第1号——存货》的规定,在资产负债表日,存货应当按照成本与可变现净值孰低计量。这里的存货成本是指期末存货的实际成本;可变现净值是指在日常活动中,存货的估计售价减去至完工时估计将要发生的成本、估计的销售费用和相关税费后的金额。

资产负债表日,当存货成本低于存货可变现净值,存货按实际成本计价;当存货可变现净值低于存货成本,存货按可变现净值计价,应当计提存货跌价准备,计入当期损益。存货的可变现净值低于成本时,表明该存货会给企业带来的未来经济利益低于其账面成本,因而应将这部分损失从资产价值中扣除,计入当期损益;否则,存货会出现虚计资产的现象。

5.4.2.2 可变现净值的确定

(1) 无销售合同约定的产成品、商品等(不包括用于出售的材料)直接用于出售的商品存货,在正常生产经营过程中,应当以该存货的一般销售价格(即市场销售价格)减去估计的销售费用和相关税费后的金额确定其可变现净值。

【例5-27】2010年12月31日,四川东方建筑工程公司有库存W型材料10件,其账面成本为40 000元/件。2010年12月31日,材料的市场销售价格为45 000元/件,预计发生的相关费用为1 000元/件。该公司没有与购货方签订有关销售合同。

W型材料可变现净值的确定如下:

由于甲公司没有就W型材料签订销售合同,因此,计算W型材料的可变现净值应以其一般销售价格作为计量基础,计算可变现净值为440 000元 [(45 000-1 000)×10]。

W型材料的可变现净值440 000元大于其成本400 000元。因此,W型材料的期末价值应为其成本,即W型材料应按400 000元列示在2010年12月31日的资产负债表的存货项目中。

(2) 用于出售的材料,通常以市场价格减去估计的销售费用和相关税费后的金额,确定其可变现净值。这里的市场价格是指材料等的市场销售价格。如果用于出售的材料存在销售合同约定,应按合同价格作为其可变现净值的计算基础。

【例5-28】2010年12月31日,四川东方建筑工程公司决定停产Y型商用建筑材料,因此将专门用于该材料生产的B材料全部出售。2010年12月31日,B材料的账面成本为2 000 000元,市场销售价格为1 500 000元,预计发生的销售费用及相关税费为

10 000元。该公司没有与购货方签订有关销售合同。

B材料可变现净值的确定如下：

由于甲公司没有就B材料签订销售合同，因此，计算B材料的可变现净值应以其市场价格减去估计的销售费用和相关税费后的金额，确定其可变现净值。

B材料的可变现净值 = 1 500 000 - 10 000 = 1 490 000（元）

B材料的可变现净值1 490 000元小于其成本2 000 000元。因此，B材料的期末价值应为其可变现净值，即B材料应按1 490 000元列示在2010年12月31日的资产负债表的存货项目中。

（3）用于生产的材料、在产品或自制半成品等需要经过加工的材料存货，在正常生产经营过程中，应当以所生产的产成品的估计售价减去至完工时估计将要发生的成本、估计的销售费用以及相关税费后的金额确定其可变现净值。

用于生产而持有的材料等，用其生产的产成品的可变现净值高于成本（生产成本）的，则该材料仍然应当按成本计量；材料价格的下降表明产成品的可变现净值低于成本的，该材料应当按照可变现净值计量。

【例5-29】2010年12月31日，四川东方建筑工程公司库存原材料K材料的账面成本为300万元，市场销售价格总额为280万元。假定不发生其他销售费用。用K材料生产的产成品Q型商用建筑材料的可变现净值高于成本。

根据上述资料可知，2010年12月31日，K材料的账面成本高于其市场价格，但是由于用其生产的产成品Q型建筑材料的可变现净值高于成本，也就是用该原材料生产的最终产品此时并没有发生价值减损，因而，K材料即使其账面成本已高于市场价格，仍应按成本300万元列示在2010年12月31日的资产负债表的存货项目中。

【例5-30】2010年12月31日，四川东方建筑工程公司库存A材料的账面价值为2 000 000元，市场价格1 980 000元。用该批

A 材料生产 M 型建筑材料 100 件。由于 A 材料的市场价格下跌，导致 M 型建筑材料的市场价格从 30 000 元/件下降为 25 000 元/件。M 型建筑材料的生产成本为 26 000 元/件，将 A 材料加工成 M 型建筑材料尚需投入 600 000 元，估计销售税费为 40 000 元。四川东方建筑工程公司 A 材料可变现净值的计算如下：

A 材料的可变现净值 = M 型建筑材料的估计售价 - 将 A 材料加工成 M 型建筑材料尚需投入的成本 - 估计销售费用及相关税费

= 25 000 × 100 - 600 000 - 40 000

= 1 860 000（元）

A 材料的可变现净值 1 860 000 元小于其成本 2 000 000 元。由于 A 材料价格的下降导致产成品的可变现净值低于成本，因此，A 材料的期末价值应为其可变现净值，即 A 材料应按 1 860 000 元列示在 2010 年 12 月 31 日的资产负债表的存货项目中。

（4）为执行销售合同或者劳务合同而持有的存货，应当以该存货的合同价格为基础计算其可变现净值。

①如果企业与购买方签订了销售合同（或劳务合同，下同），并且销售合同约定的数量大于或等于企业持有存货的数量，在这种情况下，在确定与该项销售合同直接相关的存货的可变现净值时，应当以销售合同价格作为其可变现净值的计算基础。

【例 5-31】2010 年 10 月 1 日，四川东方建筑工程公司与大宇公司签订了一份不可撤销的销售合同。根据合同规定，2011 年 3 月 1 日，四川东方建筑工程公司应按每件 30 000 元的价格向大宇公司提供 M 型建筑材料 10 件。2010 年 12 月 31 日，四川东方建筑工程公司 M 型建筑材料的账面成本为 250 00 元/件，数量 10 件；2010 年 12 月 31 日，M 型建筑材料的市场销售价格为 26 000 元/件。假设不考虑销售费用和相关税费。

本例中，根据双方签订的销售合同规定，该批 M 型建筑材料的销售价格已由销售合同约定，并且销售合同约定的数量等于企业持有存货的数量。因此，计算 M 型建筑材料的可变现净值应以销售合同约定的价格作为计量基础。即该批建筑材料的可变现净值为 300 000 元 (30 000×10)。

M 型建筑材料的可变现净值 300 000 元大于其成本 250 000 元。因此，M 型建筑材料的期末价值应按成本列示，即 M 型建筑材料应按 250 000 元列示在 2010 年 12 月 31 日的资产负债表的存货项目中。

(2) 企业持有存货的数量多于销售合同订购数量的，超出部分存货的可变现净值应当以一般销售价格为基础计算。资产负债表日，同一项存货中一部分有合同价格约定、其他部分不存在合同价格的，应当分别确定其可变现净值，并与其相对应的成本进行比较，分别确定存货跌价准备的金额。

【例 5-32】承上例，如果 2010 年 12 月 31 日四川东方建筑工程公司 M 型建筑材料的账面数量为 15 件，销售过程中支付相关销售费用 5 000 元/件，其他资料不变。

本例中，根据双方签订销售由销售合同规定，库存的 M 型建筑材料中有 10 件的销售价由销售合同约定，其余 5 件的销售价没有由销售合同约定。因此，对于由销售合同约定的 10 件 M 型建筑材料，应当以销售合同约定的价格作为计量基础确定可变现净值；对于超出合同约定部分的 5 件 M 型建筑材料，应当以市场销售价格，即 26 000 元/件作为计量基础确定可变现净值。

合同约定部分 M 型建筑材料的可变现净值 = 30 000×10 - 5 000×10

= 250 000（元）

超出合同约定部分 M 型建筑材料的可变现净值 = 26 000×5 - 5 000×5

= 105 000（元）

M 型建筑材料的可变现净值 = 250 000 + 105 000

= 355 000（元）

有合同约定的 10 件 M 型建筑材料的可变现净值 250 000 元等

于其成本 250 000 元。因此，应按 250 000 元列示在 2010 年 12 月 31 日的资产负债表的存货项目中。

无合同约定的 5 件 M 型建筑材料的可变现净值 105 000 元小于其成本 125 000 元（25 000×5）。因此，应按可变现净值 105 000 元列示在 2010 年 12 月 31 日的资产负债表的存货项目中。

5.4.2.3 存货跌价准备的账务处理

（1）存货跌价准备的计提。

在资产负债表日，企业应当对存货进行全面检查，确定存货的可变现净值，并与存货实际成本相比较，如果存货可变现净值低于其成本，应按存货可变现净值计价，并按可变现净值低于成本的部分，计提存货跌价准备。即对于存货可变现净值低于成本的损失不直接冲减有关存货账户，而是另设"存货跌价准备"账户反映。

企业通常应当按照单个存货项目计提存货跌价准备。对于数量繁多、单价较低的存货，可以按照存货类别计提存货跌价准备。与在同一地区生产和销售的产品系列相关、具有相同或类似最终用途或目的，且难以与其他项目分开计量的存货，可以合并计提存货跌价准备。

企业计提存货跌价准备时，按下列公式计算确定本期应计提的存货跌价准备金额。

本期实际计提的存货跌价准备 = 当期可变现净值低于成本的差额 − "存货跌价准备"账户原有余额

根据上列公式，如果计提存货跌价准备前，"存货跌价准备"账户无余额，应按本期存货可变现净值低于存货成本的差额计提存货跌价准备，借记"资产减值损失"账户，贷记"存货跌价准备"账户；如果本期存货可变现净值低于成本的差额与"存货跌价准备"账户原有贷方余额相等，不需要计提存货跌价准备；如果本期存货可变现净值低于成本的差额小于"存货跌价准备"账户原有贷方余额，表明以前引起存货减值的影响因素已经部分消失，存货的价值又得以部分恢复，企业应当相应地恢复存货的账面价值，即按两者之差冲减已计提的存货跌价准备，借记"存货跌价准备"账户，贷记"资产减值损失"账户。

【例5-33】四川东方建筑工程公司从2010年度开始，对期末存货按成本与可变现净值孰低计量。2010年12月31日，A材料的账面成本为200 000元，可变现净值为190 000元；B材料的账面成本为50 000元，可变现净值为51 000元。

A材料可变现净值低于成本的差额 = 200 000 - 190 000
$$= 10\ 000（元）$$

借：资产减值损失　　　　　　　　　　　　10 000
　　贷：存货跌价准备——A材料　　　　　　10 000

B材料可变现净值大于成本，不提存货跌价准备。

在2010年12月31日的资产负债表日，A材料应按可变现净值190 000元列示其价值，B材料应按成本50 000元列示其价值。

如果以前减记存货价值的影响因素已经消失，则减记的金额应当予以恢复，并在原已计提的存货跌价准备的金额内转回，转回的金额计入当期损益。转回时，借记"存货跌价准备"账户，贷记"资产减值损失"账户。

按照存货准则规定，企业的存货在符合条件的情况下可以转回计提的存货跌价准备。存货跌价准备转回的条件是以前减记存货价值的影响因素已经消失，而不是在当期造成存货可变现净值高于成本的其他影响因素。

当符合存货跌价准备转回的条件时，应在原已计提的存货跌价准备的金额内转回。即在对该项存货、该类存货或该合并存货已计提的存货跌价准备的金额内转回。转回的存货跌价准备与计提该准备的存货项目或类别应当存在直接对应关系，但转回的金额以将存货跌价准备的余额冲减至零为限。

（2）存货跌价准备的结转。

企业已经计提了跌价准备的存货，如果其中部分已经销售，则在结转销售成本时，应同时结转已经对其计提的存货跌价准备。

对于因债务重组、非货币性交易转出的存货,应同时结转已计提的存货跌价准备,按债务重组和非货币性交易的原则进行处理。

【例5-34】2010年,四川东方建筑工程公司库存N型材料10件,每件成本10 000元,已计提存货跌价准备12 000元。2010年,该公司将库存的10件N型材料全部出售,每件售价13 000元。假设不考虑预计发生的销售用及相关税费。该公司根据有关凭证,结转存货成本的会计处理:

借:主营业务成本　　　　　　　　　　　　88 000
　　存货跌价准备　　　　　　　　　　　　12 000
　　贷:库存材料——N型材料　　　　　　　　　100 000

(3)存货跌价准备核算举例。

【例5-35】四川东方建筑工程公司从2008年度开始,对期末存货按成本与可变现净值孰低计量。2008—2010年,有关A材料期末计量的资料及相应的账务处理如下:

①2008年12月31日,A材料的账面成本为100 000元,可变现净值为90 000元。

可变现净值低于成本的差额 = 100 000 - 90 000 = 10 000(元)
借:资产减值损失　　　　　　　　　　　　10 000
　　贷:存货跌价准备——A材料　　　　　　　　10 000

在2008年12月31日的资产负债表日,A材料应按可变现净值90 000元列示其价值。

②2009年度,在出售A材料结转成本时,相应地结转存货跌价准备7 000元。2009年12月31日,A材料账面成本为96 000元,可变现净值为85 000元;计提存货跌价准备之前,"存货跌价准备"账户余额为3 000元。

可变净值低于成本的差额 = 96 000 - 85 000 = 11 000(元)
本年实际计提存货跌价准备 = 11 000 - 3 000 = 8 000(元)(补提)
借:资产减值损失　　　　　　　　　　　　8 000
　　贷:存货跌价准备——A材料　　　　　　　　8 000

本年计提存货跌价准备之后,"存货跌价准备"账户贷方余额为 11 000 元;在 2009 年 12 月 31 日的资产负债表中,A 材料按可变现净值 85 000 元列示其价值。

③2010 年度,在出售 A 材料结转成本时,相应地结转存货跌价准备 5 000 元。2010 年 12 月 31 日,A 材料账面成本为 59 000 元,可变现净值为 56 000 元;计提存货跌价准备之前,"存货跌价准备"账户贷方余额为 6 000 元。

可变现净值低于成本的差额 = 59 000 - 56 000 = 3 000(元)

本年应计提存货跌价准备 = 3 000 - 6 000 = -3 000(元)(冲销)

借:存货跌价准备——A 材料　　　　　　3 000
　　贷:资产减值损失　　　　　　　　　　　　3 000

本年计提存货跌价准备之后,"存货跌价准备"账户贷方余额为 3 000 元;在 2009 年 12 月 31 日的资产负债表中,A 材料应按可变现净值 56 000 元列示其价值。

# 第6章 施工企业固定资产和无形资产实账模拟

## 6.1 施工企业固定资产的内涵及确认

### 6.1.1 固定资产的内涵

6.1.1.1 固定资产的定义

固定资产是指企业为生产商品、提供劳务、出租或经营管理而持有的、且使用寿命超过一个会计年度的有形资产。

6.1.1.2 固定资产的特征

(1) 固定资产是为生产商品、提供劳务、出租或经营管理而持有而不是为了出售。

(2) 固定资产使用寿命超过一个会计年度。固定资产的使用寿命是指企业使用固定资产的预计期间,或者该固定资产所能生产产品或提供劳务的数量。

(3) 固定资产具有实物形态。固定资产一般都具有实物形态,通常表现为建筑物、房屋、机器设备、运输工具、机械、器具、工具等。这一特征将固定资产与无形资产区别开来。

#### 6.1.1.3 固定资产分类

固定资产分为房屋及建筑物、施工设备、运输设备、工业生产设备、实验设备及仪器、其他固定资产六大类。

### 6.1.2 固定资产的确认条件

固定资产在符合定义的前提下,应当同时满足以下两个条件,才能加以确认。

(1)与该固定资产有关的经济利益很可能流入企业。这里的"很可能"表示经济利益流入的可能性在50%以上。

(2)该固定资产的成本能够可靠地计量。企业在确定固定资产成本时必须取得确凿证据,但是,有时需要根据所获得的最新资料,对固定资产的成本进行合理的估计。比如,企业对于已达到预定可使用状态但尚未办理竣工决算的固定资产,需要根据工程预算、工程造价或者工程实际发生的成本等资料,按估计价值确定其成本,办理竣工决算后,再按照实际成本调整原来的暂估价值。

### 6.1.3 固定资产的日常管理

#### 6.1.3.1 固定资产管理体制

施工企业对固定资产实行统一核算、分级管理。所有固定资产的会计核算由公司财务部负责,按月核算新增固定资产,计提折旧,发生的固定资产的后续支出,固定资产报废清理等。实物管理方面,房屋及建筑物类由施工中心管理,施工机械类、运输设备类、生产设备类、实验设备由公司物资管理部门调配,由租赁中心负债经营,其他固定资产由公司办公室管理。

#### 6.1.3.2 施工企业固定资产日常管理的内容

(1)各单位对固定资产的保管、使用应明确责任部门和责任人,并做好维护、保养工作。各使用单位应设置固定资产实物台账,并指定专人登记,公司财务部应设置固定资产总账、明细账和固定资产卡片。季末，公司财务部应定期与实物归口管理部门核对，做到账实相符。

（2）固定资产的维修费、保养费由使用单位承担和核算，固定资产折旧由公司财务部统一计提，折旧费由使用单位承担。各单位每年年终对固定资产进行一次全面清理，填制固定资产盘点表，将盘点表报公司财务部。

（3）固定资产经公司批准在公司各单位内部之间调拨，调入、调出双方应填制固定资产内部申请调拨单，办理实物及固定资产台账等资料的移交手续，并将批准的"固定资产内部调拨申请单"报公司财务部，不进行账务处理。

（4）公司对所有固定资产的购建均应实行预算管理。各单位应本着需要、节约原则，制定固定资产购置计划，上报其主管部门，审核汇总后报公司总会计师和总经理审核，纳入公司年度固定资产购置预算，经公司董事会审议通过，报股东大会批准后执行。各单位应严格执行固定资产购建预算，不得自行预算外购固定资产。因生产确需追加预算或预算外购固定资产的，应向公司提交书面报告，经公司总会计师和总经理审核后，由财务部补列预算。固定资产补充预算年终应提交董事会审议并报告股东会批准。

（5）新建、新购固定资产由各项目管理部门按照物品的品名、规格、产地、产品编号等内容，详细填写新机械设备到达通知单、新建（购置）固定资产验收交接记录、固定资产登记卡，并按所购固定资产类别在固定资产实物台账下逐笔填写。公司财务部需要审计上述购买资产手续是否齐备并根据项目部转来的通知书及新建（购置）固定资产验收交接记录列账，增加企业固定资产。

## 6.2 施工企业固定资产增加业务实账模拟

### 6.2.1 固定资产的初始计量

固定资产的初始计量是指企业取得固定资产时的初始成本的

确定。

固定资产的成本是指企业构建某项固定资产达到预定可使用状态前所发生的一切合理的、必要的支出。这些支出包括直接发生的价款、运杂费、包装费和安装成本等,也包括间接发生的,如应承担的借款利息、外部借款折算差额以及应分摊的其他间接费用。对于特定行业的特定固定资产,确定其成本时,还应考虑预计弃置费用因素,如核电站核废料的处置等。

固定资产的取得方式主要包括购买、自行建造、融资租入等,取得的方式不同,初始计量方法也各不相同。

### 6.2.2 固定资产核算应设置的会计账户

施工企业应当设置"固定资产"、"累计折旧"、"工程物资"、"在建工程"、"固定资产清理"等账户,用来核算固定资产初始计量、后续计量、处置等情况。

#### 6.2.2.1 "固定资产"账户

"固定资产"账户属于资产类账户,用来核算企业固定资产的原价。本账户的借方登记企业增加的固定资产原价,贷方登记企业减少的固定资产原价,期末借方余额,反映企业期末固定资产的账面原价。企业应当设置"固定资产登记簿"和"固定资产卡片",按固定资产类别、使用部门和每项固定资产设置明细账,进行明细核算。

#### 6.2.2.2 "累计折旧"账户

"累计折旧"账户属于资产类账户,是"固定资产"账户的备抵调整账户,用来核算企业固定资产的累计折旧数额。本账户的贷方登记企业计提的固定资产折旧数额,借方登记处置固定资产转出的累计折旧,期末贷方余额,反映企业固定资产的累计折旧额。

#### 6.2.2.3 "在建工程"账户

"在建工程"账户属于资产类账户,用来核算企业基建工程、安装工程、更新改造工程、大修理工程等在建工程所发生的实际支出，以及改扩建工程等转入的固定资产净值。本账户的借方登记企业各项在建工程的实际支出，贷方登记完工工程转作固定资产的成本，期末借方余额，反映企业尚未达到预定可使用状态的在建工程的成本。该账户应按建筑工程、安装工程、在安装设备、技术改造工程、大修理工程、其他支出设置明细账，进行明细核算。

6.2.2.4 "工程物资"账户

"工程物资"账户属于资产类账户，用来核算企业用于基建工程、更改工程和大修理工程准备的各种物资的实际成本，包括为工程准备的材料、尚未交付安装的需要安装的设备的实际成本，以及预付大型设备款和基本建设期间根据项目概算购入为生产准备的工具及器具等的实际成本。本账户的借方登记企业增加的工程物资的实际成本，贷方登记减少的工程物资的实际成本，包括工程领用、转作生产用料、对外出售、盘亏毁损等。期末借方余额，反映企业为工程购入但尚未领用的专用材料的实际成本、购入需要安装设备的实际成本，以及为生产准备但尚未交付的工具及器具的实际成本等。该账户应当按专用材料、专用设备、预付大型设备款、为生产准备的工具及器具设置明细账，进行明细核算。

6.2.2.5 "固定资产清理"账户

"固定资产清理"账户属于资产类账户，用来核算企业因出售、报废、毁损、对外投资、非货币性资产交换、债务重组等原因转出的固定资产价值以及在清理过程中发生的费用等。本账户的借方登记转出的固定资产价值、清理过程中应支付的相关税费及其他费用，贷方登记固定资产清理完成的处理。期末借方余额，反映企业尚未清理完毕的固定资产清理净损失。该账户应按被清理的固定资产项目设置明细账，进行明细核算。

此外，企业固定资产、在建工程、工程物资发生减值的，还应当设置"固定资产减值准备"、"在建工程减值准备"、"工程物资减值准备"等会计账户进行核算。

### 6.2.3 固定资产增加的账务处理

#### 6.2.3.1 外购固定资产的核算

企业外购固定资产的成本,包括购买价款、相关税费、使固定资产达到预定可使用状态前发生的可归属于该项资产的运费、装卸费、安装费和专业人员服务费等。

企业购入的固定资产按照不需要安装和需要安装的固定资产两种情形分别进行账务处理。

(1) 购入不需要安装的固定资产的账务处理。企业购入不需要安装的固定资产,取得成本为企业实际支付的购买价款、包装费、运杂费、专业人员服务费和相关税费等,按其成本金额,借记"固定资产"账户,贷记"银行存款"、"其他应付款"、"应付票据"等账户。

【例6-1】2010年12月1日,四川东方建筑工程公司购入一台不需要安装的施工设备,设备价款为1 00 000元,发生运输费5 000元,款项全部付清。假定不考虑其他相关税费。账务处理如下:

购置设备的成本 = 1 000 000 + 5 000 = 1 005 000(元)

借:固定资产　　　　　　　　　　　　　　　1 005 000
　　贷:银行存款　　　　　　　　　　　　　　1 005 000

(2) 购入需要安装的固定资产的账务处理。企业购入需要安装的固定资产的成本是在不需要安装的固定资产成本的基础上,加上安装调试成本等。其账务处理为:按应记入固定资产成本的金额,先记入"在建工程"账户,安装完毕交付使用时再转入"固定资产"账户。

【例6-2】2010年12月1日,四川东方建筑工程公司购入一台需要安装的机器设备,取得的增值税专用发票上注明的设备价款为500 000元,税额85 000元,支付的运输费为2 500元,款项已通过银行支付。安装设备时,领用本公司原材料一批,价值30 000

元；支付安装工人的工资为 4 900 元。假定不考虑其他相关税费。账务处理如下：

①支付设备价款、增值税、运输费合计为 587 500 元。

借：在建工程　　　　　　　　　　　　　587 500
　　贷：银行存款　　　　　　　　　　　　　587 500

②领用本公司原材料、支付安装工人工资等费用合计为 34 900元。

借：在建工程　　　　　　　　　　　　　 34 900
　　贷：原材料　　　　　　　　　　　　　　30 000
　　　　应付职工薪酬　　　　　　　　　　　 4 900

③设备安装完毕达到预定可使用状态时：

固定资产成本 = 587 500 + 34 900 = 622 400（元）

借：固定资产　　　　　　　　　　　　　622 400
　　贷：在建工程　　　　　　　　　　　　　622 400

（3）外购固定资产的特殊考虑。以一笔款项购入多项没有单独标价的固定资产，应当按照各项固定资产的公允价值比例对总成本进行分配，分别确定各项固定资产的成本。

【例6-3】2010 年 12 月 12 日，四川东方建筑工程公司一次性购入三台独立运行的施工设备，价税合计为 2 306 000 元，三套设备的运输费、装卸费、保险费合计为 4 000 元。这三套设备都具备确认固定资产的条件，其公允价值分别为 900 000 元、600 000 元、500 000元。不考虑其他相关税费，四川东方建筑工程公司的会计处理如下：

①确定甲、乙、丙三套设备的成本分配比例：

甲设备的成本分配比例

= 900 000 ÷（900 000 + 600 000 + 500 000）= 45%

乙设备的成本分配比例

= 600 000 ÷（900 000 + 600 000 + 500 000）= 30%

丙设备的成本分配比例

=500 000÷(900 000+600 000+500 000)=25%

②确定应记入固定资产成本的总金额

=2 306 000+4 000=2 310 000（元）

③确定甲设备、乙设备和丙设备各自的入账价值：

甲设备的入账价值=2 310 000×45%=1 039 500（元）

乙设备的入账价值=2 310 000×30%=639 500（元）

丙设备的入账价值=2 310 000×25%=577 500（元）

④账务处理：

借：固定资产——甲设备　　　　　　1 039 500
　　　　　　——乙设备　　　　　　　693 000
　　　　　　——丙设备　　　　　　　577 500
　　贷：银行存款　　　　　　　　　2 310 000

6.2.3.2 自建固定资产的核算

自行建造的固定资产，按建造该项资产达到预定可使用状态前所发生的必要支出，作为入账价值。其中，建造该项资产到达预定可使用状态前所发生的必要的支出包括：工程用物资成本、人工成本、交纳的相关税费、应予资本化的借款费用以及应分摊的间接费用等。企业为在建工程准备的各种物资，应按实际支付的购买价款、增值税税额、运输费、保险费等相关税费，作为实际成本，并按各种专项物资的种类进行明细核算。应记入固定资产成本的借款费用，应当按照"借款费用"的有关规定处理。企业的自营工程，应当按照直接材料、直接人工、直接机械施工费等计量；采用出包工程方式的企业，按照应支付的工程价款等计量。设备安装工程，按照在安装设备的价值、工程安装费用、工程试运转等所发生的支出确定工程成本。

（1）自营工程。企业自营工程主要通过"工程物资"、"在建工程"账户进行核算。

"工程物资"账户用来核算为基础工程、更改工程和大修理工程准备的各种物资的实际成本，包括为工程准备的材料、尚未交付安装的需要安装设备的实际成本,以及预付大型设备款和基本建设期间根据项目概算购入为生产设备的工具及器具等的实际成本。本账户的借方登记增加的工程物资的实际成本,贷方登记减少(包括工程领用、转作生产用料、对外出售、盘亏毁损等)的工程物资的实际成本。该账户的余额在借方,反映企业为工程购入但尚未领用的专用材料的实际成本、购入需要安装设备的实际成本,以及为生产准备但尚未交付的工具及器具的实际成本等。该账户应当按专用材料、专用设备、预付大型设备款、为生产准备的工具及器具设置明细账,进行明细核算。

"在建工程"账户用来核算企业为基建工程、安装工程、技术改造工程、大修理工程所发生的实际支出,以及改扩建工程等转入的固定资产净值。本账户的借方登记工程的各项支出,贷方登记工程完工转作固定资产的成本。该账户的余额在借方,反映企业尚未完工的基建工程发生的各项实际支出。该账户应按建筑工程、安装工程、在安装设备、技术改造工程、大修理工程、其他支出设置明细科账,进行明细核算。

企业应当设置"在建工程其他支出备查簿",专门登记基建项目发生的构建项目概算内容但不通过"在建工程"账户核算的其他支出,包括按照建设项目概算内容购置的不需要安装设备、现成房屋、无形资产以及发生的递延费用等。企业在发生上述支出时,应当通过"固定资产"、"无形资产"和"长期待摊费用"账户核算。但同时应在"在建工程其他支出备查簿"中进行登记。

【例6-4】四川东方建筑工程公司自行建造仓库一座,购入为工程准备的各种物资23 400元,实际领用工程物资21 060元,剩余物资转作企业存货。另外,领用了企业生产用的原材料一批,实际成本3 510元。支付工程人员工资6 000元,工程完工交付使用。有关账务处理如下:

①购入为工程准备的物资时:

借:工程物资 23 400

贷：银行存款　　　　　　　　　　　　　　　23 400
　②工程领用物资时：
　　借：在建工程——仓库　　　　　　　　　　　21 060
　　　贷：工程物资　　　　　　　　　　　　　　21 060
　③工程领用原材料时：
　　借：在建工程——仓库　　　　　　　　　　　 3 510
　　　贷：原材料　　　　　　　　　　　　　　　 3 510
　④支付工程人员工资时：
　　借：在建工程——仓库　　　　　　　　　　　 6 000
　　　贷：应付职工薪酬　　　　　　　　　　　　 6 000
　⑤工程完工支付使用时：
　　借：固定资产　　　　　　　　　　　　　　　30 570
　　　贷：在建工程——仓库　　　　　　　　　　30 570
　⑥剩余工程物资转作企业存货时：
　　借：原材料　　　　　　　　　　　　　　　　 2 340
　　　贷：工程物资　　　　　　　　　　　　　　 2 340

　　（2）出包工程。企业采用出包方式进行的自制、自建固定资产工程，其工程的具体支出在承包单位核算。在这种方式下，"在建工程"科目实际成为企业与承包单位的核算科目，企业将与承包单位结算的工程价款作为工程成本，通过"在建工程"科目核算。

　　企业采用出包方式建造固定资产发生的、需分摊计入固定资产价值的待摊支出，应按下列公式进行分摊：

$$待摊支出分配率 = \frac{累计发生的待摊支出}{建筑工程支出 + 在安装设备支出} \times 100\%$$

　　某工程应分配的待摊支出 = 某工程的建筑工程支出、安装工程支出和在安装设备支出合计 × 分配率

　　【例6-5】四川东方建筑工程公司批准新建一个商砼搅拌站，包括建造堆料场、自供水机井、安装搅拌设备三个单项工程。2010年3月18日，四川东方建筑工程公司与A公司签订合同，将商砼

搅拌站新建工程出包给 A 公司。双方约定,建造堆料场的价款为 5 000 000 元,建造自供水机井的价款为 2 800 000 元,安装搅拌机的安装费用为 450 000 元。其他有关资料如下:

(1) 2010 年 3 月 18 日,四川东方建筑工程公司向 A 公司预付建造堆料场的工程价款为 3 000 000 元。

(2) 2010 年 5 月 28 日,购入搅拌机设备价款为 3 800 000 元,已全部支付。

(3) 2010 年 7 月 12 日,四川东方建筑工程公司向 A 公司预付建造自供水机井的工程价款为 1 400 000 元。

(4) 2010 年 7 月 22 日,四川东方建筑工程公司将搅拌机设备运抵现场,交付 A 公司安装。

(5) 工程项目发生管理费、可行性研究费、公证费、监管费共计 116 000 元,款项已经支付。

(6) 工程建造期间,由于事故造成自供水机井工程部分毁损,经核算,损失为 450 000 元,宝箱公司已承诺支付 300 000 元。

(7) 2010 年 12 月 20 日,所有工程完工,四川东方建筑工程公司收到 A 公司的有关工程结算单据后,补付剩余工程款时:

四川东方建筑工程公司的账务处理如下:

①2010 年 3 月 18 日,预付建造堆料场工程款时:
借:预付账款——建筑工程(堆料场)    3 000 000
　　贷:银行存款                        3 000 000

②2010 年 5 月 28 日,购入搅拌机、并全额支付设备款时:
借:工程物资——搅拌设备                3 800 000
　　贷:银行存款                        3 800 000

③2010 年 7 月 12 日,预付建造自供水机井的工程价款时:
借:预付账款——建筑工程(自供水机井)
　　　　　　　　　　　　　　　　　　　1 400 000
　　贷:银行存款                        1 400 000

④2010 年 7 月 22 日,将搅拌设备交 A 公司安装时:

借：在建工程——在安装设备（搅拌设备）
　　　　　　　　　　　　　　　　3 800 000
　　贷：工程物资——搅拌设备　　　3 800 000
⑤支付管理费、可行性研究费、公证费、监管费时：
借：在建工程——待摊支出　　　　116 000
　　贷：银行存款　　　　　　　　　116 000
⑥事故造成自供水机井工程部分毁损时：
借：营业外支出　　　　　　　　　150 000
　　其他应收款　　　　　　　　　300 000
　　贷：在建工程——建筑工程（自供水机井）　450 000
⑦2010年12月20日，结算工程款并补付剩余工程款时：
借：在建工程——建筑工程（堆料场）　5 000 000
　　　　　　——建筑工程（堆料场）　2 800 000
　　　　　　——安装工程（堆料场）　　450 000
　　贷：银行存款　　　　　　　　　3 850 000
　　　　预付账款——建筑工程（自供水机井）　3 000 000
　　　　　　　　——建筑工程（自供水机井）　1 400 000
⑧分摊待摊支出：
待摊支出分配率 = 116 000 ÷（5 000 000 + 2 800 000 - 450 000 + 3 800 000 + 450 000）× 100% = 1%

堆料场应分配的待摊支出 = 5 000 000 × 1% = 50 000（元）

自供水机井应分配的待摊支出 =（2 800 000 - 450 000）× 1%
　　　　　　　　　　　　　= 23 500（元）

搅拌设备(安装工程)应分配的待摊支出 = 450 000 × 1%
　　　　　　　　　　　　　　　　　= 4 500（元）

搅拌设备(在安装设备)应分配的待摊支出 = 3 800 000 × 1%
　　　　　　　　　　　　　　　　　　= 38 000（元）

借：在建工程——建筑工程（堆料场）　50 000

```
          ——建筑工程（自供水机井）      23 500
          ——安装工程（搅拌设备）       38 000
   贷：在建工程——在安装设备（搅拌设备）      111 500
⑨结转固定资产：
   借：固定资产——堆料场             5 050 000
          ——自供水机井            2 373 500
          ——搅拌设备             4 292 500
   贷：在建工程——建筑工程（堆料场）      5 050 000
          ——建筑工程（自供水机井）    2 373 500
          ——安装工程（搅拌设备）       454 500
          ——在安装设备（搅拌设备）    3 838 000
```

## 6.2.4 投资者投入的固定资产的核算

施工企业对投资者投入固定资产的核算，一方面要反映本企业固定资产的增加，另一方面要反映投资者投资额的增加，即反映本企业实收资本（或股本）的增加。企业对于投资者投入的固定资产，应按投资各方确认的价值入账。

【例6-6】四川东方建筑工程公司收到 A 公司投资转入的运输用汽车一辆，其账面原价为 450 000 元，已计提折旧 100 000 元，双方确认的价值为 300 000 元，车辆现已交付使用。账务处理如下：

```
   借：固定资产——生产经营用固定资产      300 000
   贷：实收资本                        300 000
```

## 6.2.5 改建、扩建固定资产的核算

【例6-7】四川东方建筑工程公司对职工宿舍进行扩建，其账面原价 2 650 000 元，扩建过程中取得价值变价收入 5 000 元，已存入开户账户，以银行存款支付扩建工程款 37 000 元，扩建工程现在已竣工，并交付使用。账务处理如下：

（1）扩建工程开始前，将职工宿舍由非生产经营用固定资产转

作未使用固定资产时：
借：固定资产——未使用固定资产　　　2 650 000
　贷：固定资产——未生产经营用固定资产　 2 650 000
（2）取得残值变价收入时：
借：银行存款　　　　　　　　　　　　　5 000
　贷：在建工程——建筑工程(职工宿舍扩建工程) 5 000
（3）支付扩建工程款时：
借：在建工程——建筑工程(职工宿舍扩建工程)
　　　　　　　　　　　　　　　　　　370 000
　贷：银行存款　　　　　　　　　　　370 000
（4）扩建工程竣工，结转其实际成本时：
借：固定资产——未使用固定资产　　　365 000
　贷：在建工程——建筑工程(职工宿舍扩建工程)
　　　　　　　　　　　　　　　　　　365 000
（5）交付使用时，将未使用的固定资产转入非生产经营用固定资产：
借：固定资产——非生产经营用固定资产　3 015 000
　贷：固定资产——未使用固定资产　　　3 015 000

## 6.3　施工企业固定资产折旧和修理实账模拟

### 6.3.1　固定资产折旧的概念及影响因素

#### 6.3.1.1　固定资产折旧的概念

固定资产折旧是指在固定资产的使用寿命内，按照确定的方法对应计折旧额进行的系统分摊。应计折旧额是指应当计提折旧的固定资产的原价扣除其预计净残值后的金额；已计提减值准备的固定资产，还应当扣除已计提的固定资产减值准备累计金额。

#### 6.3.1.2　影响固定资产折旧的因素

（1）固定资产原价。它是指固定资产的成本。

(2) 预计净残值。它是指假定固定资产预计使用寿命已满并处于使用寿命终了时的预期状态,企业目前从该项资产处置中获得的扣除预计处置费用后的金额。

(3) 固定资产减值准备。它是指固定资产已计提的固定资产减值准备累计金额。固定资产计提减值准备后,应当在剩余使用寿命内根据调整后的固定资产账面价值(固定资产账面余额扣减累计折旧和累计减值准备后的金额)和预计净残值重新计算确定折旧率和折旧额。

(4) 固定资产的使用寿命。它是指企业使用固定资产的预计期间,或者该固定资产所能生产产品或提供劳务的数量。

企业确定固定资产的使用寿命时,应当考虑下列因素:①该项资产预计生产能力或实物产量;②该项资产预计有形损耗和无形损耗;③法律或者类似规定对该项资产使用的限制。

总之,企业应当根据固定资产的性质和使用情况,合理确定固定资产的使用寿命和预计净残值。固定资产的使用寿命、预计净残值一经确定,不得随意变更。

6.3.1.3 固定资产折旧的范围

除以下情况外,企业应对所有固定资产计提折旧:

(1) 已提足折旧仍继续使用的固定资产;其中提足折旧是指已经提足该项固定资产的应计折旧额。

(2) 按照规定单独估计作为固定资产入账的土地。

## 6.3.2 计提固定资产折旧的方法

企业应当根据与固定资产有关的经济利益的预期实现方式,合理选择折旧方法。可选用的折旧方法包括年限平均法、工作量法、双倍余额递减法和年数总和法等。

固定资产的折旧方法一经确定,不得随意变更;但固定资产包含的经济利益预期实现方式有重大改变的,应当改变固定资产折旧方法。

#### 6.3.2.1 年限平均法

年限平均法又称直线法，是指将固定资产的应计折旧额均衡地分摊到固定资产预计使用寿命内的一种方法。采用这种方法计算的每期折旧额均相等。其计算公式为：

$$固定资产年折旧额 = \frac{固定资产原价 - 预计净残值}{固定资产预计使用寿命（年）}$$

其中：

预计净残值 = 预计残值收入 - 预计清理费用

固定资产月折旧额 = 固定资产年折旧额 ÷ 12

在会计实务中，每月应提折旧额一般是根据固定资产的原值乘以月折旧率确定的。

固定资产折旧率是指一定时期内固定资产应提折旧额与固定资产原值的比率。其计算公式为：

$$年折旧率 = \frac{1 - 预计净残值率}{预计使用年限} \times 100\%$$

其中：

$$预计净残值率 = \frac{预计净残值}{固定资产原价} \times 100\%$$

月折旧率 = 年折旧率 ÷ 12

月折旧额 = 固定资产原价 × 月折旧率

折旧率可以分为个别折旧率、分类折旧率、综合折旧率三种。个别折旧率又称单项折旧率，是指按单项固定资产计算的折旧率；分类折旧率是指固定资产分类折旧额与该类固定资产原值的比率；综合折旧率是指按某一期间全部固定资产折旧额与全部固定资产原值的比率。

【例6-8】四川东方建筑工程公司有一厂房，原值300 000元，预计使用寿命为10年，预计净残值率为4%。该厂房的年折旧率、月折旧率、月折旧额计算如下：

$$年折旧率 = \frac{1 - 4\%}{10} \times 100\% = 9.6\%$$

月折旧率 = 9.6% ÷ 12 = 0.8%

月折旧额 = 300 000 × 0.8% = 2 400（元）

#### 6.3.2.2 工作量法

工作量法是指根据实际工作量计算每期应提折旧额的一种方法。其计算公式为：

$$单位工作量折旧额 = \frac{固定资产原价 \times (1 - 预计净残值)}{预计总工作量}$$

某项固定资产月折旧额 = 该项固定资产当月工作量 × 单位工作量折旧额

【例6-9】四川东方建筑工程公司购置的一辆货车，原价为200 000元，预计总行驶里程为200 000千米，预计净残值率为5%，本月工作了2 000小时。该汽车的本月折旧额计算如下：

$$单位工作量折旧额 = \frac{200\ 000 \times (1 - 5\%)}{200\ 000} = 0.95（元/千米）$$

本月折旧额 = 2 000 × 0.95 = 1 900（元）

#### 6.3.2.3 双倍余额递减法

双倍余额递减法是加速折旧法的一种，是指在不考虑固定资产预计净残值的情况下，根据每期期初固定资产原价减去累计折旧后的金额和双倍的直线法折旧率计算固定资产折旧的一种方法。其计算公式为：

$$年折旧率 = \frac{2}{预计使用寿命（年）} \times 100\%$$

年折旧额 = 期初固定资产账面净值 × 年折旧率

月折旧率 = 年折旧率 ÷ 12

月折旧额 = 每月月初固定资产账面净值 × 月折旧率

由于每年年初固定资产净值没有扣除预计净残值，因此，在应用这种方法计算折旧额时必须注意不能使固定资产的账面净值降低到其预计净残值以下，即在计算固定资产折旧额时，应在其折旧年限到期前两年内，将固定资产净值扣除预计净残值后的余额平均摊销。

【例6-10】四川东方建筑工程公司的一套设备原价为2万元，预计使用寿命为5年，预计净残值率为2.5%；采用双倍余额递减法计算各年的折旧额如表6-1所示。

表6-1　　　　　　　固定资产折旧计算表　　　　　　单位：元

| 年次 | 期初账面净值 | 计算过程 | 年折旧额 | 累计折旧额 | 期末账面净值 |
|---|---|---|---|---|---|
| 1 | 20 000 | 20 000×40% | 8 000 | 8 000 | 12 000 |
| 2 | 12 000 | 12 000×40% | 4 800 | 12 800 | 7 200 |
| 3 | 7 200 | 7 200×40% | 2 880 | 15 680 | 4 320 |
| 4 | 4 320 | (4 320－500)÷2 | 1 910 | 17 590 | 2 660 |
| 5 | 2 660 | (4 320－500)÷2 | 1 910 | 19 500 | 500 |

年折旧率 = $\dfrac{2}{5}$ ×100% = 40%

预计净残值 = 20 000×2.5% = 500（元）

应计折旧额 = 20 000－500 = 19 500（元）

#### 6.3.2.4　年数总和法

年数总和法又称年限合计法，是指将固定资产的原价减去预计净残值后的余额乘以一个以固定资产尚可使用的年数为分子、以预计使用年限的逐年数字之和为分母的逐年递减的分数计算每年的折旧额的一种方法。其计算公式为：

年折旧率 = $\dfrac{\text{尚可使用年限}}{\text{预计使用寿命的年数总和}^{①}}$ ×100%

月折旧率 = 年折旧率÷12

---

① 假定固定资产预计使用寿命为n年，预计使用寿命的年数总和即为1+2+3+……+n = n(n+1)÷2。

月折旧额＝（固定资产原价－预计净残值）×月折旧率

【例6-11】承上例，采用年数总和法计算的各年折旧额如表6-2所示。

表6-2　　　　　　固定资产折旧计算表　　　　　　单位：元

| 年份 | 尚可使用年限 | 应计折旧额 | 年折旧率 | 每年折旧额 | 累计折旧额 |
|---|---|---|---|---|---|
| 第1年 | 5 | 19 500 | 5/15 | 6 500 | 6 500 |
| 第2年 | 4 | 19 500 | 4/15 | 5 200 | 11 700 |
| 第3年 | 3 | 19 500 | 3/15 | 3 900 | 15 600 |
| 第4年 | 2 | 19 500 | 2/15 | 2 600 | 18 200 |
| 第5年 | 1 | 19 500 | 1/15 | 1 300 | 19 500 |

## 6.3.3　固定资产折旧的账务处理

固定资产应当按月计提折旧，计提的折旧应通过"累计折旧"账户核算，并根据用途进行分配，计提时借记"管理费用"、"工程施工"、"在建工程"和"其他业务成本"等账户，贷记"累计折旧"账户。

企业各月计算提取折旧时，可以在上月计提折旧的基础上，对当月固定资产的增减情况进行调整后计算当月应计提的折旧额。其计算公式为：

当月固定资产应提折旧额＝上月固定资产计提折旧额＋上月增加固定资产应提折旧额－上月减少固定资产应提折旧额

在我国会计实务中，各月计提折旧额的计算一般是通过编制固定资产折旧计算表来完成的。

【例6-12】四川东方建筑工程公司2010年12月的固定资产折旧计算表如表6-3所示。

表 6-3　　　　　　　　固定资产折旧计算表

2010 年 12 月　　　　　　　　单位：元

| 使用部门 | 固定资产类别 | 上月折旧额 | 上月增加固定资产 原价 | 上月增加固定资产 应提折旧额 | 上月减少固定资产 原价 | 上月减少固定资产 应提折旧额 | 本月应提折旧额 | 分配费用 |
|---|---|---|---|---|---|---|---|---|
| 甲部门 | 厂房建筑 | 15 000 | | | | | 15 000 | 工程施工 |
| 甲部门 | 机器设备 | 30 000 | 90 000 | 700 | | | 30 700 | 工程施工 |
| 甲部门 | 其他设备 | 5 000 | | | | | 5 000 | 工程施工 |
| 甲部门 | 小计 | 40 000 | 90 000 | 700 | | | 40 700 | 工程施工 |
| 乙部门 | 房屋建筑 | 12 000 | | | | | 12 000 | 工程施工 |
| 乙部门 | 电器设备 | 1 500 | | | 90 000 | 500 | 1 000 | 工程施工 |
| 乙部门 | 小计 | 13 500 | | | 90 000 | 500 | 13 000 | 工程施工 |
| 管理部门 | 房屋建筑 | 6 000 | | | | | 6 000 | 管理费用 |
| 管理部门 | 运输工具 | 24 000 | 100 000 | 800 | | | 24 800 | 管理费用 |
| 管理部门 | 小计 | 30 000 | 100 000 | 800 | | | 30 800 | 管理费用 |
| 合计 | | 83 500 | 190 000 | 1 500 | 90 000 | 500 | 84 500 | |

根据上述固定资产折旧计算表编制如下会计分录：

借：工程施工　　　　　　　　　　　　　　53 700
　　管理费用　　　　　　　　　　　　　　30 800
　　贷：累计折旧　　　　　　　　　　　　　　84 500

## 6.4　施工企业固定资产的后续支出实账模拟

### 6.4.1　固定资产的后续支出的含义及处理原则

6.4.1.1　固定资产的后续支出的含义

固定资产的后续支出是指固定资产使用过程中发生的更新改造支出、修理费用等。

企业的固定资产投入使用后，为了适应新技术发展的需要，或者为维护或提高固定资产的使用效能，往往需要对现有固定资产进行维护、改建、扩建或者改良，充分发挥其使用效能，就必须对其进行必要的后续支出。

6.4.1.2 固定资产的后续支出的处理原则

固定资产后续支出的处理原则为：符合固定资产确认条件的，应当计入固定资产成本，如有被替换部分，应同时将被替换部分的账面价值从该固定资产原账面价值中扣除；不符合固定资产确认条件的，应当在发生时计入当期损益。

## 6.4.2 资本化的后续支出的账务处理

固定资产发生可资本化的后续支出时，企业一般应将该固定资产的原价、已计提的累计折旧和减值准备转销，将固定资产的账面价值转入在建工程，并在此基础上重新确定固定资产原价。因已转入在建工程，因此停止计提折旧。在固定资产发生的后续支出完工并达到预定可使用状态时，再从在建工程转为固定资产，并按重新确定的固定资产原价、使用寿命、预计净残值和折旧方法计提折旧。

【例6-13】四川东方建筑工程公司对一幢厂房进行更新改造，有关的会计资料如下：

（1）2007年12月31日，该公司自行建成了一幢厂房并投入使用，建造成本为500 000元；采用年限平均法计提折旧；预计净残值率为2%，预计使用寿命为8年。

（2）2010年1月1日，由于公司规模扩大，现有的这幢厂房已难以满足公司发展的需要，但若新建则建设周期过长。四川东方建筑工程公司决定对这幢厂房进行改扩建。假定该幢厂房未发生减值。

（3）2010年1月1日—4月30日，经过四个月的改扩建，完成了对厂房的更新改造工程，改造中领用工程物资250 000元（含税）、计提工程人员工资18 250元。

（4）该厂房的改扩建工程达到预定可使用状态并重新投入使用，预计将其使用寿命延长8年，即为16年。预计净残值率为

4%；折旧方法仍为年限平均法。

（5）为简化计算过程，整个过程不考虑其他相关税费；公司按月计提固定资产折旧。

本例中，厂房改扩建后，生产能力将大大提高，能够为公司带来更多的经济利益，改扩建的支出金额也能可靠计量，因此该后续支出符合固定资产的确认条件，应计入固定资产的成本。有关的账务处理如下：

①2008年1月1日—2009年12月31日：

该幢厂房的应计折旧额 = 500 000 × （1 - 2%）

= 490 000（元）

年折旧额 = 490 000 ÷ 8 = 61 250（元）

月折旧额 = 61 250 ÷ 12 ≈ 5 104.17（元）

这两年每月计提固定资产折旧的账务处理为：

借：制造费用　　　　　　　　　　　　　5 104.17

　　贷：累计折旧　　　　　　　　　　　　　5 104.17

②2010年1月1日，固定资产的账面价值为377 500元[500 000 -（61 250 × 2）]。

固定资产转入改扩建：

借：在建工程　　　　　　　　　　　　　377 500

　　累计折旧　　　　　　　　　　　　　122 500

　　贷：固定资产　　　　　　　　　　　　500 000

③2010年1月1日—4月30日，领用工程物资：

借：在建工程　　　　　　　　　　　　　250 000

　　贷：工程物资　　　　　　　　　　　　250 000

④2010年1月1日—4月30日，计提工程人员工资：

借：在建工程　　　　　　　　　　　　　18 250

　　贷：应付职工薪酬　　　　　　　　　　18 250

⑤2010年4月30日，厂房改扩建工程达到预定可使用状态：

固定资产入账价值 = 377 500 + 250 000 + 18 250 = 645 750（元）

借：固定资产——厂房　　　　　　　　　　645 750
　　贷：在建工程　　　　　　　　　　　　　　645 750

⑥2010 年 4 月 30 日，转为固定资产后，按重新确定的使用寿命、预计净残值和折旧方法计提折旧：

应计折旧额 = 645 750 × （1 - 4%） = 619 920（元）

月折旧额 = 619 920 ÷ （13 × 12 + 8） = 3 780（元）

2010 年 5 月计提折旧额的会计分录为：

借：制造费用　　　　　　　　　　　　　　3 780
　　贷：累计折旧　　　　　　　　　　　　　　3 780

企业发生的某些固定资产后续支出可能涉及替换原固定资产的某组成部分，当发生的后续支出符合固定资产确认条件时，应将其计入固定资产成本，同时将被替换部分的账面价值扣除。这样可以避免将替换部分的成本和被替换部分的成本同时计入固定资产成本，导致固定资产成本高估。

【例 6 - 14】2001 年 12 月，四川东方建筑工程公司采用出包方式建造的职工餐厅达到预定可使用状态投入使用，并结转固定资产成本 1 800 000 元。该职工餐厅内有一部电梯，成本为 200 000 元，未单独确认为固定资产。2010 年 1 月，为吸引顾客，四川东方建筑工程公司决定更换一部观光电梯。支付的新电梯购买价款为 320 000 元（不含增值税税额）。另发生安装费用 31 000 元，以银行存款支付。旧电梯的回收价格为 100 000 元，款项尚未收到。假定职工餐厅的年折旧率为 3%，净残值率为 3%。

四川东方建筑工程公司的账务处理如下：

（1）2010 年 1 月，购入观光电梯一部：

借：工程物资　　　　　　　　　　　　　　320 000
　　贷：银行存款　　　　　　　　　　　　　　320 000

（2）2010 年 1 月，将职工餐厅的账面价值转入在建工程：

职工餐厅的累计折旧金额 = 1 800 000 × （1 - 3%） × 3% × 8
　　　　　　　　　　　 = 419 040（元）

借:在建工程 1 380 960
　　累计折旧 419 040
　　贷:固定资产 1 800 000

(3) 2010年1月,转销旧电梯的账面价值:

旧电梯的账面价值 = 200 000 - 200 000 ÷ 1 800 000 × 419 040
　　　　　　　　= 153 440 (元)

借:其他应收款 100 000
　　营业外支出 53 440
　　贷:在建工程 153 440

(4) 2010年1月,安装新电梯:

借:在建工程 351 000
　　贷:工程物资 320 000
　　　　银行存款 31 000

(5) 电梯安装完毕达到预定可使用状态投入使用:

借:固定资产 1 578 520
　　贷:在建工程 1 578 520

### 6.4.3　费用化的后续支出

一般情况下,固定资产投入使用之后,由于固定资产磨损、各组成部分耐用程度不同,可能导致固定资产的局部损坏。为了维护固定资产的正常运转和使用,充分发挥其使用效能,企业将对固定资产进行必要的维护。固定资产的日常修理费用只是确保固定资产的正常工作状况,一般不产生未来的经济利益。因此,通常不符合固定资产的确认条件,在发生时应直接计入当期损益。

在具体实务中,对于固定资产发生的下列各项后续支出,通常的处理方法是:

(1) 固定资产修理费用,应当直接记入当期费用。

(2) 固定资产改良支出,应当记入固定资产账面价值。

(3) 如果不能区分是固定资产修理还是固定资产改良,或者固定资产修理和固定资产改良结合在一起，则企业应当判断与固定资产有关的后续支出是否满足固定资产的确认条件。如果该后续支出满足了固定资产的确认条件，后续支出应当记入固定资产账面价值；否则，后续支出应当确认为当期费用。

（4）固定资产装修费用，如果满足固定资产的确认条件，装修费用应当记入固定资产账面价值，并在"固定资产"科目下单设"固定资产装修"明细科目核算，在两次装修间隔期与固定资产尚可使用年限两者中较短的期间内，采用合理的方法单独计提折旧。如果在下次装修时，与该项固定资产相关的"固定资产装修"明细科目仍有账面价值，应将该账面价值一次全部记入当期营业外支出。

【例6-15】2010年12月23日，四川东方建筑工程公司对某办公楼进行修理，修理过程中领用工程物资一批，价值为120 000元，为购买该批原材料支付的增值税进项税额为20 400元，应支付维修人员薪酬43 320元。

四川东方建筑工程公司的账务处理如下：

借：管理费用　　　　　　　　　　　　　　183 720
　　贷：工程物资　　　　　　　　　　　　　140 400
　　　　应付职工薪酬　　　　　　　　　　　 43 320

## 6.5　施工企业固定资产处置实账模拟

### 6.5.1　固定资产终止确认的条件

固定资产的处置包括固定资产的出售、转让、报废和毁损、对外投资、非货币性资产的交换、债务重组等。

固定资产满足下列条件之一的，应当予以终止确认：

（1）该固定资产处于处置状态；

（2）该固定资产预期通过使用或处置不能产生经济利益。

## 6.5.2 固定资产处置的账务处理

企业出售、转让、报废固定资产或发生固定资产毁损，应当将处置收入扣除账面价值和相关税费后的金额计入当期损益。固定资产的账面价值是固定资产成本扣减累计折旧和累计减值准备后的金额。固定资产处置一般通过"固定资产清理"科目进行核算。

（1）出售、报废和毁损等原因减少的固定资产，首先应注销账面的固定资产，按减少的固定资产账面价值，借记"固定资产清理"科目，按已提折旧，借记"累计折旧"科目，按已计提的减值准备，借记"固定资产减值准备"科目，按固定资产原价，贷记"固定资产"科目。对于清理过程中发生的费用以及应交的税金，借记"固定资产清理"科目，贷记"银行存款"、"应交税费——应交营业税"等科目。对于收回出售固定资产的价款、毁损报废取得的残料价值和变价收入等，借记"银行存款"、"原材料"等科目，贷记"固定资产清理"科目；应当由保险公司或过失人赔偿的损失，借记"其他应收款"等科目，贷记"固定资产清理"科目。

（2）固定资产清理后的净收益，区别情况处理：属于筹建期间的，冲减长期待摊费用，借记"固定资产清理"科目，贷记"长期待摊费用"科目。属于生产经营期间的，记入损益，借记"固定资产清理"科目，贷记"营业外收入——处置固定资产净收益"科目。固定资产清理后的净损失，区别情况处理：属于生产经营期间由于自然灾害等非正常原因造成的损失，借记"营业外支出——非常损失"科目，贷记"固定资产清理"科目；属于生产经营期间正常的处理损失，借记"营业外支出——处理固定资产净损失"科目，贷记"固定资产清理"科目。

【例6-16】四川东方建筑工程公司出售一幢闲置办公用房，该房屋账面原始价值为200 000元，已提折旧110 000元，取得出售价款110 000元，应交营业税5 500元。该厂房已计提减值准备

10 000元。有关会计处理为：

①注销出售固定资产价值：

借：固定资产清理 　　　　　　　　　　　80 000
　　累计折旧 　　　　　　　　　　　　　110 000
　　固定资产减值准备 　　　　　　　　　 10 000
　　贷：固定资产 　　　　　　　　　　　　　　200 000

②取得清理收入：

借：银行存款 　　　　　　　　　　　　　110 000
　　贷：固定资产清理 　　　　　　　　　　　　110 000

③应交营业税：

借：固定资产清理 　　　　　　　　　　　　5 500
　　贷：应交税费——应交营业税 　　　　　　　5 500

④结转清理净收益：

借：固定资产清理 　　　　　　　　　　　 24 500
　　贷：营业外收入——固定资产清理收益 　　 24 500

## 6.6 施工企业无形资产实账模拟

### 6.6.1 无形资产的确认与分类

#### 6.6.1.1 无形资产的含义及特征

无形资产是指企业拥有或者控制的没有实物形态的可辨认非货币性资产。

无形资产具有如下特征：

(1) 企业无形资产的资源必须为企业现在所拥有或控制。

(2) 资产没有实物形态。这是无形资产区别于其他资产的一个显著标志。某些无形资产的存在有赖于实物载体。比如，商标权需要融入具体的实体商标中，但这并没有改变无形资产本身不具有实物形态的特征。

(3) 资产具有可辨认性。要作为无形资产进行核算，该资产必须是能够区别于其他资产，可单独辨认的。符合无形资产定义中的可辨认性标准有两个：①能够从企业中分离或者划分出来，并能单独或者与相关合同、资产、负债一起用；②源自合同性权利或其他法定权利，无论这些权利是否可以从企业或其他权利和义务中转移或者分离。

（4）无形资产属于非流动资产。与应收账款等没有实物形态的流动资产相比，无形资产不具备流动资产的条件，不能在短期内变现或耗用，所以属于非货币性资产。

6.6.1.2 无形资产的确认

无形资产除了满足无形资产的定义外，还应同时满足下列条件的，才能予以确认：①与该无形资产有关的经济利益很可能流入企业；②该无形资产的成本能够可靠地计量。

6.6.1.3 无形资产的分类

（1）无形资产按其来源，分为外来无形资产和自创无形资产。外来无形资产是指企业用货币资金购入，或以非货币性资产换入，或通过债务重组获得以及接受投资等形成的无形资产；自创无形资产是指企业自行开发、研制的无形资产。

（2）无形资产按其经济内容，分为专利权、非专利技术、商标权、著作权、土地使用权、特许权等。

①专利权。专利权是指国家专利主管机关依法授予发明创造专利申请人对其发明创造在法定期限内所享有的专有权利。它包括发明专利权、实用新型专利权和外观设计专利权。

②非专利技术。非专利技术是指不为外界所知，在生产经营活动中已采用了的、不享有法律保护的各种技术和经验。非专利技术一般包括工业专有技术、商品贸易专有技术、管理专有技术等。非专利技术具有经济性、机密性、动态性等特点。

③商标权。商标是用来辨认特定商品或劳务的标记。商标权是指企业专门在某种指定的商品上使用特定的名称、图案、标记的权利。商标经过登记注册，就获得了法律上的保护。商标权包括独占

使用权和禁止使用权。

④著作权。著作权也称为版权,是指作者对其创作的文学、科学和艺术作品依法享有的某些特殊权利。著作权包括发表权、署名权、修改权、保护作品完整权、使用权和获得报酬权等。著作权可以转让、出售或者赠予。

⑤土地使用权。土地使用权是指国家允许某一单位在一定时期对国有土地享有开发、利用、经营的权利。根据我国《土地管理法》的规定,我国土地实行公有制,任何单位和个人不得侵占、买卖或者以其他形式非法转让。

⑥特许权。特许权又称经营特许权、专营权,是指企业在某一地区经营或者销售某种特定商品的权利或者是一家企业接受另一家企业使用其商标、商号、技术秘密等的权利。

(3) 无形资产按有无期限,分为期限确定的无形资产和期限不确定的无形资产。期限确定的无形资产是指有关法律中规定有最长有效期限的无形资产,如专利权、商标权、著作权、土地使用权和特许权等;期限不确定的无形资产是指没有相应法律规定其有效期限的无形资产,如非专利技术等。这些无形资产的有效期限取决于技术进步的快慢以及技术保密工作的好坏等因素。

## 6.6.2 无形资产账务处理内容

### 6.6.2.1 设置核算账户

(1) 企业应当设置"无形资产"账户。该账户为资产类账户,用来核算企业持有的无形资产成本,包括专利权、非专利技术、商标权、著作权、土地使用权等。本账户的借方登记取得无形资产等所引起的无形资产增加,贷方登记无形资产的处置等减少,期末余额在贷方,反映期末无形资产的成本。本账户可按无形资产项目设置明细账,进行明细核算。

(2) 设置"累计摊销"账户。该账户是"无形资产"账户的备抵账户,用来对使用寿命有限的无形资产计提的累计摊销进行核算。本账户的贷方登记每期摊销金额，借方登记处置无形资产时转出的累计摊销额，期末贷方余额反映企业无形资产的累计摊销额。

6.6.2.2 无形资产的主要账务处理

（1）企业外购的无形资产，按应计入无形资产成本的金额，借记本账户，贷记"银行存款"等账户。

（2）自行开发的无形资产，按应予资本化的支出，借记本账户，贷记"研发支出"账户。

（3）无形资产预期不能为企业带来经济利益的，应按已计提的累计摊销，借记"累计摊销"账户，按其账面余额，贷记本账户，按其差额，借记"营业外支出"账户。已计提减值准备的，还应同时结转减值准备。

（4）处置无形资产，应按实际收到的金额等，借记"银行存款"等账户，按已计提的累计摊销，借记"累计摊销"账户，按应支付的相关税费及其他费用，贷记"应交税费"、"银行存款"等账户，按其账面余额，贷记本账户，按其差额，贷记"营业外收入——处置非流动资产利得"账户或借记"营业外支出——处置非流动资产损失"账户。已计提减值准备的，还应同时结转减值准备。

### 6.6.3 无形资产的初始计量的账务处理

无形资产应当按照成本进行初始计量，无形资产的初始计量是指无形资产取得时的入账价值。

6.6.3.1 购入无形资产的初始计量

外购无形资产的成本，包括购买价款、相关税费以及直接归属于使该项资产达到预定用途所发生的其他支出。其他支出包括专业服务费用以及无形资产测试等费用。

【例6-17】四川东方建筑工程公司从市场上购入专利技术A，以银行存款支付买价和相关费用合计为200 000元；从当地政府购入一块土地的使用权，以银行存款支付转让价款3 000 000元，并开始建造厂房等开发工程。

(1) 购买专利权：

借：无形资产——专利权     200 000

  贷：银行存款     200 000

(2) 支付转让土地价款：

借：无形资产——土地使用权     3 000 000

  贷：银行存款     3 000 000

(3) 土地转入开发：

借：在建工程     3 000 000

  贷：无形资产——土地使用权     3 000 000

#### 6.6.3.2 投资者投入的无形资产

投资者投入的无形资产应当按照投资合同或协议约定的价值确定，但合同或协议约定价值不公允的除外。

#### 6.6.3.3 接受捐赠的无形资产

接受捐赠的无形资产，捐赠方提供了有关凭据的，按凭据上标明的金额加上应支付的相关税费，作为实际成本；捐赠方没有提供有关凭据的，按其市价或同类、类似无形资产的市场价格作为实际成本。

【例6-18】四川东方建筑工程公司收到甲公司投入的一项专利技术，合同约定的价值为300 000元；同时，接受另一单位捐赠的商标权一项，双方确定的实际成本为100 000元。账务处理如下：

(1) 投资者投入无形资产：

借：无形资产——专利技术     300 000

  贷：实收资本——甲公司     300 000

(2) 接受捐赠无形资产：

借：无形资产——商标     100 000

  贷：营业外收入     100 000

#### 6.6.3.4 自行开发取得的无形资产

自行开发取得的无形资产成本包括开发阶段能够资本化的支出

以及发生的注册费、聘请律师费等费用。

【例6-19】四川东方建筑工程公司从2010年6月1日开始研发某项新产品专利技术,至2010年12月28日该新产品专利技术最终开发成功。在研究开发过程中共发生材料费60万元、人工工资30万元,以及其他费用40万元,总计130万元。其中,开发阶段能够资本化的支出为80万元,申请专利权等事项花费4 000元。账务处理如下:

(1)发生研发支出时:

借:研发支出——费用化支出　　　　　500 000
　　　　　　——资本化支出　　　　　800 000
　贷:原材料　　　　　　　　　　　　　600 000
　　　应付职工薪酬　　　　　　　　　　300 000
　　　银行存款　　　　　　　　　　　　400 000

(2)2010年12月该专利技术已经达到预定用途时:

借:管理费用　　　　　　　　　　　　　400 000
　　无形资产——专利权　　　　　　　　800 000
　贷:研发支出——费用化　　　　　　　400 000
　　　　　　　——资本化　　　　　　　800 000

(3)申请专利权等事项时:

借:无形资产——专利权　　　　　　　　4 000
　贷:银行存款　　　　　　　　　　　　4 000

该无形资产入账价值 = 800 000 + 4 000 = 804 00(元)

### 6.6.4　无形资产后续计量的账务处理

#### 6.6.4.1　无形资产使用寿命的确认

(1)企业无形资产使用寿命的确定方法。

①企业持有的来源于合同性权利或其他法定权利的无形资产,其使用寿命不应超过合同性权利或其他法定权利的期限;合同性权利或其他法定权利在到期时因续约等延续、且有证据表明企业续约

不需要付出大额成本的,续约期应当计入使用寿命。

②合同或法律没有规定使用寿命的,企业应当综合各方面因素判断,以确定无形资产能为企业带来经济利益的期限。比如,与同行业的情况进行比较、参考历史经验,或聘请相关专家进行论证等。

③按照上述方法仍无法合理确定无形资产为企业带来经济利益期限的,该项无形资产应作为使用寿命不确定的无形资产。

(2)无形资产使用寿命的复核。施工企业应当至少于每年年度终了,对使用寿命有限的无形资产的使用寿命及未来经济利益消耗方式进行复核。无形资产的预计使用寿命及未来经济利益的预期消耗方式与以前估计不同的,应当改变摊销期限和摊销方法。

6.6.4.2　施工企业使用寿命有限无形资产的摊销

企业使用寿命有限无形资产一般采用直线法进行摊销。其计算公式为:

$$年无形资产摊销额 = \frac{无形资产实际成本}{摊销年限}$$

摊销无形资产价值时,借记"管理费用"、"其他业务支出"账户,贷记"累计摊销"账户。

【例6-20】承上例,该专利技术使用寿命为10年。账务处理如下:

年摊销额 = 804 000 ÷ 10 = 80 400(元)

月摊销额 = 20 000 ÷ 12 = 6 700(元)

每月摊销时的会计分录为:

借:管理费用——无形资产摊销　　　　　　6 700
　　贷:累计摊销——专利权　　　　　　　　　　6 700

6.6.4.3　施工企业使用寿命有限无形资产的减值处理

施工企业应当在资产负债表日判断资产是否存在可能发生减值的迹象。如果资产存在减值迹象的,应当进行减值测试,估计其可收回金额;如果可收回金额的计量结果表明,资产的可收回金额低于其账面价值的,应当将资产的账面价值减记至可收回金额,减记的金额确认为资产减值损失,计入当期损益,同时计提相应的资产减值准备。

资产减值损失确认后,减值资产的折旧或者摊销费用应当在未来期间做相应调整,以使该资产在剩余使用寿命内,系统地分摊调整后的资产账面价值(扣除预计净残值)。资产减值损失一经确认,在以后会计期间不得转回。

【例6-21】承上例,该专利技术在2012年末对其进行减值测试,估计其回收金额为600 000元,同时估计其使用寿命将缩短2年。账务处理如下:

(1) 2012年12月31日该专利权账面价值

　　=804 000 - (80 400×2)

　　=643 200 (元)

可回收金额为604 800元,小于账面价值,计提减值准备:

借:资产减值损失　　　　　　　　　　　　　38 400
　　贷:无形资产减值准备　　　　　　　　　　　38 400

(2) 重新计算摊销额:

剩余使用年限=10-2-2=6 (年)

年摊销额=604 800÷6=100 800 (元)

月摊销额=100 800÷12=8 400 (元)

每月摊销时的会计分录为:

借:管理费用——无形资产摊销　　　　　　　8 400
　　贷:累计摊销——专利权　　　　　　　　　　8 400

#### 6.6.4.4 使用寿命不确定无形资产的账务处理

对于使用寿命不确定无形资产,在持有期间内不需要摊销,但无论是否存在减值迹象,每年都应当进行减值测试。如经减值测试表明已发生减值,则需要计提相应的减值准备。其相关的账务处理为:借记"资产减值损失"账户,贷记"无形资产减值准备"账户。

【例6-22】2010年1月1日，四川东方建筑工程公司用银行存款300万元购入一项技术先进的非专利技术，该技术在较长时期内能为公司带来良好的经济利益和现金流量，但不能估计和确定其使用寿命。公司将该非专利技术确认为使用寿命不确定的无形资产。但该公司在2014年末对该非专利技术进行减值测试，确定其可回收金额为252万元；公司在2015年末对其进行分析，根据技术进步的要求，该非专利技术还能够为企业服务5年，5年后将被新的技术代替。账务处理如下：

2010年1月1日购入非专利技术时：

借：无形资产——非专利技术　　　　　3 000 000

　　贷：银行存款　　　　　　　　　　　　　3 000 000

2010—2014年，该项非专利技术为使用寿命不确定无形资产，故不摊销。

2014年末计提减值准备 = 3 000 000 - 2 520 000 = 480 000（元）

借：资产减值损失　　　　　　　　　　480 000

　　贷：无形资产减值准备——非专利技术　　480 000

2015年将该非专利技术确认为使用寿命确定的无形资产，从2016年起至2020年每年摊销。

年摊销额 = 2 520 000 ÷ 5 = 50 400（元）

月摊销额 = 50 400 ÷ 12 = 4 200（元）

每月摊销时的会计分录为：

借：管理费用——非专利技术　　　　　4 200

　　贷：累计摊销　　　　　　　　　　　　　4 200

### 6.6.5 无形资产处置的账务处理

#### 6.6.5.1 无形资产出售

施工企业出售无形资产时，应按实际收到的金额，借记"银行存款"等账户，按已计提的累计摊销，借记"累计摊销"账户，原已计提减值准备的，借记"无形资产减值准备"账户；按应支付的相关税费,贷记"应交税费"等账户,按其账面余额,贷记"无形资产"账户,按其差额,贷记"营业外收入——处置非流动资产利得"账户或借记"营业外支出——处置非流动资产损失"账户。

【例6-23】承上例,2015年1月四川东方建筑工程公司将该专利权出售,取得收入400 000元,应交的营业税税率为5%,城市维护建设税税率为7%,教育费附加税率为3%。

(1) 该专利权的账面价值 = 804 000 - (80 400 × 2 + 100 800 × 2) - 38 400

= 588 000(元)

(2) 收到价款时:

借:银行存款 400 000
　　累计摊销 362 400
　　无形资产减值准备 38 400
　　营业外支出——处置非流动资产损失 25 200
　贷:无形资产——专利权 804 000
　　　应交税费——应交营业税 20 000
　　　　　　——应交城市维护建设税 1 400
　　　　　　——应交教育费附加 600

#### 6.6.5.2 用无形资产进行对外投资

施工企业可以用无形资产进行投资,即企业用无形资产的所有权对其他企业进行的长期投资。投资时,转出无形资产的账面价值,并按无形资产的评估值或者合同、协议约定的价值作为投资额,两者的差额作为资本公积金处理。

【例6-24】四川东方建筑工程公司用一项专利权对C公司进行投资,该专利权的账面余额为300 000元,已经累计摊销100 000元。经双方认定,该专利权的价值为350 000元。账务处理如下:

借:长期股权投资——C公司 250 000
　　累计摊销 100 000
　贷:无形资产 300 000

资本公积 50 000

### 6.6.5.3 无形资产的报废

无形资产预期不能为企业带来经济利益的,应将其报废并予以转销。转销时按已计提的累计摊销,借记"累计摊销"账户,原已计提减值准备的,借记"无形资产减值准备"账户,按其账面余额,贷记"无形资产"账户,按其差额,借记"营业外支出"账户。

【例6-25】续【例6-21】2017年1月四川东方建筑工程公司预计用该专利技术生产的产品已没有销路,决定应予转销该项专利技术。账务处理如下:

累计摊销额 = 80 400 × 2 + 100 800 × 4 = 564 000(元)

借:累计摊销 564 000
　　无形资产减值准备 38 400
　　营业外支出 201 600
　贷:无形资产——专利权 804 000

### 6.6.5.4 固定资产盘亏

在固定资产清查过程中发现的盘亏固定资产,应根据账面价值借记"待处理财产损溢"账户,根据已提折旧借记"累计折旧"账户,根据原值贷记"固定资产"账户;待有关部门审批之后,应借记"营业外支出"账户,贷记"待处理财产损溢"账户。

【例6-26】四川东方建筑工程公司于2010年9月22日进行了一次资产清查,清查之后发现一台机器设备意外损毁。经查账发现此台设备的账面价值为50 000元,已提折旧为24 000元。账务处理如下:

借:待处理财产损溢 26 000
　　累计折旧 24 000
　贷:固定资产 50 000

上报上级主管部门批准后转为"营业外支出"。

借:营业外支出 26 000
　贷:待处理财产损溢 26 000

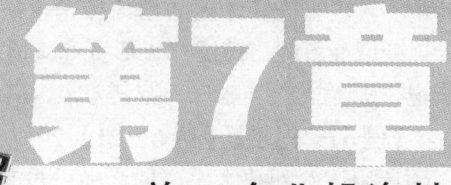

# 第7章 施工企业投资性房地产实账模拟

## 7.1 施工企业投资性房地产的内涵及特征

### 7.1.1 施工企业投资性房地产的含义及内容

投资性房地产是指施工企业为赚取租金或资本增值,或者两者兼有而持有的房地产,包括已出租的土地使用权、持有并准备增值后转让的土地使用权以及已出租的建筑物。投资性房地产应当能够单独计量和出售。

#### 7.1.1.1 已出租的土地使用权

已出租的土地使用权是指企业通过出让或转让方式取得的、以经营租赁方式出租的土地使用权。对于以经营租赁方式租入土地使用权再转租给其他单位的,不能确认为投资性房地产。

#### 7.1.1.2 持有并准备增值后转让的土地使用权

持有并准备增值后转让的土地使用权是指企业取得的、准备增值后转让的土地使用权。这类土地使用权很可能给企业带来资本增值收益，符合投资性房地产的定义。

按照国家有关规定认定的闲置土地，不属于持有并准备增值后转让的土地使用权，故不属于投资性房地产。

#### 7.1.1.3 已出租的建筑物

已出租的建筑物是指以经营租赁方式出租的企业拥有产权的建筑物，包括自行建造或开发活动完成后用于出租的建筑物。

#### 7.1.1.4 注意的问题

（1）某项房地产，部分用于赚取租金或资本增值、部分用于生产商品、提供劳务或经营管理，能够单独计量和出售的、用于赚取租金或资本增值的部分，应当确认为投资性房地产；不能够单独计量和出售的、用于赚取租金或资本增值的部分，不确认为投资性房地产。

（2）企业将建筑物出租，按租赁协议向承租人提供的相关辅助服务在整个协议中不重大的，如企业将办公楼出租并向承租人提供保安、维修等辅助服务，应当将该建筑物确认为投资性房地产。

（3）不属于投资性房地产的房地产。①自用房地产，是指为生产商品、提供劳务或者经营管理而持有的房地产。如企业生产经营用的厂房和办公楼属于固定资产；企业生产经营用的土地使用权属于无形资产。企业拥有并自行经营的旅馆饭店，其经营目的主要是通过提供客房服务赚取服务收入，该旅馆饭店不确认为投资性房地产。②作为存货的房地产，是指房地产开发企业在正常经营过程中销售的或为销售而正在开发的商品房和土地。这部分房地产属于房地产开发企业的存货，其生产、销售构成企业的主营业务活动，产生的现金流量也与企业的其他资产密切相关。因此，具有存货性质的房地产不属于投资性房地产。

### 7.1.2 投资性房地产的特征

#### 7.1.2.1 投资性房地产是一种经营性活动

投资性房地产的主要形式是出租建筑物、出租土地使用权，这实质上属于一种让渡资产使用权的行为。房地产租金就是让渡资产使用权取得的使用费收入，是企业为完成其经营目标所从事的经营性活动以及与之相关的其他活动形成的经济利益总流入。投资性房地产的另一种形式是持有并准备增值后转让的土地使用权，尽管其增值收益通常与市场供求、经济发展等因素相关，但目的是为了增值后转让以赚取增值收益，也是企业为完成其经营目标所从事的经营性活动以及与之相关的其他活动形成的经济利益总流入。

7.1.2.2 投资性房地产在用途、状态、目的等方面区别于作为生产经营场所的房地产和用于销售的房地产

企业持有的房地产除了用做自身管理、生产经营活动场所和对外销售之外，出现了将房地产用于赚取租金或增值收益的活动，甚至是个别企业的主营业务。这就需要将投资性房地产单独作为一项资产核算和反映，与自用的厂房、办公楼等房地产和作为存货（已建完工商品房）的房地产加以区别，从而更加清晰地反映企业所持有房地产的构成情况和盈利能力。企业在首次执行投资性房地产准则时，应当根据投资性房地产的定义对资产进行重新分类，凡是符合投资性房地产定义和确认条件的建筑物和土地使用权，应当归为投资性房地产。

## 7.2 施工企业投资性房地产的确认与账务处理方法

### 7.2.1 投资性房地产的确认条件及日期

7.2.1.1 投资性房地产的确认条件

投资性房地产在符合其定义的前提下，必须同时满足下列两个条件的，才能予以确认：

（1）该投资性房地产包含的经济利益很可能流入企业，是确认投资性房地产的关键条件。如果与某项投资性房地产有关的经济利益不能流入企业，则不能将其确认为投资性房地产。

（2）该投资性房地产的成本能够可靠计量。对投资性房地产的

确认,除了要判断与该投资性房地产有关的经济利益能否流入企业以外,还要判断该投资性房地产的成本能否可靠地计量。如果该投资性房地产的成本不能可靠地计量,则不能将其确认为投资性房地产。

#### 7.2.1.2 投资性房地产确认日期

(1) 对已出租的土地使用权、已出租的建筑物,其作为投资性房地产的确认时点为租赁期开始日,即土地使用权、建筑物进入出租状态、开始赚取租金的日期。

(2) 企业管理当局对企业持有以备经营出租的空置建筑物,做出正式书面决议,明确表明将其用于经营出租且持有意图短期内不再发生变化的,可视为投资性房地产,其作为投资性房地产的时点为企业管理当局就该事项做出正式书面决议的日期。这里的"空置建筑物"是指企业新购入、自行建造或开发完工但尚未使用的建筑物,以及不再用于日常生产经营活动且经整理后达到可经营出租状态的建筑物。

(3) 持有并准备增值后转让的土地使用权,其作为投资性房地产的确认时点为企业将自用土地使用权停止自用,准备增值后转让的日期。

### 7.2.2 投资性房地产会计核算方法

#### 7.2.2.1 施工企业投资性房地产账务处理方法

(1) 投资性房地产初始计量方法。施工企业取得的投资性房地产,应当按照取得时的成本进行初始计量。①外购投资性房地产的成本,包括购买价款和可直接归属于该资产的相关税费。②自行建造投资性房地产的成本,由建造该项资产达到预定可使用状态前所发生的必要支出构成。③以其他方式取得的投资性房地产的成本,适用相关的会计准则规定确认计量。

(2) 投资性房地产后续计量模式。

施工企业投资性房地产后续计量有两种方法:成本模式和公允

价值模式。但同一企业只能采用一种模式对所有投资性房地产进行后续计量，不得同时采用两种计量模式。

施工企业通常应当采用成本模式对投资性房地产进行后续计量。采用成本模式计量的投资性房地产比照固定资产和无形资产的会计处理方法，进行累计折旧和累计摊销，而且可以计提资产减值准备。

施工企业也可以采用公允价值模式对投资性房地产进行后续计量。但只有在有确凿证据表明投资性房地产的公允价值能够持续可靠取得的情况下，才可以对投资性房地产采用公允价值模式进行后续计量。

采用公允价值模式计量的，应当同时满足下列条件：①投资性房地产所在地有活跃的房地产交易市场；②企业能够从房地产交易市场上取得同类或类似房地产的市场价格及其他相关信息，从而对投资性房地产的公允价值做出合理的估计。

投资性房地产采用公允价值模式进行后续计量的，不计提折旧或摊销，应当以资产负债表日投资性房地产的公允价值为基础调整其账面价值，公允价值与原账面价值的差额计入当期损益。

企业对投资性房地产的计量模式一经确定，不得随意变更。其中，已采用成本模式计量的投资性房地产，若确需转为公允价值模式的，应当作为会计政策变更，按照《企业会计准则第28号——会计政策、会计估计变更和差错更正》处理。已采用公允价值模式计量的投资性房地产，一般不得从公允价值模式转为成本模式。

7.2.2.2 施工企业投资性房地产核算账户

（1）成本模式计量下。①"投资性房地产"账户用来核算企业投资性房地产的成本。该账户可按投资性房地产类别和项目进行明细核算。该账户可比照"固定资产"、"无形资产"账户的规定进行账务处理。②"投资性房地产累计折旧（摊销）"和"投资性房地产减值准备"账户，可比照"累计折旧"、"累计摊销"、"固定资产减值准备"和"无形资产减值准备"账户的规定进行账务处理。

（2）公允价值模式计量下。在公允价值模式计量下，施工企业也是通过"投资性房地产"账户核算投资性房地产的。但该账户除按投资性房地产类别和项目进行明细核算外，还应当分别设置"成本"和"公允价值变动"明细账，进行明细核算。

## 7.3 施工企业投资性房地产初始计量实账模拟

### 7.3.1 外购投资性房地产的账务处理

外购投资性房地产的成本，包括购买价款、相关税费和可直接归属于该资产的其他支出。在采用成本模式计量下，外购的土地使用权和建筑物，按照取得时的实际成本进行初始计量，借记"投资性房地产"账户，贷记"银行存款"等账户。在采用公允价值模式计量下，按照外购的土地使用权和建筑物发生的实际成本，借记"投资性房地产——成本"账户，贷记"银行存款"等账户。

【例7-1】2010年12月30日，四川东方建筑工程公司购入B公司原出租给C公司使用的一幢办公楼，购买价款为900 000元，款项已用银行存款支付。购入后，四川东方建筑工程公司不打算改变该办公楼的用途，决定继续出租给C公司使用，并采用成本模式核算，假设不考虑其他因素影响。其账务处理为：

  借：投资性房地产——办公楼　　　　　　　900 000
    贷：银行存款　　　　　　　　　　　　　　900 000

【例7-2】续【例7-1】，假设四川东方建筑工程公司采用公允价值模式核算，则其账务处理为：

  借：投资性房地产——成本（办公楼）　　　900 000
    贷：银行存款　　　　　　　　　　　　　　900 000

## 7.3.2 自行建造投资性房地产的账务处理

自行建造投资性房地产，其成本由建造该项资产达到预定可使用状态前发生的必要支出构成，包括土地开发费、建筑成本、安装成本、应予以资本化的借款费用、支付的其他费用和分摊的间接费用等。建造过程中发生的非正常性损失，直接计入当期损益，不计入建造成本。采用成本模式计量的，应按照确定的成本，借记"投资性房地产"账户，贷记"在建工程"或"开发产品"账户；采用公允价值模式计量的，应按照确定的成本，借记"投资性房地产——成本"账户，贷记"在建工程"或"开发产品"账户。

【例7-3】2010年1月，四川东方建筑工程公司从其他单位购入一块土地的使用权，并在这块土地上开始自行建造三幢写字楼。2010年10月，四川东方建筑工程公司预计该楼房即将完工，与乙公司签订了经营租赁合同，将其中的一幢写字楼租赁给乙公司使用。租赁合同约定，该写字楼于完工时开始起租。2010年11月1日，三幢写字楼同时完工。该块土地使用权的成本为300万元；三幢写字楼的实际造价均为800万元，能够单独出售。假设四川东方建筑工程公司采用成本计量模式。该公司的账务处理如下：

土地使用权中的对应部分同时转换为投资性房地产 = [300×(800÷2400)] = 100（万元）

借：投资性房地产——厂房　　　　　8 000 000
　　贷：在建工程　　　　　　　　　　　　8 000 000
借：投资性房地产——已出租土地使用权　1 000 000
　　贷：无形资产——土地使用权　　　　　1 000 000

## 7.3.3 投资者投入的投资性房地产的初始计量

投资者投入的投资性房地产，应当按照投资合同或协议约定的价值作为初始投资成本，但合同或协议约定价值不公允的除外。对于投资者投入的投资性房地产，企业应按投资合同或协议约定的价值，借记"投资性房地产"账户，贷记"实收资本"或"股本"账户。

【例7-4】2010年3月20日，四川东方建筑工程公司与其投资者李先生签订了一份投资合同。该合同约定：李先生以其持有的欲向乙公司出租的一项投资性房地产出资，投入四川东方建筑工程公司，该投资性房地产的合同价格为260万元，已办妥相关手续。当日，该投资性房地产的账面价值为280万元。假设不考虑其他因素的影响，该公司的账务处理为：

借：投资性房地产　　　　　　　　　　2 600 000
　　贷：实收资本　　　　　　　　　　　　　2 600 000

## 7.4　施工企业投资性房地产后续计量实账模拟

### 7.4.1　采用成本模式计量投资性房地产的账务处理

#### 7.4.1.1　投资性房地产的折旧或摊销

投资性房地产属于企业的长期资产，能在较长的时间给企业带来经济利益，但投资性房地产通常也有一定的使用寿命。因此，在成本模式下，企业应按期（月）将已入账的投资性房地产，在其使用寿命内计提折旧或进行摊销。施工企业按应计提的折旧额或摊销额，借记"其他业务成本"等账户，贷记"投资性房地产累计折旧（摊销）"账户。取得的租金收入，借记"银行存款"等账户，贷记"其他业务收入"等账户。

【例7-5】续【例7-1】四川东方建筑工程公司出租给乙企业的办公楼使用寿命为40年，按照直线法计提折旧，预计净残值为零。按照经营租赁合同，乙企业每月支付四川东方建筑工程公司租金2万元。2011年1月该公司的账务处理如下：

(1) 计提折旧：
年计提折旧额 = 900 000 ÷ 40 = 22 500（元）

每月计提的折旧额 = 22 500÷12 = 1 875（元）

借：其他业务成本　　　　　　　　　　　　1 875
　　贷：投资性房地产累计折旧　　　　　　　　　1 875

（2）确认租金：

借：银行存款（或其他应收款）　　　　　　20 000
　　贷：其他业务收入　　　　　　　　　　　　　20 000

#### 7.4.1.2 投资性房地产的减值

在成本模式下，若发现投资性房地产存在减值迹象，应当进行减值测试，计算该投资性房地产的可收回金额，以确定其是否已经发生减值。

对于经减值测试后确定发生减值的，应当计提减值准备，借记"资产减值损失"账户，贷记"投资性房地产减值准备"账户。已经计提减值准备的投资性房地产，其减值损失在以后的会计期间不得转回。

【例7-6】续【例7-5】，2011年12月，由于政府对房地产市场进行调控，这幢办公楼发生减值迹象，经减值测试，其可收回金额为750 000万元，此时办公楼的账面价值为877 500（900 000-22 500）元。四川东方建筑工程公司计提减值准备的账务处理为：

借：资产减值损失　（877 500-750 000）127 500
　　贷：投资性房地产减值准备　　　　　　　　　127 500

### 7.4.2　采用公允价值模式计量投资性房地产的账务处理

按资产负债表日投资性房地产的公允价值高于其账面余额的差额，借记"投资性房地产——公允价值变动"账户，贷记"公允价值变动损益"账户；公允价值低于其账面余额的差额做相反的账务处理。

【例7-7】2011年6月30日，四川东方建筑工程公司出租给乙企业使用的一项土地使用权账面价值为400 000元，当日，市场

上同类土地使用权的公允价值为 410 000 元,假设不考虑其他因素的影响。该公司的账务处理为:

  借:投资性房地产——公允价值变动    10 000
    贷:公允价值变动损益         10 000

## 7.5 施工企业投资性房地产转换业务实账模拟

### 7.5.1 投资性房地产转换的条件和转换日的确定

#### 7.5.1.1 投资性房地产转换的条件

施工企业有确凿证据表明房地产的用途发生改变,满足下列条件之一的,应当将投资性房地产转换为其他资产或者将其他资产转换为投资性房地产。

(1) 投资性房地产开始自用;
(2) 作为存货的房地产改为出租;
(3) 自用土地使用权停止自用,用于赚取租金或资本增值;
(4) 自用建筑物停止自用,改为出租。

满足上述第一个条件的房地产,应将其由投资性房地产转换为固定资产或无形资产等。满足第二个至第四个条件的房地产,则应分别将其由存货、无形资产、固定资产转换为投资性房地产。

#### 7.5.1.2 转换日的确定

转换日是指房地产的用途发生改变、状态相应发生改变的日期。转换日的确定标准主要包括:

(1) 投资性房地产开始自用,是指投资性房地产转为自用房地产。其转换日为房地产达到自用状态,企业开始将房地产用于生产商品、提供劳务或者经营管理的日期。

(2) 作为存货的房地产改为出租,或者自用建筑物或土地使用权停止自用改为出租,转换日应当为租赁期开始日。租赁期开始日是指承租人有权行使其使用租赁资产权利的日期。

(3) 自用土地使用权停止自用,改为用于资本增值,转换日应当为企业停止将该项土地使用权用于生产商品、提供劳务或经营管理且企业管理当局做出房地产转换决议的日期。

### 7.5.2 投资性房地产转换的账务处理

#### 7.5.2.1 成本模式下投资性房地产转换的账务处理

在成本模式下,企业不论是将自用房地产(或存货)转换为投资性房地产,还是将投资性房地产转换为自用房地产(或存货),都应将房地产转换前的账面价值作为转换后的账面价值。

(1)投资性房地产转为自用房地产。企业将原本用于赚取租金或资本增值的房地产改用于生产商品、提供劳务或者经营管理时,应将投资性房地产相应地转换为固定资产或无形资产。例如,企业将出租的办公楼收回,由本企业自行使用。

企业将投资性房地产转换为自用房地产,应当按该项投资性房地产在转换日的账面余额、累计折旧或摊销、减值准备等,分别转入"固定资产"、"累计折旧"、"固定资产减值准备"等账户。具体账务处理上,应按投资性房地产的账面余额,借记"固定资产"或"无形资产"账户,贷记"投资性房地产"账户;按已计提的折旧或摊销,借记"投资性房地产累计折旧(摊销)"账户,贷记"累计折旧"或"累计摊销"账户;原已计提减值准备的,借记"投资性房地产减值准备"账户,贷记"固定资产减值准备"或"无形资产减值准备"账户。

【例7-8】2011年3月1日,四川东方建筑工程公司将原出租的一幢办公楼收回自用,原采用成本模式计量。当日,该办公楼账面原价50万元,已提折旧20万元,已提减值准备5万元,假设不考虑其他因素。其账务处理为:

借:固定资产 500 000
　　投资性房地产累计折旧 100 000
　　投资性房地产减值准备 50 000
　贷:投资性房地产——办公楼 500 000

| | |
|---|---|
| 累计折旧 | 100 000 |
| 固定资产减值准备 | 50 000 |

(2) 自用房地产转为投资性房地产。企业将原本用于生产商品、提供劳务或者经营管理的房地产改用于出租，应于租赁期开始日，按照固定资产或无形资产的账面价值，将固定资产或无形资产相应地转换为投资性房地产。

企业将自用土地使用权或建筑物转换为以成本模式计量的投资性房地产时，应当按该项建筑物或土地使用权在转换日的原价、累计折旧、减值准备等，分别转入"投资性房地产"、"投资性房地产累计折旧（摊销）"、"投资性房地产减值准备"账户。具体账务处理上，应按其账面余额，借记"投资性房地产"账户，贷记"固定资产"或"无形资产"账户，按已计提的折旧或摊销，借记"累计摊销"或"累计折旧"账户，贷记"投资性房地产累计折旧（摊销）"账户，原已计提减值准备的，借记"固定资产减值准备"或"无形资产减值准备"账户，贷记"投资性房地产减值准备"账户。

【例7-9】，假设上例中的四川东方建筑工程公司的办公楼是自用的，现将转为出租。则其账务处理为：

| | |
|---|---|
| 借：投资性房地产——办公楼 | 500 000 |
| 　　累计折旧 | 200 000 |
| 　　固定资产减值准备 | 50 000 |
| 　贷：固定资产 | 500 000 |
| 　　投资性房地产累计折旧 | 200 000 |
| 　　投资性房地产减值准备 | 50 000 |

(3) 作为存货的房地产转为投资性房地产。作为存货的房地产转换为投资性房地产，通常是指房地产开发企业将其持有的开发产品以经营租赁的方式出租，存货相应地转换为投资性房地产。

企业将作为存货的房地产转换为采用成本模式计量的投资性房地产，应当按该项存货在转换日的账面价值，借记"投资性房地产"账户,原已计提跌价准备的,借记"存货跌价准备"账户,按其账面余额,贷记"开发产品"等账户。

【例7-10】2011年1月30日,甲公司与乙企业签订了租赁协议,将其开发的一幢写字楼出租给乙企业使用,租赁期开始日为2011年2月1日,当日该写字楼的账面余额为500万元,未计提存货跌价准备,转换后采用成本模式计量。

2月1日,甲公司应将该写字楼由开发产品转为投资性房地产,账务处理为:

借:投资性房地产——写字楼　　　　　5 000 000
　　贷:开发产品　　　　　　　　　　　　　　　　5 000 000

#### 7.5.2.2　公允价值模式下投资性房地产转换的账务处理

在公允价值模式下,不论是将自用房地产(或存货)转换为投资性房地产,还是将投资性房地产转换为自用房地产(或存货),企业都应将转换日该房地产的公允价值作为其入账价值。对于转换日该房地产的公允价值与其账面价值的差额,在不同的转换业务中,其账务处理不尽相同。

(1)投资性房地产转为自用房地产。企业将采用公允价值模式计量的投资性房地产转换为自用房地产时,应当以其转换当日的公允价值作为自用房地产的账面价值,公允价值与原账面价值的差额计入当期损益。

具体账务处理上,在转换日,应按该项投资性房地产的公允价值,借记"固定资产"账户或"无形资产"账户,按该项投资性房地产的成本,贷记"投资性房地产——成本"账户,按该项投资性房地产的累计公允价值变动,贷记或借记"投资性房地产——公允价值变动"账户,按其差额,贷记或借记"公允价值变动损益"账户。

【例7-11】续【例7-8】,假设该办公楼按公允价值计量,转换日的公允价值为30万元。则转换日的账务处理为:

借:固定资产　　　　　　　　　　　　300 000

|  |  |
|---|---|
| 投资性房地产累计折旧 | 100 000 |
| 投资性房地产减值准备 | 50 000 |
| 公允价值变动损益 | 50 000 |
| 贷：投资性房地产——办公楼 | 500 000 |

(2) 自用房地产转为投资性房地产。企业将自用房地产转换为采用公允价值模式计量的投资性房地产，应当按该项土地使用权或建筑物在转换日的公允价值，借记"投资性房地产——成本"账户，按已计提的累计摊销或累计折旧，借记"累计摊销"或"累计折旧"账户；原已计提减值准备的，借记"无形资产减值准备"、"固定资产减值准备"账户；按其账面余额，贷记"固定资产"或"无形资产"账户。同时，转换日的公允价值小于账面价值的，按其差额，借记"公允价值变动损益"账户；转换日的公允价值大于账面价值的，按其差额，贷记"资本公积——其他资本公积"账户。

【例7-12】续【例7-11】，假设企业将自用办公楼用于出租。则其账务处理为：

|  |  |
|---|---|
| 借：投资性房地产——办公楼（成本） | 300 000 |
| 累计折旧 | 100 000 |
| 固定资产减值准备 | 50 000 |
| 公允价值变动损益 | 50 000 |
| 贷：固定资产 | 500 000 |

【例7-13】续【例7-12】，假设该办公楼在转换日的公允价值为40万元。则其账务处理为：

|  |  |
|---|---|
| 借：投资性房地产——办公楼（成本） | 400 000 |
| 累计折旧 | 100 000 |
| 固定资产减值准备 | 50 000 |
| 贷：固定资产 | 500 000 |
| 资本公积——其他资本公积 | 50 000 |

(3) 作为存货的房地产转为投资性房地产。企业将作为存货的

房地产转换为采用公允价值模式计量的投资性房地产,应当按该项房地产在转换日的公允价值入账,借记"投资性房地产——成本"账户,原已计提跌价准备的,借记"存货跌价准备"账户;按其账面余额,贷记"开发产品"等账户。同时,转换日的公允价值小于账面价值的,按其差额,借记"公允价值变动损益"账户;转换日的公允价值大于账面价值的,按其差额,贷记"资本公积——其他资本公积"账户。

【例 7-14】续【例 7-10】,假设四川东方建筑工程公司对投资性房地产按公允价值模式计量,出租日的公允价值为 510 万元。则其账务处理为:

借:投资性房地产——写字楼(成本)　　5 100 000
　　贷:开发产品　　　　　　　　　　　　　　5 000 000
　　　　资本公积——其他资本公积　　　　　　100 000

## 7.6 施工企业投资性房地产处置业务实账模拟

施工企业可以通过对外出售或转让的方式处置投资性房地产,对于那些由于使用而不断磨损直到最终报废,或者由于遭受自然灾害等非正常损失发生毁损的投资性房地产应当及时进行清理。企业出售、转让、报废投资性房地产或者发生投资性房地产毁损,应当将处置收入扣除其账面价值和相关税费后的金额计入当期损益。

### 7.6.1 成本模式下投资性房地产的处置

出售、转让按成本模式进行后续计量的投资性房地产时,应当按实际收到的金额,借记"银行存款"等账户,贷记"其他业务收入"账户;按该项投资性房地产的账面价值,借记"其他业务成本"账户,按其账面余额,贷记"投资性房地产"账户;按照已计提的折旧或摊销,借记"投资性房地产累计折旧(摊销)"账户;原已计提减值准备的,借记"投资性房地产减值准备"账户。

【例7-15】2010年12月20日,四川东方建筑工程公司决定将采用成本模式计量的一幢投资性办公楼出售,收到价款40万元。该投资性房地产的账面原价是100万元,已计提折旧45万元,已计提减值准备10万元,营业税税率为5%。假设不考虑其他因素。其账务处理为:

借:银行存款　　　　　　　　　　　　400 000
　　贷:其他业务收入　　　　　　　　　　　400 000
借:其他业务成本　　　　　　　　　　470 000
　　投资性房地产累计折旧　　　　　　450 000
　　投资性房地产减值准备　　　　　　100 000
　　贷:投资性房地产——办公楼　　　　1 000 000
　　　　应交税费——应交营业税　　　　　20 000

### 7.6.2　公允价值模式下投资性房地产的处置

出售、转让采用公允价值模式计量的投资性房地产,应当按实际收到的金额,借记"银行存款"等账户,贷记"其他业务收入"账户;按该项投资性房地产的账面余额,借记"其他业务成本"账户,按其成本,贷记"投资性房地产——成本"账户,按其累计公允价值变动,贷记或借记"投资性房地产——公允价值变动"账户。同时,将投资性房地产累计公允价值变动转入其他业务收入,借记或贷记"公允价值变动"账户,贷记或借记"其他业务收入"账户。若存在原转换日计入资本公积的金额,则也需一并转入其他业务收入,借记"资本公积——其他资本公积"账户,贷记"其他业务收入"账户。

【例7-16】2010年10月1日,四川东方建筑工程公司将其自用的一幢办公楼出租给C公司使用,采用公允价值模式核算;当日,市场上该类办公楼的公允价值为80万元,该办公楼的账面原价为125万元,已提折旧35万元,已提减值准备15万元。12月31日,市场上该类办公楼的公允价值为90万元,B公司随即将该办公楼出售，收到价款 90 万元，假设不考虑其他因素。其账务处理为：

①10 月 1 日出租时：

借：投资性房地产——办公楼（成本）　　　800 000
　　累计折旧　　　　　　　　　　　　　　350 000
　　固定资产减值准备　　　　　　　　　　150 000
　　贷：固定资产　　　　　　　　　　　1 250 000
　　　　资本公积——其他资本公积　　　　 50 000

②12 月 31 日调整账面价值时：

借：投资性房地产——办公楼（公允价值变动）
　　　　　　　　　　　　　　　　　　　　100 000
　　贷：公允价值变动损益　　　　　　　　100 000

③12 月 31 日出售时：

借：银行存款　　　　　　　　　　　　　　900 000
　　贷：其他业务收入　　　　　　　　　　900 000
借：其他业务成本　　　　　　　　　　　　900 000
　　贷：投资性房地产——办公楼（成本）　800 000
　　　　　　　　　　——办公楼（公允价值变动）
　　　　　　　　　　　　　　　　　　　　100 000
借：资本公积——其他资本公积　　　　　　 50 000
　　公允价值变动损益　　　　　　　　　　100 000
　　贷：其他业务收入　　　　　　　　　　150 000

# 第8章 施工企业职工薪酬实账模拟

## 8.1 施工企业职工薪酬的内容及其确认与计量

### 8.1.1 职工薪酬的概念

#### 8.1.1.1 职工薪酬的概念

职工薪酬是指施工企业为获得职工提供的服务而给予各种形式的报酬以及其他相关支出,包括职工在职期间和离职后提供给职工的全部货币性薪酬和非货币性福利。企业提供给职工配偶、子女或其他被赡养人的福利等,也属于职工薪酬。

#### 8.1.1.2 职工的范围

职工是指与企业订立劳动合同的所有人员,含全职、兼职和临时职工;也包括虽未与企业订立正式劳动合同但由企业正式任命的人员,如董事会成员、监事会成员和内部审计委员会成员等。在企业的计划和控制下,虽未与企业订立正式劳动合同或未由其正式正命,但为企业提供与职工类似服务的人员,也视为企业职工,如劳务用工合同人员。

### 8.1.2 施工企业职工薪酬的内容

8.1.2.1 职工薪酬的内容

根据我国《企业会计准则第9号——职工薪酬》的规定,职工薪酬包括以下内容:

(1) 职工工资、奖金、津贴和补贴。

(2) 职工福利费。

(3) 医疗保险费、养老保险费、失业保险费、工伤保险费和生育保险费等社会保险费。

(4) 住房公积金。

(5) 工会经费和职工教育费。

(6) 非货币性福利。

(7) 因解除与职工的劳动关系给予的补偿,即辞退福利。

(8) 其他与获得职工提供的服务相关的支出。

8.1.2.2 特别说明

(1) 职工薪酬中的"职工"与前述职工范围一致。

(2) 职工薪酬中的"养老保险费"包括根据国家规定的标准向社会保险经办机构缴纳的基本养老保险费,以及根据企业年金计划向企业年金基金相关管理人缴纳的补充养老保险费。企业按规定缴费后形成的企业年金基金的核算,应执行《企业会计准则第11号——企业年金基金》的规定。

(3) 职工薪酬中的"非货币性福利"包括企业以自产产品或外购商品发放给职工作为福利、将企业拥有的资产无偿提供给职工使用、为职工无偿提供医疗保健服务等。

(4) 职工薪酬中的"辞退福利"包括两个方面的内容:①在职工劳动合同尚未到期时,不论职工本人是否愿意,企业决定解除与职工的劳动关系而给予的补偿;②在职工劳动合同尚未到期前,为鼓励职工自愿接受裁减而给予的补偿,职工有权利选择继续在职或受补偿离职。辞退福利通常采取在解除劳动关系时一次性支付补偿的方式，也有通过提高退休养老金或其他离职后福利标准的方式，或者将职工薪酬的工资部分支付到辞退后未来一段时间。

（5）企业以购买商业保险形式提供给职工的各种保险待遇亦属于职工薪酬。

（6）企业对职工的股份支付也属于职工薪酬，但由于其以权益工具的公允价值为基础进行计量，因此应执行《企业会计准则第12号——股份支付》的规定。

### 8.1.3　施工企业职工薪酬的确认与计量

#### 8.1.3.1　职工薪酬的确认与计量原则

（1）职工薪酬的归属。施工企业在职工为其提供服务的会计期间，除解除劳动关系补偿（也称辞退福利）计入当期费用以外，其他职工薪酬均应根据职工提供服务的受益对象，将应确认的职工薪酬（包括货币性薪酬和非货币性福利）计入相关资产成本或当期费用，同时确认为应付职工薪酬负债。其中：①应由生产产品、提供劳务负担的职工薪酬，计入产品成本或劳务成本；②应由在建工程、无形资产负担的职工薪酬，计入建造固定资产或无形资产成本；③上述①②之外的其他职工薪酬，计入当期损益。

（2）企业职工福利费用的归属。企业为职工缴纳的医疗保险费、养老保险费、失业保险费、工伤保险费、生育保险费等社会保险费和住房公积金，应当在职工为其提供服务的会计期间，根据工资总额的一定比例计算，并按照上述（1）的办法处理。

#### 8.1.3.2　职工薪酬的计量

企业职工薪酬的支付，主要有以货币性资产支付和以非货币性资产支付两种方式。其中，职工薪酬中的工资、奖金、津贴和补贴，以及代缴纳的各种费用和大部分福利，一般以货币性资产方式支付（简称货币性职工薪酬），部分福利则以外购商品、企业自产产品或劳务等非货币性资产方式支付（简称非货币性职工薪酬）。

职工薪酬的计量因是否以货币性资产支付而存在一定的差异。现分别介绍如下：

(1) 货币性职工薪酬的计量。

①当期支付职工薪酬的计量。职工薪酬在当期支付的，企业应按实际发生额计量，确定职工薪酬的入账金额，即按企业实际支付给职工的各种薪酬金额和为职工支付的各种费用的实际金额入账。

在企业应付给职工的各种薪酬中，国家有规定计提基础和计提比例的，应当按照国家规定的标准计提。比如，应向社会保险经办机构等缴纳的医疗保险费、养老保险费（包括根据企业年金计划向企业年金基金相关管理人缴纳的补充养老保险费）、失业保险费、工伤保险费、生育保险费等社会保险费，应向住房公积金管理机构缴存的住房公积金，以及工会经费和职工教育经费等。国家没有规定计提基础和计提比例的，如职工福利费等，企业应当根据历史经验数据和实际情况，合理预计当期的应付职工薪酬。当期实际发生金额大于预计金额的，应当补提应付职工薪酬；当期实际发生金额小于预计金额的，应当冲回多提的应付职工薪酬。在资产负债表日至财务报告批准报出日之间的期间，如有确凿证据表明需要调整资产负债表日原确认的应付职工薪酬的，应当按照《企业会计准则第29号——资产负债表日后事项》处理。

②延期支付职工薪酬的计量。对于在职工提供服务的会计期末以后一年以上到期的应付职工薪酬，企业应当选择合理的折现率，以应付职工薪酬折现后金额，计入相关资产成本或当期费用；应付职工薪酬金额与其折现后金额相差不大的，也可以以未折现金额计入相关资产成本或当期费用。

(2) 非货币性职工薪酬（福利）的确认与计量。①企业以其自产产品或外购商品作为非货币性福利发放给职工的，应当根据受益对象，按照该产品或商品的公允价值，计入相关资产成本或当期损益，同时确认应付职工薪酬。②将企业拥有的住房等资产无偿提供给职工使用的，应当根据受益对象，将该住房每期应计提的折旧计入相关资产成本或费用，同时确认应付职工薪酬。租赁住房等资产供职工无偿使用的，应当根据受益对象，将每期应付的租金计入相关资产或费用，并确认应付职工薪酬。难以认定收益对象的非货币性福利，直接计入管理费用和应付职工薪酬。

## 8.2 施工企业职工薪酬的计算与发放实账模拟

### 8.2.1 职工薪酬的计算

#### 8.2.1.1 工资的计算

（1）计时工资的计算。计时工资一般根据职工工作时间和单位时间工资标准计算。计时工资的计算有月薪制和日薪制两种，其中每一种计算制度中又有直接计算法和间接计算法两种。但是，一个企业只能选择一种计算制度和一种计算方法，一旦选定后，不得随意变更。

①月薪制。月薪制是一种每月按平均日数计算工资的一种工资计算制度。其基本原理为：每月按 30 天作为标准工作日数，以计算日工资标准，并以此计算工资的一种计算制度。该种工资计算制度规定职工在正常休息日（周末和法定节假日）也计算、发放工资，因此，职工在休息日请病假、事假也会按照规定标准扣发工资。

【例 8-1】四川东方建筑工程公司职工张伟强月标准工资为 1 500 元，2010 年 10 月请事假（公司规定要全额扣工资）5 天（含休息日 2 天）。

张伟强本月的应发计时工资计算如下：

日工资标准 = 1 500 ÷ 30 = 50（元/天）

张伟强本月应发工资为：

直接计算法：

应发计时工资 = 日工资标准 × 出勤日数

$$=50 \times (31-5)$$
$$=1300 （元）$$

间接计算法：

应付计时工资 = 月标准工资 - 缺勤扣款

$$= 月标准工资 - 日工资标准 \times 缺勤日数$$
$$= 1\,500 - 50 \times 5$$
$$= 1\,250 （元）$$

②日薪制。日薪制是一种按每月实际工作日数计算工资的一种工资计算制度。其基本原理为：每年 365 天扣除 52 个周末和国家法定节假日后的实际工作时间作为年总工作日数，然后将年总工作日数平均分配到每月，以计算日工资标准，并以此计算工资的一种计算制度。

【例 8-2】承【例 8-1】，10 月 1 日为星期五，其他资料不变。

张伟强本月的应发计时工资计算如下：

月工作日数 = 年工作日数 ÷ 12

$$= (365 - 52 \times 2 - 11) \div 12$$
$$= 20.83 （天）$$

日工资标准 = 1 500 ÷ 20.83

$$= 72.01 （元/天）$$

张伟强本月应发工资为：

直接计算法：

应发计时工资 = 日工资标准 × 出勤日数

$$= 72.01 \times [31 - 3 - 10 - (5-2)]$$
$$= 1\,080.15 （元）$$

间接计算法：

应付计时工资 = 月标准工资 - 缺勤扣款

$$= 月标准工资 - 日工资标准 \times 缺勤日数$$

$$=1\,500-72.01\times(5-2)$$
$$=1\,283.97\,(元)$$

（2）计件工资的计算。计件工资一般根据职工完成工作量和单位工作量工资标准计算。

【例8-3】四川东方建筑工程公司职工张伟强本月完成工作量1 500单位，单位工作量的计件工资标准为1.2元。

张伟强本月的计件工资计算如下：

应付计件工资＝完成工作量×计件工资标准
$$=1\,500\times1.2$$
$$=1\,800\,(元)$$

#### 8.2.2.2 奖金、津贴、补贴的计算

（1）奖金的计算。

奖金一般按照职工工作业绩情况和企业奖金标准计算。

（2）津贴的计算。

津贴一般按照职工从事的工种、岗位及其时间和相应的津贴标准计算。

（3）补贴的计算。

补贴一般按照国家或企业规定的职工级别和补贴标准计算。

#### 8.2.2.3 其他各项费用的计算

其他各项费用一般根据各项费用计费标准和计费基础计算。如企业应为职工缴纳的社会保障费、住房公积金等，一般根据缴费标准和缴费基础计算。以四川省为例，各项保险和三项费用计提比例及其计算如下：

（1）养老保险。养老保险按上年全部职工缴费工资基数之和的20%计提计入管理费用；个人部分按个人缴费工资基础的8%从工资中扣除。

（2）医疗保险。医疗保险按上年全部职工缴费工资基数之和的6.5%计提，其中6.5%计入职工福利费；个人部分按个人缴费工资基数的2%从工资中扣除。

（3）大额医疗保险。大额医疗保险按上年全部职工缴费工资基数之和的1%计提计入职工福利费；个人部分按每人3元从工资中扣除。

（4）工伤保险。工伤保险按上年缴费工资基数的0.42%计提计入管理费用。

（5）失业保险。失业保险按上年缴费工资基数的1.5%计提计入管理费用；个人部分按工资总额的0.5%从工资中扣除。

（6）住房公积金。住房公积金按上年缴费工资基数的10%计提计入管理费用；个人部分同样按工资总额的10%从工资中扣除。

（7）补充医疗保险。补充医疗保险按工资总额的4%计提计入职工福利费。

（8）生育保险。生育保险按上年缴费工资基数的0.3%计提计入管理费用。自2005年7月1日开始执行。

（9）职工福利费。职工福利费按工资总额的14%计提计入管理费用。

（10）职工教育经费。职工教育经费按工资总额的1.5%计提计入管理费用。

（11）工会经费。工会经费按工资总额的2%计提计入管理费用。

### 8.2.2 施工企业职工薪酬的发放实账模拟

施工企业职工薪酬的发放方式主要有两种：

#### 8.2.2.1 银行代发

目前，多数规模较大的施工企业，其货币性职工薪酬一般采用委托银行代发的方式发放。如定期支付给职工的工资、奖金、津贴、补贴和年终奖等其他定期或不定期的货币性薪酬，一般通过银行代发的方式支付给职工。

采用银行代发方式，企业需要先与代发银行签订代发工资协议，并按照规定格式（尤其是电子数据，需要根据银行规定的数据格式）向代发银行提供代发职工工资数据资料。

银行代发工资时，企业的账务处理为：

借：应付职工薪酬——工资
　　贷：银行存款

#### 8.2.2.2　企业直接发放

企业直接发放方式根据支付薪酬内容的不同，又分为以下两种：

（1）以现金方式支付职工薪酬。施工企业如果采用现金方式支付职工薪酬，则需要在计算、确定当期应付职工薪酬金额后，事先与银行联系以提取备用金，并以现钞等形式发放给职工。

（2）以实物方式支付职工薪酬。施工企业如果以实物方式支付职工薪酬，一般需要先备好实物，然后以分部门发放或直接支付给每一职工方式发放。

无论是发放现金还是发放实物，企业都需要在发放前做好钱、物准备和分发人员组织等准备工作。

企业直接发放工资时的账务处理为：

从银行提取现金时：

借：库存现金
　　贷：银行存款

发放工资时：

借：应付职工薪酬——工资
　　贷：库存现金

## 8.3　施工企业职工薪酬的结算与分配实账模拟

### 8.3.1　职工薪酬的结算

施工企业一般根据实际情况，选择按时间定期结算职工薪酬或工程项目结算职工薪酬。其中，选择按时间结算的，一般根据薪资支付制度，选择按每日、每周、每月结算职工薪酬。

【例8-4】四川东方建筑工程公司根据本月职工完成工作情况，编制工资结算汇总表（企业职工240人），结算本月应付职工工资总额750 000元。其中：施工人员工资600 000元，公司行政管理人员工资150 000元。账务处理如下：

　　借：工程施工　　　　　　　　　　　　　600 000
　　　　管理费用　　　　　　　　　　　　　150 000
　　　　贷：应付职工薪酬　　　　　　　　　　　　750 000

### 8.3.2　职工薪酬的分配

施工企业应根据工资结算汇总表所列示工资费用发生的地点和用途，根据职工提供服务的受益对象，对发生的职工薪酬分配到各个成本费用项目，然后再进行账务处理。其中，生产部门人员的职工薪酬，借记"工程施工"、"劳务成本"等账户，贷记"应付职工薪酬"账户。行政管理人员的职工薪酬，借记"管理费用"账户，贷记"应付职工薪酬"账户。

【例8-5】承【例8-4】，四川东方建筑工程公司2010年11月编制的工资结算汇总表显示：本月应付职工工资总额为750 000元。其中：甲工程施工人员工资200 000元，乙工程施工人员工资300 000元，丙工程施工人员工资100 000元，公司行政管理人员工资150 000元。本月职工薪酬分配及账务处理如下：

　　借：工程施工——甲工程　　　　　　　　200 000
　　　　　　　　——乙工程　　　　　　　　300 000
　　　　　　　　——丙工程　　　　　　　　100 000
　　　　管理费用　　　　　　　　　　　　　150 000
　　　　贷：应付职工薪酬　　　　　　　　　　　　750 000

### 8.3.3　职工薪酬的账务处理

企业应设置"应付职工薪酬"账户，用来核算企业根据有关规定应付给职工的各种薪酬。本账户的贷方登记本月实际发生的应付职工薪酬总额（即应付职工薪酬的分配数），借方登记本月实际支付的各种应付职工薪酬，期末贷方余额反映企业尚未支付的应付职工薪酬。该账户应当按照"工资"、"职工福利"、"社会保险费"、"住房公积金"、"工会费用"、"职工教育经费"、"非货币性福利"、"辞退福利"、"股份支付"等应付职工薪酬项目进行明细核算。

#### 8.3.3.1 企业支付应付职工薪酬时的账务处理

企业按照有关规定向职工支付工资、奖金、津贴等，借记"应付职工薪酬"账户，贷记"银行存款"、"库存现金"等账户。

企业从应付职工薪酬中扣还的各种款项（代垫的家属药费、个人所得税等），借记"应付职工薪酬"账户，贷记"其他应收款"、"应交税费——应交个人所得税"等账户。

企业向职工支付职工福利费时，借记"应付职工薪酬"账户，贷记"银行存款"、"库存现金"等账户。

企业支付工会经费和职工教育经费用于工会运作和职工培训，借记"应付职工薪酬"账户，贷记"银行存款"等账户。

企业按照国家有关规定缴纳社会保险费和住房公积金，借记"应付职工薪酬"账户，贷记"银行存款"账户。

企业因解除与职工的劳动关系向职工给予的补偿，借记"应付职工薪酬"账户，贷记"银行存款"、"库存现金"等账户。

在行权日，企业以现金与职工结算股份支付，借记"应付职工薪酬"账户，贷记"银行存款"、"库存现金"等账户。

#### 8.3.3.2 企业分配职工薪酬的处理

企业应当根据职工提供服务的受益对象，对发生的职工薪酬分配到各个成本费用项目，然后再进行账务处理。其中，生产部门人员的职工薪酬，借记"工程施工"、"劳务成本"等账户，贷记"应付职工薪酬"账户。销售人员的职工薪酬，借记"销售费用"账户，贷记"应付职工薪酬"账户。

应由在建工程、研发支出负担的职工薪酬，借记"在建工程"、

"研发支出"账户,贷记"应付职工薪酬"账户。因解除与职工的劳动关系给予的补偿,借记"管理费用"账户,贷记"应付职工薪酬"账户。在等待期内每个资产负债表日,根据股份支付准则确定的金额,借记"管理费用"等账户,贷记"应付职工薪酬"账户。在可行权日之后,根据股份支付准则确定的金额,借记或贷记"公允价值变动损益"账户,贷记或借记"应付职工薪酬"账户。

【例8-6】四川东方建筑工程公司本月应付职工工资总额为205 000元。其中,第一项目部员工工资150 000元,第二项目部员工工资25 000元,行政管理人员工资30 000元;并按工资总额的14%提取福利费,按20%提取社会保险费,按12%提取住房公积金,按2%和2.5%分别提取工会经费和职工教育经费。账务处理如下:

(1) 月底计算并分配公司工资时:

| 借:工程施工——第一项目部 | 150 000 |
| --- | --- |
| ——第二项目部 | 25 000 |
| 管理费用 | 30 000 |
| 贷:应付职工薪酬——工资 | 205 000 |

(2) 提取各种其他薪酬项目时:

| 借:工程施工——第一项目部 | 75 750 |
| --- | --- |
| ——第二项目部 | 12 650 |
| 管理费用 | 15 150 |
| 贷:应付职工薪酬——职工福利费 | 28 700 |
| ——社会保险费 | 41 000 |
| ——住房公积金 | 24 600 |
| ——工会经费 | 4 100 |
| ——职工教育经费 | 5 125 |

(3) 该公司以银行存款实际发放时:

| 借:应付职工薪酬 | 205 000 |
| --- | --- |
| 贷:银行存款 | 205 000 |

8.3.3.3 非货币性福利的账务处理

企业以其自产产品发给职工作为职工薪酬的,借记"管理费用"、"工程施工"等账户,贷记"应付职工薪酬"账户。企业以其自产产品发放给职工的,借记"应付职工薪酬"账户,贷记"主营业务收入"账户;同时,还应结转产成品的成本。涉及增值税销项税额的,还应进行相应的处理。

无偿向职工提供住房等资产使用的,按应计提的折旧额,借记"管理费用"等账户,贷记"应付职工薪酬"账户;同时,借记"应付职工薪酬"账户,贷记"累计折旧"账户。租赁住房等资产供职工无偿使用时,每期应支付的租金,借记"管理费用"账户,贷记"应付职工薪酬"账户。

企业支付租赁住房等资产供职工无偿使用所发生的租金,借记"应付职工薪酬"账户,贷记"银行存款"账户。

【例8-7】四川东方建筑工程公司为分公司经理级别以上的职工共12名免费提供自有的汽车使用,每辆汽车每月计提折旧1 000元,同时为施工工人共200名提供集体宿舍居住,该住房为公司租赁而来,每月租金共计24 000元。公司应作如下账务处理:

借:工程施工　　　　　　　　　　　　　　24 000
　　管理费用　　　　　　　　　　　　　　12 000
　　贷:应付职工薪酬——非货币性福利　　　36 000
借:应付职工薪酬——非货币性福利　　　　36 000
　　贷:累计折旧　　　　　　　　　　　　12 000
　　　　其他应付款　　　　　　　　　　　24 000

# 第9章 施工企业工程成本与期间费用实账模拟

## 9.1 施工企业工程成本的组成及核算的特殊性

### 9.1.1 工程成本的含义

施工企业在生产经营过程中,一方面生产出建筑产品,另一方面消耗一定数量的人力、物力和财力,这些消耗的货币表现,即为施工费用。施工费用是施工企业在生产经营过程中发生的各种耗费,包括工程成本和期间费用两部分。

工程成本是指在施工生产过程中耗费在一定数量的建筑产品上的物化劳动和活劳动的货币表现。即施工企业为进行某一工程的施工所发生的直接人工、直接材料、机械使用费、其他直接费用和间接费用的总和,构成了施工企业的工程成本。

一般而言,工程成本依据配比性原则,可以和某一项工程的施工收入相联系配比;而期间费用很难和某一项工程的施工收入相联系配比,它作为施工企业整体的支出,作为企业当期的一项成本费用，从当期的总收入中扣除。

## 9.1.2 工程成本的组成与分类

### 9.1.2.1 工程成本的组成

（1）材料费。材料费是指在施工过程中所耗用的、构成工程实体或有助于工程形成的各种主要材料、外购结构件（包括内部独立核算附属工业企业供应的结构件）的费用，以及周转材料的摊销及租赁费用。

（2）人工费。人工费是指在施工过程中直接从事工程施工的建筑安装工人以及在施工现场为工程制作结构件和运料、配料等工人的工资、奖金、工资性津贴、职工福利费、劳动保护费等。

（3）机械使用费。机械使用费是指建筑安装工程施工过程中使用施工机械所发生的费用（包括机上操作人员人工费，燃料、动力费，机械折旧、修理费，替换工具及部件费，润滑及擦拭材料费，安装、拆卸及辅助设施费，养路费，牌照税，使用外单位施工机械的租赁费，以及保管机械而发生的保管费等）和按照规定支付放入施工机械进出场费等。

（4）其他直接费。其他直接费是指直接费以外的施工过程中发生的其他费用。同材料费、人工费、机械使用费相比，其他直接费用具有较大弹性。就具体单项资产（单位工程）来讲，该项费用可能发生也可能不发生，需要根据现场具体施工条件加以确定。具体包括设计有关的技术援助费用、施工现场材料的二次搬运费、生产工具和用具使用费、检验试验费、工程定位复测费、工程点交费用、场地清理费用等其他直接费用。

（5）间接费用。间接费用是企业下属的施工单位或生产单位组织和管理施工生产活动所发生的费用，通常是指分公司或项目经理部为施工准备、组织施工生产和管理所需的费用，包括临时设施摊销费用和施工、生产单位管理人员工资、奖金、职工福利费、劳动保护费、固定资产折旧费、物料消耗、低值易耗品摊销、取暖费、水电费、办公费、差旅费、财产保险费、工程保修费、排污费等。

上述（1）至（4）项内容为直接费用，在发生时应当直接计入各项工程成本；第（5）项内容为间接费用，应当在期末按照合理的方法分摊计入工程成本。

#### 9.1.2.2 工程成本的分类

根据建筑安装工程的特点和工程成本管理的要求，施工企业的工程成本一般分为工程实际成本和工程合同成本。

（1）工程实际成本。工程实际成本是指施工企业为了完成特定的建筑安装工程任务，按照确定的工程成本核算对象和成本项目归集的实际成本。它综合地反映了企业进行工程施工活动的个别耗费水平，是影响工程结算利润的基本因素。工程实际成本可以通过工程各项施工费用的归集与分配程序计算确定。

（2）工程合同成本。工程合同成本是指施工企业根据施工图纸设计确定的建筑安装工程实物量和国家或地区制定的预算定额、预算单价以及有关收费标准计算确定的工程成本。它综合地反映了各地区进行工程施工活动的社会平均耗费水平，是施工企业与发包单位结算工程价款的主要依据，也是控制企业成本开支的最高限额和考核工程成本节约或超支的重要尺度。

### 9.1.3 工程成本核算的特殊性

工程成本的核算，就是对在一定时期内的费用成本支出的归集、分配、再归集、再分配和工程成本形成的会计核算，它是施工企业会计核算的主要内容。由于施工企业产品——工程项目具有周期长、成本类别繁多、价值的转移方式不尽相同等特点，因此，工程成本的核算较一般工业企业产品成本核算更具复杂性。工程成本核算的复杂性主要体现在以下两个方面：

#### 9.1.3.1 工程成本组成内容的复杂性

如前所述，工程成本主要由材料费、人工费、机械使用费、其他直接费用和间接费用五部分组成。与一般企业，甚至比工业企业产品生产成本的直接材料、直接人工和其他间接费用三项内容相比较,其组成内容显得更为复杂。并且,工程成本各组成部分的组成内容也更为丰富,显得非常复杂。

9.1.3.2 工程成本核算过程的复杂性

施工企业工程成本各组成部分的归集、分配等核算过程要经过多次的归集、分配、再归集、再分配和工程成本汇总等多个工作过程,相对一般企业而言,其核算过程更为复杂。

### 9.1.4 工程成本核算的基本要求

9.1.4.1 严格遵守国家规定的工程成本开支范围与标准

按照《企业会计准则》的要求,一切与生产经营有关的各项耗费,都应记入企业的成本费用。凡不属于上述成本的开支,均不得计入成本。在审核过程中,对于符合国家财经制度和企业计划、定额,有利于企业发展生产的费用开支,要积极支持;否则,就要坚决抵制。

企业应按规定的成本项目,汇集生产经营过程中发生的各项支出。因此,要通过成本核算加强成本管理,应在成本发生之前加强审核和控制。严格遵守成本费用开支范围,正确组织成本费用核算。

根据《企业会计准则》的规定,建筑工程成本项目包括人工费、材料费、机械使用费、其他直接费和间接费用;管理费用、财务费用单独核算,直接从当期收益中扣除,不计入施工成本。

9.1.4.2 正确划分各种成本、费用的界限

(1)正确划分资本性支出与收益性支出的界限。凡支出的效益涉及几个会计年度的,应作为资本性支出,如固定资产的构建和购入无形资产均属于资本性支出,应做增减资产处理,在以后使用的过程中逐渐通过折旧和摊销方式计入成本。凡支出的效益仅涉及本年度的,应作为收益性支出,如各种直接费用、间接费用及期间费用均属于收益性支出。直接费用与间接费用构成企业生产经营成

本，期间费用不计入成本，单独核算。二者的支出全部由当期收益抵偿。要严格划分资本性支出与收益性支出的界限，坚决杜绝将资本性支出列为收益性支出的做法。

（2）正确划分生产费用及期间费用的界限。按照成本核算的要求，生产费用计入产品的生产经营成本，期间费用不能计入产品成本，只能列入当期损益。因此，为了正确核算成本，必须将生产费用和期间费用严格划分开。

（3）正确划分成本计算期的费用界限。按照权责发生制原则，企业在核算成本、费用时，凡应由本期负担而尚未支出的费用，应作为预提费用计入本期成本、费用，凡已经支付，应由本期和以后各期负担的费用，应作为待摊费用，分期摊入成本费用；本期发生的费用要全部在本期入账，不应延至下期或提前结账。只有按照权责发生制原则，正确计算本期费用，正确计算待摊费用与预提费用并按合同完工进度准确计量成本费用，才能正确划分其费用界限，正确计算其产品、工程成本而不允许利用任意多提或少提待摊费用和预提费用的办法调节各月产品、工程成本。

（4）正确划分各项工程的费用界限。为了分别考核和分析各项工程（一般是单项合同或单位工程）的成本计划完成情况，还必须将应由本期工程成本负担的生产费用，在各项工程之间进行划分。凡能分清应由哪个产品、哪项工程负担的直接费用，应直接记入该产品、工程成本。若由几项工程共同耗用，分不清应由哪个工程负担的间接费用，要采用适当的分配方法，分配记入各个产品、各项工程成本。分配的方法要合理、简便，各项工程之间，不允许任意增减费用，保"重点"，以盈补亏。

（5）正确划分已完工程和未完工程的费用界限。月末，将各项生产费用记入各项工程的成本以后，如果各项工程已全部完工（竣工），则各项费用之和，就是该项工程本月完成部分的成本。如果工程尚未完工（竣工），还必须将记入该项工程的生产费用，在本月已完工程（即已完成预算定额规定的全部工序、可向客户办理结算的分部分项工程）和未完工程（又称未完施工）之间进行分配，以便计算本月已完工程和月末未完工程成本。所采用的分配方法也要合理简便。不允许任意提高或降低月末未完工程、在产品成本，人为地调节已完工程的成本。

9.1.4.3 扎实做好工程成本核算的各项基础工作，保证工程成本核算质量

工程成本核算的基础工作是正确进行工程成本核算的重要前提。为了保证工程成本核算结果的真实可靠，要做好各项与成本核算密切相关的基础工作，使施工过程中的劳动消耗和施工活动的经济效益，及时、正确地反映出来。在这些基础工作中，除了制定符合企业实际情况的各项施工定额外，还包括材料物资的计量、验收、领退、保管制度和各项消耗的原始记录。

（1）科学地制定定额标准。定额是用数量来控制企业施工经营活动的手段。施工企业的施工定额是在一定的施工技术和施工组织条件下，企业在人力、物力、财力的利用和消耗方面应当遵守和达到的标准。它和据以计算工程造价的预算定额不同。预算定额是建筑生产部门的平均定额，而施工定额是企业定额。因此，施工定额是编制企业计划的依据，也是进行成本控制和分析的依据。正确制定施工定额，对于推动企业厉行节约、提高经济效益、降低工程成本具有重要的意义。

施工企业的施工定额，主要有劳动定额、材料消耗定额、机械设备利用定额、工具消耗定额、费用定额等。①劳动定额据以签发工程任务单，考核班组工效；②材料消耗定额据以签发领料单，考核班组消耗；③机械设备利用定额和工具消耗定额，考核机械设备效率和工具节约情况；④费用定额据以控制费用开支。各项施工定额既要积极先进，又要切合实际。在制定定额时，要充分发动群众，并且注意结合本企业的施工条件和施工组织管理水平。

（2）严格执行资金收支、物资进出的各项手续。企业对于资金的收支、物资的进出，都应同有关部门密切配合，严格凭证手续，

健全管理制度，克服收支不清、手续不全的现象。工程施工所需的材料，从采购到领用，都要有计量、验收、领退手续。企业内部各单位、各部门领用材料时，都要办理必要的手续，严格审批制度。现场进料的数量，要与工程用料预算相适应，防止多进材料，以免往返运输。各施工班组耗用的材料，要按施工定额发给，防止造成浪费。用剩的材料，要办理退库或转移手续。月末现场已领未用的材料，要进行盘点。库存材料要定期进行清查，做到账实相符，防止差错和质变。对于大堆材料，如砖、瓦、砂、石等，也应采取一些简单易行的计量方法，定期进行盘点。

（3）认真做好原始记录，保存好各种原始凭证。原始凭证是企业经济业务实际发生或完成情况的书面证明，是明确经济责任并据以记账的依据。必须根据部门分工，建立健全原始记录的填制、审核和交接等责任制度，使每项原始记录都有人负责。对施工经营管理过程中发生的各项经济业务，如对材料的验收、领退、转移和盘点，工时的消耗，机械设备的利用，费用的开支，月末已完工程的盘点等，都要正确及时地做好原始记录，以便正确计算材料消耗，合理分配工资和其他施工费用，做到物资进出有手续、工时消耗有数据、工完料清出成本。

9.1.4.4　健全企业内部成本核算的其他工作

（1）企业必须按月计算工程成本。企业一般应按月计算工程成本。内部独立核算的工业企业，机械施工和运输单位以及材料供应部门，按月计算产品、作业和材料成本的材料消耗和费用开支，应与工程、产品、作业量和材料采购数量的起讫日期一致，不得提前或延后。

（2）坚持实际成本原则。企业必须根据计算期内已完成工程，已完作业和材料采购的数量以及实际消耗和实际价格，计算工程、作业和材料的实际成本。不得以估计成本、预算成本或计划成本代替实际成本。

（3）计算口径一致原则。企业进行实际成本核算时，其实际成本的会计核算范围、项目设置和计算口径,应与国家有关财务制度、施工图预算、施工预算或成本计划取得一致。投标承包和投标包干的工程,其实际成本的会计核算范围、项目设置和计算口径,应与按中标价或合同编制的施工预算取得一致。

(4) 账册齐全,核算依据合规。企业及其内部独立核算单位对施工、生产经营过程中所发生的各项费用,必须设置必要的账册,以审核无误、手续齐全的原始凭证为依据,按照成本核算对象、成本项目、费用项目和单位进行核算,做到真实、准确、完整、及时。

(5) 会计处理方法保持一致。企业成本核算的各种处理方法,包括材料的计价,材料成本差异的调整,周转材料和低值易耗品的摊销,费用的分配,已完工程和未完工程的计算等,前后各期必须一致,不得任意变更。如需变更,需报经主管部门批准,并将变更的原因及其对成本和财务状况的影响,在当期的财务报告中加以说明。

## 9.1.5 工程成本核算的组织

### 9.1.5.1 工程成本核算的对象

为了正确组织工程成本核算,必须合理确定工程成本的核算对象。工程成本核算的对象,是指在工程成本的核算时,应该选择什么样的工程作为目标,来归集和分配生产费用,确定它的实际成本,也就是成本的归属对象。工程成本核算的对象既可以根据本企业施工组织的特点、所承包工程实际情况和工程价款结算办法来确定,也可以根据与施工图预算相适应的原则来决定。

一般来说,施工企业应该以每一个单位工程作为成本核算对象。但是,一个施工企业要承包多个建设项目,每个建设项目的具体情况往往很不相同,有的工程规模很大,工期很长;有的是一些规模较小,工期短的零星、改扩建工程;有的建设项目,在一个工地上有若干个结构类型相同的单位工程同时施工,交叉作业,共同耗用现场堆放的大堆材料等。因此,工程成本核算对象的确定,一般要根据与施工图预算相适应的原则,以每一独立编制施工图预算的单位工程为依据,根据承包工程的规模大小、结构类型、工期长短以及施工现场条件等具体情况,结合本企业施工的组织特点和加强承包管理的要求,确定建筑安装工程成本核算对象。具体地讲,主要有以下几种划分方法:

(1)建筑安装工程一般应以每一个独立编制施工图预算的单位工程成本为核算对象。

(2)一个单位工程由几个施工单位共同施工时,各施工单位都应以同一单位工程成本为核算对象,各自核算自行完成的部分。

(3)规模大、工期长的单位工程,可以将工程划分为若干部位,以分部工程作为成本核算对象。

(4)同一建设项目,由同一单位施工、同一施工地点、同一结构类型、开竣工时间相近的若干个单位工程,可以合并作为一个成本核算对象。

(4)改建、扩建零星工程,可以将开竣工时间接近、属于同一建设项目的各个单位工程合并作为一个成本核算对象。

(5)土石方工程与打桩工程,可以根据实际情况和管理需要,以一个单位工程成本为核算对象,或将同一施工地点的若干个工程量较小的单位工程合并作为一个成本核算对象。

(6)独立施工的装饰工程的成本核算对象,应与土建工程成本核算对象一致。

(7)工业设备安装工程,可按单位工程或专业项目,如机械设备、管道、通风设备的安装等作为工程成本核算对象。变电所、配电站、锅炉房等可按所、站、房等安装工程作为成本核算对象。

工程成本核算的对象一经确定,在一定期限内不能随意更改;若要更改应及时通知施工企业内部相关部门,以统一工程成本的核算口径,减少因此造成的成本分析和考核上的潜在矛盾。为了集中反映各个工程成本核算对象的成本发生情况,财务部门应当为每一个成本核算对象分别设置工程成本明细账,并按照成本项目设置专栏来组织核算。另外，所有的原始记录都必须按照规定的成本核算对象写清楚，以便于归集和分配成本费用。

#### 9.1.5.2 工程成本核算的组织

施工企业工程成本核算的组织，主要有三级核算体制和两级核算体制两种。

（1）三级核算体制。在实行公司、分公司、项目经理部三级管理体制的企业一般可以把工程成本计算工作划归分公司，实行总公司汇总企业的生产成本，分公司计算工程成本，项目经理部计算本项目发生的工料等直接费用。具体地说，总公司汇总企业的生产成本，指导所属各个分公司建立健全成本管理制度，汇总成本报表，全面进行生产成本的分析；分公司和附属生产单位负责计算工程成本，编制成本报表和竣工决算，进行工程成本核算与分析；项目经理部负责计算工料等直接费用，签发工程任务单和定额领料单，根据人工、材料、机械使用的原始记录，开展班组经济核算，办理设计变更、材料代用等技术经济签证手续，分析工料成本节约或超支的原因。也可以扩大核算范围，计算工程成本。

（2）两级核算体制。在实行公司、项目经理部两级管理体制的企业，一般可在项目经理部（或施工队）计算工程成本，公司进行全面的成本核算工作，汇总核算全部工程、作业的实际生产成本。项目经理部核算工程、作业的直接费用及现场管理费用，及时向公司提供成本核算资料。

无论由哪一个层次核算工程成本，各级会计人员都要关心并协助工人搞好班组经济核算，记录好工、料耗用量，分析节约或超支的原因，使工程成本有广泛扎实的群众基础。

### 9.1.6 工程成本核算设置的账户及程序

#### 9.1.6.1 工程成本核算设置的账户

（1）"工程施工"账户。该账户用来核算施工企业（建造承包商）实际发生的合同成本和合同毛利。该账户（账户）分别按

"合同成本"、"间接费用"、"合同毛利"设置明细账,进行明细核算。

企业进行合同建造时发生的人工费、材料费、机械使用费以及施工现场材料的二次搬运费、生产工具和用具使用费、检验试验费、临时设施折旧费等其他间接费用,借记该账户(合同成本),贷记"应付职工薪酬"、"原材料"等账户。

发生的施工、生产单位管理人员职工薪酬、固定资产折旧费、财产保险费、工程保修费、排污费等间接费用,借记"工程施工"账户(间接费用),贷记"累计折旧""银行存款"等账户。会计期末,将间接费用分配记入有关合同成本,借记"工程施工"账户(合同成本),贷记"工程施工"账户(间接费用)。

确认合同收入、合同费用时,借记"主营业务成本"账户,贷记"主营业务收入"账户,按其差额,借记或贷记"工程施工"(合同毛利)账户。

合同完工时,应将该账户余额与相关工程施工合同的"工程结算"账户对冲,借记"工程结算"账户,贷记"工程施工"账户。

该账户期末借方余额,反映企业尚未完工的建造合同成本和合同毛利。

(2)"机械作业"账户。该账户用来核算施工企业(建造承包商)及其内部独立核算的施工单位、机械站和运输队使用自有施工机械和运输设备进行机械作业(包括机械化施工和运输作业等)所发生的各项费用。企业及其内部独立核算的施工单位,从外单位或本企业其他内部独立核算的机械站租入施工机械发生的机械租赁费,直接在"工程施工"账户核算。

"机械作业"账户可按施工机械或运输设备的种类进行设置明细账明细核算。施工企业内部独立核算的机械施工、运输单位使用自有施工机械或运输设备进行机械作业所发生的各项费用,可按成本核算对象和成本项目进行归集。成本项目一般分为人工费、燃料及动力费、折旧及修理费、其他直接费用、间接费用(为组织和管理机械作业生产所发生的费用)。

企业发生机械作业支出时,借记"机械作业"账户,贷记"原材料"、"应付职工薪酬"、"累计折旧"等账户。

会计期末,企业及其内部独立核算的施工单位、机械站和运输队为本单位承包工程进行机械化施工和运输作业的成本,应转入承包工程的成本,借记"工程施工"账户,贷记"机械作业"账户。对外单位、专项工程等提供机械作业(包括运输设备)的成本,借记"劳务成本"账户,贷记"机械作业"账户,该账户期末应无余额。

### 9.1.6.2 工程成本核算的一般程序

工程成本核算的程序,是指施工企业及其所属施工单位有关部门的成本核算人员,根据成本核算的体制和成本核算的职责,在具体组织工程实际成本核算时所应遵循的次序和步骤。也就是对各种生产费用进行审核、控制,并将按照经济用途进行归类,记入各成本核算对象、各成本项目的过程所应遵循的步骤。工程成本核算一般分为工程成本的总分类核算和明细分类核算。

(1) 工程成本总分类核算的程序如下:

①在会计期末,将本期发生的各项施工费用,按其用途归集到有关成本、费用账户。

②在会计期末,将归集在"生产成本——辅助生产成本"账户中的辅助生产费用,按照受益对象和受益数量,经分配后,转入"工程施工"、"机械作业"等账户。

③在会计期末,将归集在"待摊费用"账户的各项费用,按照一定的标准,分摊记入"工程施工"、"机械作业"账户。

④在会计期末,应将由本月成本负担的"预提费用",转入有关成本、费用账户。

⑤在会计期末将归集在"机械作业"账户中的各项费用,按照受益对象和受益数量进行分配,记入"工程施工"账户。

⑥在会计期末,计算确定本期已完工工程的实际成本,并将已

经完工的实际成本从"工程施工"账户的贷方结转到"工程结算"账户的借方。尚未完工的工程实际成本仍然保留在"工程施工"账户中,不予结转。

(2) 工程成本明细分类核算的程序。

施工企业应当按照成本核算对象设置工程成本明细账(卡),按照施工机械或运输设备的种类设置"机械作业明细账",按照费用的种类或项目设置待摊费用明细账、间接费用明细账等,用于归集和分配各项施工生产费用。工程成本明细分类核算的程序如下:

①根据各种费用的原始凭证和有关费用分配计算表,将本期发生的施工费用,按照用途分别记入工程成本明细账(卡)、机械作业明细账、待摊费用明细账、预提费用明细账、间接费用明细账等。

②根据待摊费用明细账,编制待摊费用计算表,按照一定的标准分配记入工程成本明细账(卡)、机械作业明细账、间接费用明细账"等。

③编制预提费用计算表,预提应当由本期承担的工程成本,分别记入工程成本明细账(卡)、机械作业明细账、间接费用明细账等。

④根据机械作业明细账和机械使用台账,编制机械使用分配表,将应当由成本核算对象承担的机械使用费分别记入工程成本明细账(卡)。

⑤根据间接费用明细账编制间接费用明细表,将归集在"工程施工——合同成本——间接费用"账户下的间接费用,分别记入各成本核算对象的工程成本明细账(卡)。

⑥在会计期末,各项施工费用全部记入工程成本明细账(卡)后,计算各个成本核算对象的本期已经完工工程的实际成本,并编制工程成本表,将已经完工的工程成本卡抽出归档保管。

## 9.2 施工企业材料费和人工费实账模拟

### 9.2.1 施工企业材料费的核算

#### 9.2.1.1 材料费的含义

工程成本中的"材料费"项目,包括在施工过程中耗用、构成工程实体或有助于工程形成的各种主要材料、结构件的实际成本以及周转材料的摊销及租赁费用。施工企业建筑安装活动中需要耗费大量的材料,材料品种非常多,大堆材料的比重大,各工程往往在同一施工现场、同一时间进行施工。因此,材料费应按照材料费领用的不同情况进行归集、分配,并建立健全材料物资的管理制度。

施工企业材料费的核算内容包括工程成本中材料费的归集和分配两项内容。

#### 9.2.1.2 材料费用的归集方法

(1) 凡能点清数量和分清用料对象的,直接用于工程的材料,如钢材、木材、水泥,通常都可以分别按成本核算对象直接进入各工程的材料费项目中。

(2) 凡能点清数量、集中配料或统一下料的,如油漆、玻璃、木材等,应在领料凭证上注明"工程集中配料"字样,月末由材料管理人员或领用部门,根据用料情况,结合材料消耗定额,编制集中配料耗用分配表,在各个成本核算对象之间进行分配。

(3) 凡不能点清数量,也很难立即分清用料对象的一些大堆材料,如砖、瓦、白灰、砂石等,几个单位工程共同使用,则先由材料员或领料部门验收保管,月末实地盘点结存数量,然后根据月初结存数量与本月进料数量,倒轧本月实际数量,结合材料耗用定额,编制大堆材料耗用计算单,据以记入各成本核算对象的成本。

(4) 对于其他不能点清数量的材料,也需要采用适当的方法分配记入各工程成本材料费项目。用于辅助生产部门、机械作业部门的各种材料应分别记入"辅助生产"、"机械作业"账户的借方。

(5) 实行材料节约奖的企业，应按材料节约的数额，直接记入各成本核算对象。

(6) 成本计算期内已办理领料手续，但没有全部耗用的材料，应在期末进行盘点，填制退料单，作为办理退料的凭证，据以冲减本期材料费。工程施工后的剩余材料，应填制退料单，办理退料手续。施工过程中发生的残次料和包装物等，应尽量回收利用，并填制废料交库单估价入账，并冲减工程材料费。

(7) 周转材料，应根据各工程成本核算对象在用的数量，按照规定的摊销方法计提当月的摊销额，并编制各种周转材料摊销计算表。

月末，财会部门必须严格审核各种领退料凭证，并根据各种领料凭证、退料凭证及材料成本差异，编制材料费分配表，计算受益对象应分配的材料费。

#### 9.2.1.3 材料费用的分配方法

材料费用的分配就是定期地将审核后的领料凭证，按材料的用途归类，并将应记入工程成本的材料费用记入工程成本，将不应记入工程成本的材料费记入各费用项目。具体分配方法如下：

①周转材料应按受益的工程项目采用适当的方法计算摊销额记入各工程成本的材料费项目。租用周转材料的租赁费，应直接记入受益工程项目。

②低值易耗品的摊销可直接记入工程成本，应记入"工程施工"、"机械作业"等账户的借方。

③材料费用的分配一般是根据各种领料凭证按各个成本计算对象汇总编制耗用材料分配表，汇总计算各成本计算对象耗用材料计算成本和分摊的材料成本差异。据以记入各项工程成本的材料费项目。

【例9-1】2010年12月，四川东方建筑工程公司第一工程处根据审核无误的各种领料凭证、大堆材料耗用分配表、周转材料摊销分配表等汇总编制材料费用分配表，见表9-1。

表9-1　　　　　　　　　　材料费用分配表

单位：第一工程处　　　　2010年12月　　　　　　　　单位：千元

| 核算对象 | 主要材料 |  |  |  |  |  |  |  | 水泥预制件 |  | 其他材料 |  | 合计 |  |  |
|---|---|---|---|---|---|---|---|---|---|---|---|---|---|---|---|
|  | 钢材 |  | 水泥 |  | 其他主要材料 |  | 合计 |  |  |  |  |  |  |  |  |
|  | 计划成本 | 成本差异 | 计划成本 | 成本差异 | 计划成本 | 成本差异 | 计划成本 | 成本差异 | 计划成本 | 成本差异 | 计划成本 | 成本差异 | 计划成本 | 成本差异 |  |
|  |  | -1% |  | 2% |  | -4% |  | -1.5% |  | -1% |  | 5% |  | 超支 | 节约 |
| 甲工程 | 120 | -1.2 | 50 | 1 | 15 | -0.6 | 185 | 2.775 | 350 | -3.5 | 8 | 0.4 | 543 | 3.175 | -3.5 |
| 乙工程 | 90 | -0.9 | 30 | 0.6 | 12 | -0.48 | 132 | 1.98 | 70 | -0.7 | 3 | 0.15 | 205 | 2.13 | -0.7 |
| 合计 | 210 | -2.1 | 80 | 1.6 | 27 | -1.08 | 317 | 4.755 | 420 | -4.2 | 11 | 0.55 | 748 | 5.305 | -4.2 |

根据表9-1中的资料编制如下会计分录：

(1) 确认甲工程应承担的各种材料费用：

借：工程施工——甲工程——材料费　　　　543 000
　　贷：原材料——主要材料　　　　　　　　　　185 000
　　　　　　——结构件　　　　　　　　　　　　350 000
　　　　　　——其他材料　　　　　　　　　　　　8 000

(2) 对甲工程应该承担的材料成本差异进行调查：

借：工程施工——甲工程——材料费　　　　3 175
　　贷：材料成本差异——主要材料　　　　　　2 775
　　　　　　　　　　——其他材料　　　　　　　400
借：工程施工——甲工程——材料费　　　　3 500
　　贷：材料成本差异——结构件　　　　　　　3 500

(3) 确认乙工程应承担的各种材料费用：

借：工程施工——乙工程——材料费　　　　205 000
　　贷：原材料——主要材料　　　　　　　　　　132 000

　　　　　——结构件　　　　　　　　　　　　　70 000
　　　　　——其他材料　　　　　　　　　　　　3 000
　（4）对乙工程应该承担的材料成本差异进行调整：
　　借：工程施工——甲工程——材料费　　　　2 130
　　　贷：材料成本差异——主要材料　　　　　　　1 980
　　　　　　　　　　　——其他材料　　　　　　　　150
　　借：工程施工——乙工程——材料费　　　　　700
　　　贷：材料成本差异——结构件　　　　　　　　 700

### 9.2.2　施工企业人工费的核算

#### 9.2.2.1　人工费的含义及内容

　　工程成本中的人工费，是指在施工过程中直接参加施工生产的建筑安装工人以及在施工现场直接为工程制作构件和运料、配料等辅助生产工人的工资、工资性补贴、职工福利费及劳动保护费等。具体包括：

　　（1）基本工资，也称标准工资。它是指按照规定的标准计算的工资，包括基础工资、职务工资和工龄津贴，是职工的基本收入。基本工资又分为计时工资和计件工资两种形式。

　　（2）经常性奖金。它是指对完成和超额完成工作量以及有关技术指标的职工而支付的各种奖励性报酬。如超产奖、质量奖、安全（无事）奖、考核各项经济技术指标综合奖、提前竣工奖、年终奖、节约奖、劳动竞赛奖等。

　　（3）津贴。它是指为了补偿职工额外或特殊的劳动消耗，鼓励职工安心于劳动强度大、条件艰苦的工作岗位而支付给职工的各种津贴。如野外津贴、夜班津贴和技术性津贴等。

　　（4）补贴。它是指为保证职工的工资水平不受物价的影响而支付给职工的各种物价补贴。

　　（5）加班加点工资。它是指按规定支付给职工的加班工资和加点工资。

(6) 特殊情况下支付的工资。它是指根据国家法律法规和政策的规定，在非工作时间内支付给职工的基本工资和其他工资。

#### 9.2.2.2 人工费的归集与分配

人工费用计入成本的方法，一般应根据企业实行的具体工资制度确定。

(1) 如果施工企业采用的是计件工资制度，人工费的受益对象容易确定，根据工程任务单和工程结算汇总表，将所归集的人工费用直接计入到工程成本中去。借记"工程施工——合同成本——××工程——人工费"账户，贷记"应付职工薪酬"等账户。

(2) 如果施工企业采用的是计时工资制度，如果能够正确区分工人劳动的服务对象，就可以采用和计件工资制度下同样的方法，直接将人工费记入"工程施工"账户中去。如果建筑安装工人同时为多项工程工作，就需要将发生的工资在各个核算对象之间进行分配。分配的方法是按照当月工资总额和工人的出勤日数计算出平均日工资，然后乘以各工程当月实际用工数就可求得。关于施工企业职工薪酬的计算方法，可参见本书第七章职工薪酬的相关内容。分配人工费的计算公式是：

$$工人日平均工资 = \frac{当月全部计时工资总额}{安装工人实际出勤日数}$$

应负担的人工费 = 该成本核算对象当月实际耗费的工作日数 × 日平均工资

【例9-2】2010年12月，四川东方建筑工程公司第一工程处本年度有甲、乙两个单位工程，分别计算工程成本。本月发生的人工资料如下：

(1) 本月为折弯钢筋件支付的计件工资为24 000元，这批钢筋件甲工程耗用5吨，乙工程耗用3吨。

$$工资分配标准 = \frac{24\ 000}{3+5} = 3\ 000（元）$$

人工费分配表见表 9-2。

表 9-2　　　　　　人工费分配表（计件工资）
单位：第一工程处　　　2010 年 12 月　　　　　　　单位：元

| 计件工资项目 | 甲工程 | 乙工程 |
|---|---|---|
| 钢筋折弯工资 | 15 000 | 9 000 |
| 合计 | 15 000 | 9 000 |

（2）本月发生计时工资 60 000 元，其中甲工程耗用 2 200 工时、乙工程耗用 1 800 工时。见表 9-3。

表 9-3　　　　　　人工费分配表（计时工资）
单位：第一工程处　　　2010 年 12 月　　　　　　　单位：元

| 成本核算对象 | 耗用工时 | 平均工时工资 | 分配人工费 |
|---|---|---|---|
| 甲工程 | 2 200 |  | 33 000 |
| 乙工程 | 1 800 | 15 | 27 000 |
| 合计 | 4 000 |  | 60 000 |

注：表中平均工时工资 = $\dfrac{60\ 000}{2\ 200 + 1\ 800}$ = 15（元/工时）。

甲工程应承担人工费 = 15 000 + 33 000 = 48 000（元）
乙工程应承担人工费 = 9 000 + 27 000 = 36 000（元）
根据上述人工费分配表编制如下会计分录：
　借：工程施工——合同成本——甲工程——人工费
　　　　　　　　　　　　　　　　　　　　48 000
　　　　　　　　　　　　——乙工程——人工费
　　　　　　　　　　　　　　　　　　　　36 000
　　贷：应付职工薪酬——职工工资　　　　84 000

## 9.3 施工企业机械使用费实账模拟

### 9.3.1 机械使用费的含义及内容

#### 9.3.1.1 机械使用费的含义

工程成本项目中的机械使用费,是指建筑安装工程施工过程中机械所发生的费用(包括机上操作人员人工费,燃料、动力费,折旧与修理费,替换工具、部件费,润滑剂擦拭材料费,安装、拆卸及辅助设施费,养路费,牌照税,使用外单位施工机械的租赁费,以及保管机械而发生的保管费等)和按照规定支付的施工机械进出场费等。

#### 9.3.1.2 机械使用费的内容

为了便于与预算数对比分析,机械使用费的内容要和机械台班费定额中规定的内容相同。机械使用费一般包括:

(1) 人工费。它是指施工设备操作人员的工资和职工福利费。

(2) 燃料、动力费。它是指施工机械耗用的燃料、动力费。

(3) 材料费。它是指施工机械耗用的润滑材料和擦拭材料等。

(4) 折旧与修理费。它是指对施工机械计提的折旧费、大修理费用摊销和发生的经常修理费,以及租赁施工机械的租赁费。

(5) 替换工具、部件费。它是指施工机械上使用的传动皮带、轮胎、橡皮管、钢丝绳、变压器、开关、电线、电缆等替换工具和部件的摊销和维修费。

(6) 运输装卸费。它是指将施工机械运到施工现场、远离施工现场(若运往其他现场,运出费用由其他施工现场的工程成本负担)和在施工现场范围内转移的运输、安装、拆卸及试车等费用。

(7) 辅导设施费。它是指为使用施工机械而建造、铺设的基础、底座、工作台、行走轨道等费用。施工机械的辅导设施费,如果数额较大,也应先记入"待摊费用"、"递延资产"或"长期待摊费用"账户,然后按照在现场内施工的期限,分次从"待摊费用"、"递延资产"或"长期待摊费用"账户转入"机械作业"或"生产成本——机械作业成本"账户，摊入各月工程成本。

（8）车船税。它是指为施工运输机械（如铲车等）而缴纳的车船税。

（9）间接费用。它是指机械施工单位组织机械施工、保管机械发生的费用和停机棚的折旧、修理费等。如果是内部独立核算单位，应设置间接费用明细分类账，进行明细分类核算。

至于施工机械所加工的各种材料，如搅拌混凝土时所用的水泥、砂、石等，应记入工程成本的"材料费"项目，为施工机械担任运料、配料和搬运成品的工人的工资，应记入工程成本的"人工费"项目。

### 9.3.2 施工机械的管理与分类

#### 9.3.2.1 施工机械的管理

目前，对施工机械的管理一般分为对中小型施工机械和大型施工机械两种管理方法。

（1）一般中小型机械如小型挖土机、机动翻斗车、混凝土搅拌机、砂浆搅拌机等，由土建施工单位使用并负责管理。

（2）大型机械和数量不多的特殊机械设备如大型挖土机、推土机、压路机、大型吊车、升板滑模设备等，由机械施工单位负责管理，根据各土建施工单位施工的需要，由机械施工单位进行施工，或将机械租给土建施工单位，向土建施工单位结算机械台班费或机械租赁费。

#### 9.3.2.2 施工机械的分类

施工企业使用的施工机械分为租赁的（包括向企业外部和向企业内部独立核算的机械供应站租赁）和自行管理的两种。对于施工企业各工程项目租赁施工机械而支出的租赁和进出场费，应根据结算账单直接计入有关各工程成本"机械使用费"项目，不通过"机械作业"账户。账户处理如下：

借：工程施工——合同成本——××工程（机械使用费）
　　贷：银行存款

对于自有施工机械，其使用过程中发生的费用应首先按机组或单机归集，计算每台班的实际成本，然后根据各个成本核算对象使用台班数，确定应记入各个成本核算对象的机械使用费。进行机械作业所发生的各项费用的归集和分配，通过"机械作业"账户进行，并按照机械设备的类别设置明细账，按规定的成本项目归集费用。费用项目的确定通常应和机械台班预算定额的构成内容一致，以便计算出来的台班实际成本与定额相比较，费用发生记入该账户的借方；月末根据归集的费用和设备作业时间计算各类机械的台班成本或按适当的标准分配记入各类工程成本的"机械费用"项目，同时记入"机械作业"账户的贷方。

### 9.3.3　施工使用费的分配方法

9.3.3.1　按施工机械的实际台时（或完成工程量）分配机械使用费

月末，根据各类机械明细账借方发生额及实际作业台班数计算台班成本，编制机械使用费分配表（见表 9-5）并记入"工程施工——合同成本"账户借方及工程成本计算单的"机械使用费"项目内（见表 9-7）。同时记入"机械作业"账户贷方。当月"机械作业"账户发生的费用一般当月分配完毕，月末没有余额。

【例 9-3】2010 年 12 月，北方建筑工程公司第一工程处的一台吊车和一台铲车分别对本公司的甲、乙两处工程进行了机械作业。"机械作业——吊车机械使用费"明细账户（见表 9-4）的借方发生额为 47 380 元，吊车实际作业情况为甲工程 132 小时、乙工程 68 小时。"机械作业——铲车机械使用费"明细账户的借方发生额为 60 000 元，铲车实际作业情况为甲工程 90 小时、乙工程 160 小时。

表9-4　　　　机械作业——吊车机械使用费明细账

2010年12月份　　　　　　　　　　单位：元

| 日期 | | 摘要 | 借方 | | | | | | 贷方账户 |
|---|---|---|---|---|---|---|---|---|---|
| 月 | 日 | | 人工费 | 燃料及动力费 | 折旧及修理费 | 其他直接费用 | 间接费用 | 合计 | |
| 6 | 6 | 材料分配表 | | 16 000 | | | | 16 000 | |
| | 8 | 修理车间转来的修理费 | | | 3 500 | | | 3 500 | |
| | 19 | 低值易耗品摊销表 | | | 4 600 | | | 4 600 | |
| | 20 | 操作工工资 | 2 200 | | | | | 2 200 | |
| | 15 | 安装拆卸费结算单 | 300 | | | | | 300 | |
| | 30 | 应由吊车承担的其他直接费用与间接费用 | | | | 3 400 | 2 380 | 5 780 | |
| | 30 | 本月吊车折旧 | | | 15 000 | | | 15 000 | |
| | 30 | 将机械作业费用结转 | | | | | | | 47 380 |
| | | 本月合计 | 2 500 | 16 000 | 23 100 | 3 400 | 2 380 | 47 380 | 47 380 |

该公司编制的机械使用费分配表见表9-5，并进行相应的账务处理。

表9-5　　　　　机械使用费分配表

2010年12月份　　　　　　　　　　单位：元

| 受益对象 | 吊车 | | | 铲车 | | | 合计 |
|---|---|---|---|---|---|---|---|
| | 台时数 | 每台时成本 | 金额 | 台时数 | 每台时成本 | 金额 | |
| 甲工程 | 132 | 236.90 | 31 270.80 | 90 | 240 | 21 600.00 | 52 870.80 |
| 乙工程 | 68 | | 16 109.20 | 160 | | 38 400.00 | 54 509.20 |
| 合计 | 200 | | 47 380.00 | 250 | | 60 000.00 | 107 380.00 |

（1）依据机械使用费分配表，对甲工程应分摊的机械使用费进行如下账务处理：

　　借：工程施工——合同成本——甲工程　　52 870.80
　　　　贷：机械作业——吊车机械使用费　　　　　31 270.80

——铲车机械使用费　　　　　　21 600.00
　（2）依据机械使用费分配表，对乙工程应分摊的机械使用费进行如下账务处理：
　　借：工程施工——合同成本——乙工程　　54 509.20
　　　贷：机械作业——吊车机械使用费　　　　16 109.20
　　　　——铲车机械使用费　　　　　　　　　38 400.00

#### 9.3.3.2　计划机械使用费与实际机械使用费的差额调整

　　先按机械的计划台时费对机械使用费进行分配，然后依据计划机械使用费与实际机械使用费之间的比值调整为实际机械使用费的方法。

　　为了简化计算手续，对于各种中型施工机械的机械使用费，可在月终先根据机械使用月报中各种机械的工作台时（或完成工程量）合计和该种机械台时费计划数，计算出当月按台时费计划数计算的机械使用费合计，再计算实际发生的机械使用费占按台时费计划数计算的机械使用费计划数合计的百分比，然后将各个成本计算对象按台时费计划数计算的机械使用费计划数，按算得的百分比加以调整：

　　按台时费计划数计算的机械使用费合计
　　　= ∑（机械工作台时合计 × 该机械台时费计划数）

　　某项目应分配的机械使用费
　　　= ∑该项工程使用机械的工作台时 × 机械台时费计划数
　　　　$\times \dfrac{\text{实际发生的机械使用费}}{\text{按台时费计划数计算的机械使用费合计}}$

　　具体操作步骤如下：
　　（1）确定各种施工机械每种台时费计划数；
　　（2）求出各种施工机械按台时费计划数计算的机械使用费合计；
　　（3）根据机械作业明细分类账汇总计算实际发生的机械使用费；

(4) 计算机械使用费实际数占按台时费计划数计算的百分比;

(5) 将各种成本计算对象按台时费计划数计算的机械使用费,按计算的百分比加以调整;

(6) 编写相关机械使用费分配的会计分录。

【例9-4】四川东方建筑工程公司机械施工的情况如表9-6所示,2010年12月该企业机械作业明细分类账汇总计算实际发生的机械使用费为37 560元。

表9-6　　　　　　　机械使用费资料

2010年12月份　　　　　　单位:元

| 施工机械名称 | 机械计划台时费（元/台时）① | 本期实际使用台时费（台时）② 甲工程 | 乙工程 | 丙工程 | 合计 | 合计 ③=①×② | 实际机械施工费 |
|---|---|---|---|---|---|---|---|
| 履带挖土机 | 50 | 280 | 70 | 30 | 380 | 19 000 | 23 600 |
| 混凝土搅拌机 | 15 | 90 | 40 | 50 | 180 | 2 700 | 2 500 |
| 吊车 | 80 | 80 | 40 | 0 | 120 | 9 600 | 11 460 |
| 合计 | | | | | | 31 300 | 37 560 |

依据表9-6中的数据,先按机械的计划台时费对机械使用费进行分配,然后依据计划机械使用费与实际机械使用费之间的比值调整为实际机械使用费,并进行相应的账务处理。

计算与处理的步骤如下:

(1) 各种施工机械按台时费计划数计算的机械使用费合计为31 300元。

(2) 该企业机械作业明细分类账汇总计算的实际发生的机械使用费为37 560元。

(3) 机械使用费实际数占按台时费计划数计算的百分比为1.2 (37 560÷31 300)。

(4) 各成本计算对象按台时费计划数计算的机械使用费,按算得的百分比加以调整后的结果见表9-7。

表9-7　　　　　　　机械使用费分配表

2010年12月份　　　　　　　单位：千元

| 工程名称 | 履带挖土机 |  |  | 混凝土搅拌机 |  |  | 吊车 |  |  | 按计划数计算的机械使用费总额 | 调整比例 | 调整后的机械使用费 |
|---|---|---|---|---|---|---|---|---|---|---|---|---|
|  | 计划数(元/台) | 实际工时 | 总费用 | 计划数(元/台) | 实际工时 | 总费用 | 计划数(元/台) | 实际工时 | 总费用 |  |  |  |
| 甲工程 | 50 | 280 | 14 | 15 | 90 | 1.35 | 80 | 80 | 6.4 | 21.75 | 1.2 | 26.1 |
| 乙工程 |  | 70 | 3.5 |  | 40 | 0.6 |  | 40 | 3.2 | 7.3 |  | 8.76 |
| 丙工程 |  | 30 | 1.5 |  | 50 | 0.75 |  | 0 | 0 | 2.5 |  | 2.7 |
| 合计 |  | 380 | 19 |  | 180 | 2.7 |  | 120 | 9.6 | 31.3 |  | 37.56 |

根据表9-7编制如下会计分录：

借：工程施工——合同成本——甲工程　　　26 100
　　　　　　　　　　　　——乙工程　　　 8 760
　　　　　　　　　　　　——丙工程　　　 2 700
　贷：机械作业——挖土机　　　　　　　　23 600
　　　　　　　——搅拌机　　　　　　　　 2 500
　　　　　　　——吊车　　　　　　　　　11 460

## 9.4　施工企业其他直接费和辅助生产费用实账模拟

### 9.4.1　施工企业其他直接费的账务处理

其他直接费是指不包括在人工费、材料费、机械使用费项目内，在预算定额以外，在施工现场发生的材料二次搬运费、临时设施摊销费、生产工具用具使用费、检验试验费、工程定位复测费、工程点交费及场地清理费等。

施工企业发生的其他直接费，凡是能分清成本对象的，应直接记入各受益的工程成本核算对象下的"其他直接费用"项目中。当由于是几个工程共同发生，不能直接确定成本核算对象的其他直接费时,可以先汇总在"其他直接费"明细账中归集,并按照定额用量预算费用或以工程的工料成本作为分配基数,月末或竣工时编制其他直接费用分配表分配记入各成本核算对象。

【例 9-5】 四川东方工程建筑公司第一工程处,本月发生其他直接费 19 000 元。其中,分配给 1 号工程 12 000 元、2 号工程 7 000元。账务处理如下:

借:工程施工——合同成本——1 号工程　　　12 000
　　　　　　　　　　　　——2 号工程　　　　7 000
　　贷:工程施工——合同成本——其他直接费　　19 000

## 9.4.2　施工企业辅助生产费用的账务处理

施工企业一般都设置若干个非独立核算的辅助生产部门。辅助生产部门主要为工程施工服务,包括机修车间、木工车间、供水站、供电站、混凝土搅拌站、运输队等,为工程施工、管理部门、企业内部其他部门提供产品(如材料、构件、水、电等)和劳务(设备维修、安装)等。

### 9.4.2.1　辅助生产费用的归集

辅助生产部门所发生的各项费用的归集和分配,首先通过"生产成本——辅助生产"账户进行,并按辅助生产车间、单位和产品、劳务的品种设置三级明细账,按规定的成本项目归集费用。

对于辅助生产费用金额较大、业务发生频繁的企业,在不违反会计准则中确认、计量和报告规定的前提下,也可以根据本单位的实际情况单独设立"辅助生产成本"账户。

辅助生产费用发生后,记入"辅助生产成本"账户的借方,月末根据归集的费用计算产品、劳务的总成本和单位成本,然后再按照各工程和部门的受益数量分配记入各项工程成本、机械作业成本以及其他费用项目中,同时记入"辅助生产成本"账户的贷方。期末若有借方余额,为在产品实际成本。

### 9.4.2.2 辅助生产费用的分配

辅助生产费用常用的分配方法有直接分配法、一次交互分配法、计划成本分配法和代数分配法等。由于施工企业辅助生产一般规模较小,品种比较单一,各辅助生产单位之间相互服务数量也较少,因此,多采用直接分配法。

所谓直接分配法,是指将各辅助生产单位实际发生的全部费用,直接分配给辅助生产单位以外的各受益单位,而不考虑各辅助生产单位之间相互提供服务情况的一种分配方法。

【例 9-6】四川东方建筑工程公司运输队本月发生各种费用共 261 900 元,已根据有关凭证登记入账,见表 9-8。

表 9-8　　　　　　辅助生费用明细账

类别：运输费　　　　2010 年 12 月份　　　　单位：元

| 日期 | | 凭证及摘要 | 借方 | | | | | | 贷方 |
|---|---|---|---|---|---|---|---|---|---|
| 月 | 日 | | 人工费 | 燃料及动力费 | 折旧及修理费 | 其他直接费 | 间接费用 | 合计 | |
| 6 | 10 | 修理费 | | | 33 800 | | | 33 800 | |
| 6 | 11 | 低值易耗品摊销 | | | 800 | | | 800 | |
| 6 | 30 | 材料分配表 | | 134 500 | | 1 600 | | 136 100 | |
| 6 | 30 | 折旧计算表 | | | 17 200 | | | 17 200 | |
| 6 | 30 | 工资分配表 | 71 800 | | | | | 71 800 | |
| 6 | 30 | 分配制造费用 | | | | | | | |
| 6 | 30 | 分配运输费 | | | | | 2 200 | 2 200 | |
| | | | | | | | | | 261 900 |
| | | 合计 | 71 800 | 134 500 | 51 800 | 1 600 | 2 200 | 261 900 | 261 900 |

该公司发生的辅助生产费用时,进行的账务处理如下:

借:生产成本——辅助生产　　　　　　261 900
　　贷:原材料　　　　　　　　　　　　　　134 500

| | | |
|---|---|---|
| 应付职工薪酬 | | 71 800 |
| 累计折旧 | | 51 800 |
| 工程施工——合同成本——其他直接费用 | | 1 600 |
| 制造费用 | | 2 200 |

月末,根据各辅助生产明细账借方发生额及实际提供的产品、劳务数量,编制辅助生产费用分配表,见表9-9。

表9-9　　　　　　　辅助生产费用分配表
类别:运输费　　　　　2010年12月份　　　　　　单元:元

| 受益对象 | 收益数量<br>(吨千米) | 分配系数 | 金额 |
|---|---|---|---|
| 甲项目部 | 18 580 | | 92 900 |
| 乙项目部 | 12 380 | | 61 900 |
| 其中:1号工程 | 9 120 | 5元/吨千米 | 45 600 |
| 2号工程 | 3 260 | | 16 300 |
| 公司总部 | 21 420 | | 107 100 |
| 合计 | 52 380 | | 261 900 |

根据表9-9编制会计分录如下:
　　借:工程施工——合同成本——甲项目部　92 900
　　　　　　　　　　　　　　——乙项目部　61 900
　　　　管理费用　　　　　　　　　　　　 107 100
　　　贷:生产成本——辅助生产　　　　　　261 900

## 9.5　施工企业间接费用实账模拟

### 9.5.1　施工企业间接费用的内容

建筑安装工程成本中除了各项直接费外,还包括企业所属各施工单位,如工程处、施工队、项目经理部为施工准备、组织和管理施工生产所发生的各项费用。这些费用不能确定其为某项工程所应负担,因而无法将它直接记入各个成本计算对象。为了简化核算手续,可将它先记入"工程施工——间接费用"账户或"生产成本——工程施工成本——间接费用"账户,然后按照适当分配标准,将它记入各项工程成本。

为了编制施工单位间接费用计划,组织间接费用的明细分类核算,以便据以考核费用预算的执行结果,分析各项费用增减变动的原因,进一步节约费用开支,降低工程成本,间接费用应按有关规定分设如下明细项目:

(1) 临时设施摊销费。它是指为保证施工和管理的正常进行而建造的各种临时性生产和生活设施。如临时宿舍、文化福利及公用设施,仓库、办公室、加工厂,以及规定范围内的道路、水、电管线等临时设施的摊销费。

(2) 管理人员工资。它是指施工单位管理人员工资、奖金和工资性津贴。

(3) 职工福利费。它是指按照施工单位管理人员工资总额的14%提取的职工福利费。

(4) 劳动保护费。它是指用于施工单位职工的劳动保护用品和技术安全设施的购置、摊销和修理费,供职工保健用的解毒剂、营养品、防暑饮料、洗涤肥皂等物品的购置费或补助费,以及工地上职工洗澡、饮水的燃料费等。

(5) 办公费。它是指施工单位管理部门办公用的文具、纸张、账表、印刷、邮电、书报、会议、水电、烧水和集体取暖(包括现场临时宿舍取暖)用煤等费用。

(6) 差旅交通费。它是指施工单位职工因公出差期间的差旅费、住勤补助费,市内交通费和误餐补助费,职工探亲路费,劳动力招募费,职工离退休、退职一次性路费,工伤人员就医路费,工地转移费,以及现场管理使用交通工具的油料、燃料、养路费及牌照费等。

(7) 折旧费。它是指施工单位施工管理和试验部门等使用属于固定资产的房屋、设备、仪器，以及不实行内部独立核算的辅助生产单位的厂房等的折旧费。

（8）修理费。它是指施工单位施工管理和试验部门等使用属于固定资产的房屋、设备、仪器，以及不实行内部独立核算的辅助生产单位的厂房等的经常修理费和大修理费。

（9）物料消耗费。它是指施工单位施工管理和试验部门等使用不属于固定资产的工具、器具、家具和检验、试验、测绘、消防用具等的购置、摊销和维修费。

（10）保险费。它是指施工管理用财产、车辆保险费，以及海上、高空、井下作业等特殊工种安全保险费。

（11）工程保修费。它是指工程竣工交付使用后，在规定保修期以内的修理费用。

（12）其他费用。它是指上列各项费用以外的其他间接费用，如工程排污费等。

从间接费用明细项目中，可以看出它与材料费等变动费用不同。它属于相对固定的费用，其费用总额并不随着工程量的增减而成比例的增减。但就单位工程分摊的费用来说，则随着工程数量的变动成反比例的变动，即完成工程数量增加，单位工程分摊的费用随之减少；反之，完成工程数量减少，单位工程分摊的费用随之增加。因此，超额完成工程任务，也可以降低工程成本。

## 9.5.2　间接费用的归集和分配

### 9.5.2.1　间接费用的归集分配标准

间接费用属于共同费用，难以分清受益对象。为了归集和分配间接费用，企业应在"制造费用"账户下进行核算，汇总本期发生的各种间接费用，并按费用项目进行明细核算。

当间接费用发生时记入"制造费用"账户的借方。月末将归集的间接费用采用一定的标准全数分配，借记相应的工程成本项目，贷记"制造费用"账户，月末应该没有余额。其分配标准因工程类别不同而有所不同：①土建工程一般应以工程成本的直接费用为分配标准；②安装工程应以安装工程的人工费用为分配标准。

#### 9.5.2.2 间接费用分配过程

在实际工作中，由于施工单位施工的工程往往有土建工程和安装工程，有时辅助生产单位生产的产品或劳务可能还会对外销售，所以施工单位的间接费用一般要经过两次分配，一次是在不同类的工程、劳务和作业间进行分配，另一次是在同类的工程、劳务和作业间进行分配。

(1) 间接费用的第一次分配，将发生的全部间接费用在不同类的工程、劳务和作业间进行分配。一般是以各类工程、劳务和作业中的人工费为基础进行分配。其计算公式为：

$$\text{间接费用分配率} = \frac{\text{间接费总额}}{\text{各类工程（劳务、作业）成本中人工费总额}} \times 100\%$$

$$\text{某类工程应分配的间接费用} = \text{该类工程成本中的人工费} \times \text{间接费分配率}$$

(2) 间接费用的第二次分配，将第一次分配到各类工程、劳务和作业的费用再分配到本类的工程、劳务和作业中去。第二次分配是按各类工程、劳务和作业发生的直接费或人工费为基础进行分配的。其计算公式为：

①土建工程，以工程的直接成本（即人工费、材料费、机械使用费、其他直接费之和）实际发生数或已完工程直接费预算数为标准进行分配。

$$\text{间接费用分配率} = \frac{\text{建筑工程分配的间接费总额}}{\text{全部土建工程直接费总额}} \times 100\%$$

$$\text{某土建工程应分配的间接费用} = \text{该土建工程直接费} \times \text{间接费分配率}$$

②安装工程，以工程实际发生人工费或已完成人工费预算数作为标准分配。

$$\text{间接费用分配率} = \frac{\text{安装工程分配的间接费总额}}{\text{各安装工程人工费总额}} \times 100\%$$

$$\text{某安装工程应分配的间接费用} = \text{该安装工程人工费} \times \text{间接费分配率}$$

#### 9.5.2.3 其他归集分配方法

在实际核算工作中,对于间接费用的分配,若已给出间接费用定额,也可以采用先计算本月实际发生的间接费用与按间接费用定额计算的间接费用的百分比,再将各项建筑安装工程按定额计算的间接费用进行调整。即:

$$\text{某项工程本月应分配的间接费用} = \frac{\text{该项工程本月实际发生的直接费或人工费} \times \text{该项工程规定的间接费用定额}}{\sum (\text{各项工程本月实际发生的直接费或人工费} \times \text{各项工程规定的间接费用定额})} \times \text{本月实际发生的间接费用}$$

【例9-7】四川东方建筑工程公司道路工程处2010年12月只有甲、乙两处建筑工程,没有安装工程和劳务。本月间接费用发生情况如表9-10所示。该公司间接费用采用直接分配法。本月甲工程发生直接费用75 000元,乙工程发生直接费用65 000元。

表9-10　　　　　　　　间接费用明细账

单位名称:道路工程处　　　　　　　　　　　　　　　单位:千元

| 日期 | | 凭证及摘要 | 借方 | | | | | | | | 贷方 |
|---|---|---|---|---|---|---|---|---|---|---|---|
| 月 | 日 | | 工作人员工资 | 奖金 | 办公费差旅费 | 固定资产及工具使用费 | 劳动保护费 | 工程保修费 | 财产保险费 | 其他 | 合计 | |
| 6 | 9 | 工资汇总分配表 | 25.8 | 32.5 | | | | | | | 58.3 | |
| 6 | 12 | 以银行存款支付 | | | 12 | | 9.29 | 12.6 | 7.465 | 1.7 | 43.055 | |
| 6 | 15 | 以现金支付费用 | | | 6.825 | | 4.394 | 12.806 | | | 24.025 | |
| 6 | 30 | 折旧计算表 | | | | 6.8 | | | | | 6.8 | |
| 6 | 30 | 低耗品摊销表 | | | | | 1.62 | | | | 1.62 | |
| 6 | 30 | 材料汇总分配表 | | | | 6.2 | | | | | 6.2 | |
| 6 | 30 | 分配间接费用 | | | | | | | | | | 140 |
| | | 合计 | 25.8 | 32.5 | 18.825 | 13 | 15.304 | 25.406 | 7.465 | 1.7 | 140 | 140 |

根据间接费用明细账编制间接费用分配表，见表9－11。

表9－11　　　　　　　　间接费用分配表
2010年12月份　　　　　　　　　　单位：元

| 工程项目 | 直接费 | 分配系数 | 金额 |
|---|---|---|---|
| 甲工程 | 1 500 000 |  | 75 000 |
| 乙工程 | 1 300 000 | 0.05 | 65 000 |
| 合计 | 2 800 000 |  | 140 000 |

注：分配系数＝140 000÷2 800 000＝0.05。

根据表9－11作会计分录：
借：工程施工——合同成本——甲工程　　75 000
　　　　　　　　　　　　　——乙工程　　65 000
　　贷：制造费用　　　　　　　　　　　　　　140 000

## 9.6　施工企业工程成本实账模拟

### 9.6.1　月度工程成本结算

施工企业的各项生产费用，按上节所述在各成本核算对象之间进行归集和分配以后，应计入本月各成本核算的生产费用，全部归集在"工程施工——合同成本"账本的借方和有关的成本计算单中。

月末，对于已经竣工的工程，自开工到竣工记入该工程成本的全部生产费用，就是该工程的竣工成本；对于尚未竣工或正在施工的工程，还应将本月发生的生产费用和月初结转的上月末未完施工的生产费用之和，在本月已完工程和月末未完施工的成本之间进行分配。其计算公式为：

月初未完工程成本＋本月生产费用＝已完工程成本＋月末未完工程成本

## 9.6.2 已完工程与未完工程的含义

施工企业的已完工程,从理论上来说,是指在企业范围内全部竣工,不再需要进行任何施工活动的工程,即竣工工程。但是,由于建筑安装工程施工周期长,如果等到工程竣工之后再结算工程成本,不能发挥成本计算在企业管理中的作用,也就满足不了企业管理的需要。因此,为了有利于企业经济核算,加速资金周转,及时检查成本计划,考核经济效果,现行制度规定:凡是已经完成预算定额所规定的全部工序,在本企业不需要再进行任何加工的分部分项工程,称为已完工程(或已完工工程)。

分部分项工程虽不具有完整的使用价值,也不是竣工工程,但是由于在企业内已完成全部施工活动,已可确定工程数量和工程质量,故可将它视为已完工程活动,计算它的预算成本和预算价值,向客户收取工程价款。

对虽已投入人工、材料进行施工,但尚未达到预算定额规定的全部工程内容的一部分工序,则称为未完工程(或未完工工程),不能据以收取工程价款。例如,砖墙抹石灰砂浆,按工程预算定额规定的工程内容为修整表面、清扫、抹灰、抹平、罩面、压光等工序。

如果某房屋砖墙抹石灰浆工程在月末时已完成了上述全部工程内容,就应作为已完工程计算;如果只完成了其中一部分工序,则应算做未完施工。

## 9.6.3 未完工程成本的计算

未完工程成本的计算,通常是由统计人员月末到施工现场实地丈量盘点未完施工实物量,并按其完成施工的程度折合为已完工程数量,根据预算单价计算未完工程成本。其计算公式为:

未完工程成本 = 未完施工实物量 × 完工程度 × 预算单价

期末未完工程成本一般不负担管理费。如果未完施工工程量占当期全部工程量的比重很小或期初与期末数量相差不大,可以不计算未完工程成本。

根据计算结果填制未完施工盘点单,并记入工程成本计算单,即可据以结转已完工程实际成本。

【例9-8】四川东方建筑工程有限公司在其承包的一处学校的建筑工程(甲工程)中,包括一项3 000平方米的风雨操场工程,该分部分项工程包括平整、硬化和铺设塑胶三道工序。目前第二道工序已经完成,约等于已完工程量的70%。折合已完工程量为:

折合已完工程量 = 3 000 × 70% = 2 100(平方米)

设每平方米涂料工程预算单价为220元,3 000平方米的风雨操场未完工程成本为:

2 100 × 220 = 462 000(元)

再按预算单价所含工、料费比例进一步分解计算出人工费、材料费等。编制未完施工盘点单见表9-12。

表9-12 未完施工盘点单
编制:项目部　　　　2010年12月份　　　　　　单位:千元

| 单位 | 分部分项工程 | | 已完工序 | | | | 其中 | | | | |
|---|---|---|---|---|---|---|---|---|---|---|---|
| 工程项目 | 名称 | 预算单价 | 工序名称或内容 | 占分部分项工程比率 | 已做数量(立方米) | 折合分部分项工程量(立方米) | 预算成本 | 人工费 | 材料费 | 机械费 | 其他直接费 |
| 甲工程 | 塑胶风雨操场 | 0.22 | 已完成硬化 | 70% | 3 000 | 2 100 | 462 | 69.3 | 369.6 | 23.1 | |
| 小计 | | | | | | | 462 | 69.3 | 369.6 | 23.1 | |

### 9.6.4　已完工程成本的计算

#### 9.6.4.1　已完工程实际成本的计算

月末未完工程成本确定后,即可根据下列公式确定当月各个成本核算对象已完工程的实际成本。

已完工程实际成本 = 月初未完工程成本 + 本月生产费用 - 月末未完工程成本

根据各成本核算对象的成本计算单的实际成本，填入已完工程成本表中的实际成本栏，据此结转本月已完工程实际成本，将已完工程的实际成本从"工程施工——合同成本"账户的贷方转入"主营业务成本"账户的借方。

#### 9.6.4.2 已完工程预算成本的计算

已完工程实际成本确定以后，对比考察成本的升降情况和与客户进行结算，还要计算当月已完工程的预算成本和预算价值。

已完工程预算成本的计算是根据已完工程实物量、预算单价和间接费定额进行的。其计算公式为：

$$已完工程预算成本 = \sum (实际完成工程量 \times 预算单价) \times (1 + 间接费定额)$$

已完安装工程预算成本 = $\sum$（实际完成安装工程量 × 预算单价）+（已完安装工程人工费 × 间接费定额）

在实际工作中，已完工程预算成本通常由统计部门于月末先行实地丈量已完工程实物量，再根据预算定额中预算单价和间接费定额，在已完工程结算表或已完工程月报表中进行计算。

已完工程结算表反映的是当月已完工程的预算总价值，由直接费、间接费、计划利润和税金四部分组成。直接费包括预算单价计算的人工费、材料费、机械使用费、其他使用费。间接费包括按间接取费率计算的管理费和临时设施费、劳动保险费等。由于已完工程结算表中提供的预算成本项目所包含内容和实际成本不完全一致，为了和工程实际成本的各个项目进行对比，就需要根据已完工程结算表将所属预算成本范围的项目进行分解调整。主要有以下几项：

（1）按间接费定额计算的间接费包括公司机关和施工单位的管理费。由于公司机关管理费不记入工程成本，而记入期间费用，因此，必须分别测算出公司机关管理费和施工单位管理费各自所占的比重，将按综合取费率计算的间接费分开。

（2）包括在其他间接费中的临时设施费，已列入工程实际成本的其他直接费项目中的预算成本也应做相应调整。

（3）将预算成本中包括的综合性取费项目，如冬雨季节施工增加费、夜间施工增加费等，应按照含工、料费比重分解为人工、材料费等项目，分别记入预算成本的相应项目。

## 9.7 施工企业期间费用实账模拟

施工企业的期间费用是指企业当期发生与本期经营活动有关的不能直接或间接归入某项工程或产品成本的，应当直接计入当期损益的各项费用，包括管理费用、销售费用和财务费用。

### 9.7.1 管理费用的核算

#### 9.7.1.1 管理费用的内容

管理费用是指施工企业为组织和管理生产经营活动而发生的管理费用，包括企业在筹建期间发生的开办费、董事会和行政管理部门在企业的经营管理中发生的或者应由企业统一负担的公司经费（包括行政管理部门职工薪酬、物料消耗、低值易耗品摊销、办公费和差旅费等）、工会经费、董事会费（包括董事会成员津贴、会议费和差旅费等）、聘请中介机构费、咨询费（含顾问费）、诉讼费、业务招待费、房产税、车船使用税、土地使用税、印花税、技术转让费、矿产资源补偿费、研究费用、排污费以及企业生产车间（部门）和行政管理部门发生的固定资产修理费等。

#### 9.7.1.2 管理费用的账务处理

施工企业应设置"管理费用"账户，用来核算管理费用的发生和结转情况。该账户的借方登记企业发生的各项管理费用，贷方登记期末转入"本年利润"账户的管理费用，结转后该账户应无余额。该账户应按管理费用的费用项目设置明细账，进行明细核算。

（1）企业在筹建期间内发生的开办费，包括人员工资、办公费、培训费、差旅费、印刷费、注册登记费以及不计入固定资产成本的借款费用等在实际发生时，借记"管理费用"（开办费）账户，贷记"银行存款"等账户。

（2）行政管理部门人员的职工薪酬，借记"管理费用"账户，贷记"应付职工薪酬"账户。

（3）行政管理部门计提的固定资产折旧，借记"管理费用"账户，贷记"累计折旧"账户。

（4）企业发生的办公费、水电费、业务招待费、聘请中介机构费、咨询费、诉讼费、技术转让费、研究费用，借记"管理费用"账户，贷记"银行存款"、"研发支出"等账户。

（5）按规定计算确定的应交矿产资源补偿费、房产税、车船使用税、土地使用税、印花税，借记"管理费用"账户，贷记"应交税费"账户。

（6）期末，应将"管理费用"账户的余额转入"本年利润"账户，结转后本账户无余额。

【例9-9】四川东方建筑工程公司2010年12月发生了以下费用支出：

（1）以银行存款支付业务招待费10 000元、购买办公用品10 000元、支付水电费20 000元；

（2）以现金购买印花税票1 000元；

（3）分配管理人员工资100 000元，提取10 000元的福利费；

（4）计提公司本部固定资产折旧费9 000元，摊销无形资产3 000元；

（5）计算应交土地使用税3 000元、房产税5 000元。

（6）月底结转管理费用。

账务处理如下：

①以银行存款支付业务招待费和水电费、购买办公用品时：

借：管理费用　　　　　　　　　　　　　　40 000

贷：银行存款　　　　　　　　　　　　　　　　40 000
②以库存现金购买印花税票时：
　　借：管理费用　　　　　　　　　　　　　　　　1 000
　　　　贷：库存现金　　　　　　　　　　　　　　　1 000
③分配管理人员工资、提取福利费时：
　　借：管理费用　　　　　　　　　　　　　　　　110 000
　　　　贷：应付职工薪酬——工资　　　　　　　　100 000
　　　　　　　　　　　　——福利费　　　　　　　10 000
④计提公司本部固定资产折旧费、摊销无形资产时：
　　借：管理费用　　　　　　　　　　　　　　　　12 000
　　　　贷：累计折旧　　　　　　　　　　　　　　　9 000
　　　　　　累计摊销　　　　　　　　　　　　　　　3 000
⑤计提本月应交土地使用税和房产税时：
　　借：管理费用　　　　　　　　　　　　　　　　8 000
　　　　贷：应交税费——应交土地使用税　　　　　3 000
　　　　　　　　　　——应交房产税　　　　　　　5 000
⑥月底将"管理费用"账户余额结转至"本年利润"账户时：
　　借：本年利润　　　　　　　　　　　　　　　　171 000
　　　　贷：管理费用　　　　　　　　　　　　　　　171 000

### 9.7.2　销售费用的核算

#### 9.7.2.1　销售费用的内容

　　销售费用是指企业在销售商品和材料、提供劳务过程中发生的各项费用，包括企业在销售商品的过程中发生的包装费、保险费、展览费和广告费、商品维修费、预计产品质量保证损失、运输费、装卸费等费用，以及企业发生的为销售本企业商品而专设的销售机构的职工薪酬、业务费、折旧费、固定资产修理费等费用。

#### 9.7.2.2　销售费用的账务处理

　　施工企业应当设置"销售费用"账户，用来核算销售费用的发生和结转情况。该账户的借方登记企业所发生的各项销售费用，贷方登记期末结转入"本年利润"账户的销售费用，结转后该账户应无余额。该账户应按销售费用的费用项目设置明细账，进行明细核算。

（1）企业在销售商品过程中发生的包装费、保险费、展览费和广告费、运输费、装卸费等费用，借记"销售费用"账户，贷记"库存现金"、"银行存款"等账户。

（2）企业在销售商品过程中发生的为销售本企业商品而专设的销售机构的职工薪酬、业务费等经营费用，借记"销售费用"账户，贷记"应付职工薪酬"、"银行存款"、"累计折旧"等账户。

（3）期末，应将"销售费用"账户余额转入"本年利润"账户。结转后本账户无余额。

【例9-10】四川东方建筑工程公司销售部2010年12月份共发生销售费用220 000元。其中：销售人员薪酬100 000元，销售部专用办公设备折旧费50 000元，业务费70 000元（均用银行存款支付）。账务处理如下：

①确认销售人员薪酬时：
借：销售费用　　　　　　　　　　　　　　　　100 000
　　贷：应付职工薪酬　　　　　　　　　　　　　　　100 000
②计提销售部专用办公设备折旧费时：
借：销售费用　　　　　　　　　　　　　　　　50 000
　　贷：累计折旧　　　　　　　　　　　　　　　　　50 000
③以银行存款支付业务费时：
借：销售费用　　　　　　　　　　　　　　　　70 000
　　贷：银行存款　　　　　　　　　　　　　　　　　70 000

### 9.7.3 财务费用的核算

#### 9.7.3.1 财务费用的内容

财务费用是指企业为筹建生产经营所需资金等而发生的筹资费

用，包括利息支出（减利息收入）、汇兑损益以及相关的手续费、企业发生的现金折扣或收到的现金折扣等。

#### 9.7.3.2 财务费用的核算

企业应设置"财务费用"账户，用来核算财务费用的发生和结转情况。该账户的借方登记企业发生的各项财务费用，贷方登记期末结转入"本年利润"账户的财务费用。结转后该账户应无余额。该账户应按财务费用的费用项目设置明细账，进行明细核算。

（1）企业发生的财务费用，借记"财务费用"账户，贷记"银行存款"、"未确认融资费用"等账户。

（2）企业发生的应冲减财务费用的利息收入、汇兑损益、现金折扣，借记"银行存款"、"应付账款"等账户，贷记"财务费用"账户。

（3）期末，应将"财务费用"账户余额转入"本年利润"账户。结转后本账户应无余额。

【例9-11】四川东方建筑工程公司于2010年9月底，以银行存款支付借款利息100 000元；同时接到开户银行告知，银行存款的利息40 000元已入账。月底结转财务费用。账务处理如下：

①支付利息时：
借：财务费用　　　　　　　　　　　　100 000
　　贷：银行存款　　　　　　　　　　　　　100 000
②收到利息时：
借：银行存款　　　　　　　　　　　　40 000
　　贷：财务费用　　　　　　　　　　　　　40 000
③月底结转至"本年利润"账户时：
借：本年利润　　　　　　　　　　　　60 000
　　贷：财务费用　　　　　　　　　　　　　60 000

# 第10章

## 施工企业营业收入实账模拟

## 10.1 施工企业营业收入的特殊性

### 10.1.1 施工企业营业收入的主要内容

#### 10.1.1.1 建造工程合同收入

建造工程合同收入是指施工企业承包工程所获得的收入,包括合同中规定的初始收入和因合同变更、索赔、奖励等形成的收入。它是施工企业的主营业务收入。工程结算收入在施工企业的营业收入中占有较大比重,其收入水平的变化直接影响着企业的经济效益。其主要内容包括:

(1) 建造工程合同初始收入。它是指建造承包方与客户在双方签订合同中最初商定的合同总金额,包括合同工程价款以及向客户收取的临时设施费、劳动保险费、施工机构调迁费等。

(2) 合同变更收入。它是指因客户改变合同规定的作业内容增加的收入。

（3）工程索赔款收入。它是指因客户或第三方的原因造成的、由建造承包方向客户或第三方收取的、用以补偿不包括在合同造价中的成本款项。

（4）奖励款。它是指工程达到或超过规定的标准时，客户同意支付给建造承包方的额外款项。

#### 10.1.1.2 其他业务收入

其他业务收入是指施工企业除建造工程合同收入以外的兼营活动中取得的各项收入，是对主营业务收入的一种补充。其主要内容包括：

（1）产品销售收入。它是指企业内部独立核算的生产单位销售产品取得的收入。如销售自制的各种建筑结构件，钢木门窗、砖、瓦、机械设备和机械配件等。

（2）机械作业收入。它是指企业或其所属内部独立核算单位的机械或运输设备对外单位或内部其他独立核算单位提供机械作业、运输作业等取得的收入。

（3）材料销售收入。它是指企业向其他企业（或内部独立核算单位）出售建筑材料或其他材料而获得的收入。

（4）无形资产转让收入。它是指无形资产对外转让实现的收入。

（5）固定资产出租收入。它是指企业对外单位出租机械设备等固定资产而取得的收入。

（6）对外承包工程收入。它是指企业承包国外工程、国内外资工程和提供劳务获得的收入。

（7）多种经营收入。它指施工企业开展多种经营业务（如饮食、服务、商业等）而获得的收入。

（8）其他兼营业务收入。

### 10.1.2 施工企业营业收入构成内容的特殊性和多样性

#### 10.1.2.1 收入构成内容的特殊性

从整体上看，施工企业的营业收入主要包括建造工程合同收入和其他业务收入。其中,建造工程合同收入包括建造合同初始收入、合同变更收入、工程索赔收入和奖励款构成;其他业务收入包括产品销售收入、机械作业收入、材料销售收入、无形资产转让收入、固定资产出租收入、对外承包工程收入、多种经营收入和其他兼营业务收入等。相对于一般工商企业营业收入的构成内容而言,施工企业的营业收入,尤其是建造合同收入,其构成具有非常明显的特殊性。

10.1.2.2 收入构成内容的多样性

施工企业营业收入包括建造合同初始收入、合同变更收入、工程索赔收入和奖励款等主要经营业务活动收入,也包括产品销售收入、机械作业收入、材料销售收入、无形资产转让收入、固定资产出租收入、对外承包工程收入、多种经营收入和其他兼营业务收入等其他业务收入。其构成内容非常丰富、多样,相对于一般工商企业而言,具有非常明显的多样性。

## 10.2 施工企业工程收入实账模拟

### 10.2.1 施工企业的建造合同

10.2.1.1 建造合同的概念

建造合同是指为建造一项或数项在设计、技术、功能和最终用途等方面密切相关的资产而订立的合同。其中,这里的资产主要包括房屋、道路、桥梁、水坝等建筑物以及船舶、飞机、大型机械设备等。本书主要针对建筑施工企业,如无特殊的说明,建造合同均指建造工程合同。

10.2.1.2 建造合同的特征

(1)先有买主(即客户),后有标底(即资产),建造资产的造价在合同签订时就已经确定。

(2)资产的建设周期长,一般都要跨越一个会计年度,有的长达数年。

(3) 所建造资产的体积大、造价高。
(4) 建造合同一般为不可撤销合同。

### 10.2.2 施工企业建造合同的类型

施工企业的建造合同一般分为固定造价合同和成本加成合同两种类型。

#### 10.2.2.1 固定造价合同

固定造价合同是指按照固定的合同价或固定单价确定工程价款的建造合同。

例如,四川东方建筑工程公司与客户签订一项省级公路施工合同,总里程为80千米,每千米单价为500万元。该合同就是固定造价合同。

#### 10.2.2.2 成本加成合同

成本加成合同是指以合同约定或其他方式议定的成本为基础,加上该成本的一定比例或定额费用确定工程价款的建造合同。

例如,四川东方建筑工程公司与客户签订一项建造建筑材料生产设施的建造合同,双方约定以该设施的实际成本为基础,采用3%的加成率来计算合同总造价。该合同就是成本加成合同。

固定造价合同与成本加成合同的根本区别在于风险的承担者不同。在固定造价合同中,由于工程价款已确定,使发包人的资产得以锁定,承包人的利润大小取决于承包合同实际成本的大小,因此固定造价合同的风险主要由建造合同承包人来承担。在成本加成合同中,由于加成率或者定额费用固定,因此,建造合同的成本越大,导致建造资产的成本也越高。所以,成本加成合同的风险,主要由建造合同发包人承担。

#### 10.2.2.3 会计处理中合同的合并与分立

通常,企业应当按照单项建造合同进行会计处理。但是,在某些情况下,为了反映一项或一组合同的实质,需要将单项合同进行分立或将数项合同进行合并。

（1）建造合同的分立。一项包括建造数项资产的建造合同，同时满足下列条件的，每项资产应当分立为单项合同：①每项资产均有独立的建造计划；②与客户就每项资产单独进行谈判，双方能够接受或拒绝与每项资产有关的合同条款；③每项资产的收入和成本可以单独辨认。

　　（2）应当分立的追加建造合同。追加资产的建造，满足下列条件之一的，应当作为单项合同：①该追加资产在设计、技术或功能上与原合同包括的一项或数项资产存在重大差异；②议定该追加资产的造价时，不需要考虑原合同价款。

　　（3）建造合同的合并。一组合同无论对应单个客户还是多个客户，同时满足下列条件的，应当合并为单项合同：①该组合同按一揽子交易签订；②该组合同密切相关，每项合同实际上已构成一项综合利润率工程的组成部分；③该组合同同时或依次履行。

### 10.2.3　施工企业合同收入的组成内容

　　施工企业的建造合同收入即建造工程合同收入，也可简称为合同收入。合同收入包括合同规定的初始收入和因合同变更、索赔、奖励等形成的收入两部分。合同规定的初始收入，即建造承包商与业主在双方签订的合同中最初商订的合同总金额，它构成了合同收入的基本内容。因合同变更、索赔、奖励等形成的收入并不构成合同双方在签订合同时已在合同中商订的合同总金额，而是在执行合同过程中由于合同变更、索赔、奖励等原因而形成的追加收入。

　　合同变更是指客户为改变合同规定的作业内容而提出的调整；索赔款是指因客户或第三方原因造成的、向客户或第三方收取的、用以补偿不包括在合同造价中成本的款项；奖励款是指工程达到或超过规定的标准，客户同意支付的额外款项。

#### 10.2.3.1　初始收入

　　初始收入是指建造承包商与客户双方签订的合同中最初商订的合同总金额，它构成了合同收入的基本内容。

#### 10.2.3.2 追加收入

追加收入是指因合同变更、索赔、奖励等形成的收入。这部分收入并不构成合同双方在签订合同时已在合同中商定的合同总金额,而是在执行合同过程中由于合同变更、索赔、奖励等原因而形成的追加收入。建造承包商不能随意确认这部分收入,只有在符合规定条件时才能构成合同总收入。

追加收入包括以下的内容:

(1) 合同变更收入。合同变更是指客户为改变合同规定的作业内容而提出的调整。合同的变更可能会导致最初的合同总金额发生变化。因合同变更而增加的收入,应在同时具备下列条件时予以确认:①客户能够认可因变更而增加的收入;②收入能够可靠地计量。如果不同时具备上述两个条件,则不能确认变更收入。

(2) 索赔款收入。索赔款收入是指因客户或第三方的原因造成的、由建造承包商向客户或第三方收取的、用于补偿不包括在合同造价中的成本的款项。因索赔款而形成的收入,应在同时具备下列条件时予以确认:①根据谈判情况,预计对方能够同意这项索赔;②对方同意接受的金额能够可靠地计量。如果不同时具备上述条件,则不能确认索赔款收入。

(3) 奖励款收入。奖励款收入是指工程达到或超过规定的标准时,客户同意支付给建造承包商的额外款项。因奖励而形成的收入应在同时具备下列条件时予以确认:①根据目前合同完成情况,足以判断工程进度和工程质量能够达到或超过既定的标准;②奖励金额能够可靠地计量。如果不同时具备上述条件,则不能确认。

### 10.2.4 施工企业合同成本的组成内容

合同成本包括从合同签订开始至合同完成时止所发生的、与执行合同有关的直接费用和间接费用。

#### 10.2.4.1 直接费用

直接费用是指为完成合同发生的、可以直接计入合同成本核算对象的各项费用支出。直接费用包括为执行建造合同所耗用的人工费用、材料费用、机械使用费和其他直接费,如技术援助费、施工现场材料的二次搬运费、生产工具和用具使用费、检验试验费、工程定位复测费、工程点交费、场地清理费等。

#### 10.2.4.2 间接费用

间接费用是指企业下属的施工单位为组织和管理施工生产活动所发生的费用,包括临时设施摊销费和施工单位管理人员工资、奖金、职工福利费、劳动保护费、固定资产折旧及修理费、物料消耗、低值易耗品摊销、取暖费、水电费、办公费、差旅费、财产保险费、工程保修费和排污费等。

直接费用应在发生时直接计入合同成本,间接费用应当在期末按照系统、合理的方法分摊计入合同成本。与合同有关的零星收益,如合同完成后处置残余物资取得的收益,应当冲减合同成本。

### 10.2.5 合同收入与合同费用的确认

建造合同收入和费用的确认,首先应当判断建造合同的结果能否可靠地估计,然后根据判断的结果区别情况进行处理。

#### 10.2.5.1 建造合同的结果能够可靠估计情况下的合同收入与费用的确认

在建造合同的结果能够可靠估计的情况下,企业应采用完工百分比法确认合同收入和合同费用。

(1)判断建造合同的结果能够可靠估计的条件。采用完工百分比法确认合同收入和费用的前提条件是建造合同的结果能够可靠地估计。建造合同的类型不同,判断其结果能否可靠地估计的前提条件也不同。

固定造价合同的结果能否可靠地估计,应根据以下四个条件进行判断:①合同总收入能够可靠地计量;②与合同相关的经济利益能够流入企业;③在资产负债表日合同完工进度和为完成合同尚需发生的成本能够可靠地确定;④为完成合同已经发生的合同成本能够清楚地区分和可靠地计量,以便实际合同成本能够与以前的预计成本相比较。如果同时满足上述四个条件,则固定造价合同的结果能够可靠地估计。

成本加成合同的结果能否可靠地估计,应根据以下两个条件进行判断:①与合同相关的经济利益能够流入企业;②实际发生的合同成本,能够清楚地区分并且能够可靠地计量。如果同时具备上述两个条件,则表明成本加成合同的结果能够可靠地估计。

(2) 完工进度的确定方法。确定合同完工进度的方法有以下三种:

①根据累计实际发生的合同成本占合同预计总成本的比例确定。该方法是一种投入衡量法,是确定合同完工进度较常用的方法。其计算公式为:

$$合同完工进度 = \frac{累计实际发生的合同成本}{合同预计总成本} \times 100\%$$

【例 10-1】四川东方建筑工程公司与客户签订了一项合同总金额为 1 000 万元的建造合同,合同规定的建设期为三年。第一年实际发生的合同成本为 300 万元,年末预计为完成合同尚需发生的成本为 520 万元;第二年实际发生合同成本 400 万元,年末预计为完成合同尚需发生的成本为 150 万元。则完工进度计算如下:

$$第一年合同完工进度 = \frac{300}{300 + 520} \times 100\% = 37\%$$

$$第二年合同完工进度 = \frac{300 + 400}{300 + 400 + 150} \times 100\% = 82\%$$

②根据已经完成的合同工作量占合同预计总工作量的比例确定。该方法是一种产出衡量法,适用于合同工作量容易确定的建造合同,如道路工程、土石方工程、砌筑工程等。其计算公式为:

$$合同完工进度 = \frac{已完工的合同工作量}{合同预计总工作量} \times 100\%$$

【例 10-2】四川东方建筑工程公司与客户签订了一项修建一条 40 千米铁路的建造合同,合同总金额为 20 000 万元,工期为三年。该公司第一年修建了 12 千米，第二年修建了 20 千米。则完工进度计算如下：

第一年合同完工进度 = 12 ÷ 40 × 100% = 30%

第二年合同完工进度 = $\dfrac{12+20}{40}$ × 100% = 80%

③已完成合同工作的测量。该方法是在无法根据上述两种方法确定合同完工进度时所采用的一种特殊的技术测量方法。采用该方法应由专业人员现场进行科学测定，而不是由建造承包商自行随意测定。

（3）按完工百分比法确认合同收入和费用的步骤。完工百分比法是根据合同完工进度确认合同收入和费用的方法。其运用包括两个步骤：第一步，确定建造合同的完工进度，计算出完工百分比；第二步，根据完工百分比法计算和确认当期的合同收入和费用。其计算公式为：

当期确认的合同收入 = 合同总收入 × 完工进度 － 以前会计年度累计已确认的收入

当期确认的合同毛利 =（合同总收入 － 合同预计总成本）× 完工进度 － 以前会计年度累计已确认的毛利

当期确认的合同费用 = 当期确认的合同收入 － 当期确认的合同毛利 － 以前会计年度预计损失准备

需要说明的是，完工进度实际上是累计完工进度。因此，企业在运用上述公式计量和确认当期合同收入和合同费用时，应分别建造合同的实施情况进行处理：

第一种情况，当年开工当年未完工的建造合同。在这种情况下，企业在运用上述公式计量和确认当期合同收入和合同费用时，在以前会计年度累计已确认的合同收入和合同毛利均为零。

第二种情况，以前年度开工本年度仍未完工的建造合同。在这种情况下，企业可以直接运用上述公式计量和确认当期收入和费用。

第三种情况,以前年度开工本年完工的建造合同。在这种情况下,当期计量和确认的合同收入,等于合同总收入扣除以前会计年度累计已确认的收入后的余额;当期计量和确认的合同毛利,等于合同总收入扣除实际合同总成本减以前会计年度累计已确认的毛利后的余额。

第四种情况,当年开工当年完工的建造合同。在这种情况下,当期计量和确认的合同收入,等于该项合同的总收入;当期计量和确认的合同费用,等于该项合同的实际总成本。

【例10-3】四川东方建筑工程公司于2008年5月开始承包一项办公用房的建筑工程。预计2010年8月完成。合同总造价1 200万元,估计成本为800万元,实际的工程总成本将为810万元。三年来,此项工程的成本投入情况如表10-1所示。

表10-1　　　　工程的成本投入情况表　　　　单位:万元

| 项目 | 2008年 | 2009年 | 2010年 |
| --- | --- | --- | --- |
| 本年度实际投入成本 | 200 | 300 | 310 |
| 累计发生的成本 | 200 | 500 | 810 |
| 会计应继续投入的成本 | 600 | 300 | 0 |
| 应收工程结算款项 | 400 | 400 | 400 |
| 当年实际收回的工程款 | 350 | 450 | 400 |

每一年的经济业务相应的账务处理如下:

(1) 2008年年末,应进行的账务处理如下:

当年年底的完工进度 $= \dfrac{200}{200+600} \times 100\% = 25\%$

当期确认的合同收入 = 1 200 × 25% = 300(万元)

当期确认的合同费用 = 800 × 25% = 200(万元)

当期确认的合同毛利 = 300 - 200 = 100(万元)

①2008年当工程领用材料、发生人工等累计发生的工程成

本时：

借：工程施工——合同成本　　　　　　　2 000 000
　　贷：原材料、应付职工薪酬等　　　　　　　2 000 000
②根据计算所得，2008年度确认收入和毛利时：
借：工程施工——合同毛利　　　　　　　1 000 000
　　主营业务成本　　　　　　　　　　　2 000 000
　　贷：主营业务收入　　　　　　　　　　　　3 000 000
③根据合同规定，2008年确认应收工程价款时：
借：应收账款——应收工程款　　　　　　4 000 000
　　贷：工程结算　　　　　　　　　　　　　　4 000 000
④2008年收取工程价款时：
借：银行存款　　　　　　　　　　　　　3 500 000
　　贷：应收账款——应收工程款　　　　　　　3 500 000

（2）2009年年末，应进行的账务处理如下：

当年年底的完工进度 $=\dfrac{500}{500+300}\times 100\% = 62.5\%$

当期确认的合同收入 $= 1\,200\times 62.5\% - 300 = 450$（万元）

当期确认的合同费用 $= 800\times 62.5\% - 200 = 300$（万元）

当期确认的合同毛利 $= 450 - 300 = 150$（万元）

①2009年当工程领用材料、发生人工等累计发生的工程成本时：

借：工程施工——合同成本　　　　　　　3 000 000
　　贷：原材料、应付职工薪酬等　　　　　　　3 000 000
②根据计算所得，2009年度确认收入和毛利时：
借：工程施工——合同毛利　　　　　　　1 500 000
　　主营业务成本　　　　　　　　　　　3 000 000
　　贷：主营业务收入　　　　　　　　　　　　4 500 000
③根据合同规定，2009年确认应收工程价款时：
借：应收账款——应收工程款　　　　　　4 000 000

　　　　贷：工程结算　　　　　　　　　　　　　　　　4 000 000
　　④2009 年收取工程价款时：
　　借：银行存款　　　　　　　　　　　　　　　　　4 500 000
　　　　贷：应收账款——应收工程款　　　　　　　　4 500 000
（3）2010 年 10 月末，工程竣工后应进行的账务处理如下：

当年年底的完工进度 = $\dfrac{200+300+310}{810} \times 100\% = 100\%$

当期确认的合同收入 = $1\,200 \times 100\% - 300 - 450 = 450$（万元）

当期确认的合同费用 = $810 \times 100\% - 200 - 300 = 310$（万元）

当期确认的合同毛利 = $450 - 310 = 140$（万元）

①2010 年当工程领用材料、发生人工等累计发生的工程成本时：
　　借：工程施工——合同成本　　　　　　　　　　3 100 000
　　　　贷：原材料、应付职工薪酬等　　　　　　　3 100 000
②根据计算所得，2010 年度确认收入和毛利时：
　　借：工程施工——合同毛利　　　　　　　　　　1 400 000
　　　　主营业务成本　　　　　　　　　　　　　　3 100 000
　　　　贷：主营业务收入　　　　　　　　　　　　4 500 000
③根据合同规定，2010 年确认应收工程价款时：
　　借：应收账款——应收工程款　　　　　　　　　4 000 000
　　　　贷：工程结算　　　　　　　　　　　　　　4 000 000
④2010 年收取工程价款时：
　　借：银行存款　　　　　　　　　　　　　　　　4 000 000
　　　　贷：应收账款——应收工程款　　　　　　　4 000 000
（4）2010 年工程完工，结转工程成本时：
　　借：工程结算　　　　　　　　　　　　　　　　12 000 000
　　　　贷：工程施工——合同成本　　　　　　　　8 100 000
　　　　　　　　　　——合同毛利　　　　　　　　3 900 000

10.2.5.2 建造合同的结果不能可靠估计情况下的合同收入和费用的确认

在建造合同的结果不能可靠估计情况下，企业不能采用完工百分比法确认合同收入和费用，而应区分以下两种情况进行处理：①合同成本能够收回的，合同收入根据能够收回的实际合同成本加以确认，合同成本在发生的当期确认为费用；②合同成本不可能收回的，应在发生时立即确认为费用，不确认收入。

### 10.2.6 营业收入实账模拟

10.2.6.1 营业收入核算应设置的账户

施工企业应根据实施建造合同所发生的经济业务，准确、及时地办理工程价款结算及实际已收取的工程价款，并根据工程施工进展情况，准确地确定合同完工进度，计量和确认当期的合同收入与费用。对于施工企业工程结算收入与费用核算业务，可设置下列会计科目进行账务处理。

（1）"工程施工"账户。本账户用来核算企业实际发生的合同成本和合同毛利。本账户应当按照建造合同，分别按"合同成本"、"间接费用"、"合同毛利"设置明细账，进行明细核算。期末该账户的借方余额反映企业尚未完工的建造合同成本和合同毛利。

企业进行合同建造时发生的人工费、材料费、机械使用费以及施工现场材料的二次搬运费、生产工具和用具使用费、检验试验费、临时设施折旧费等其他直接费用，借记"工程施工（合同成本）"账户，贷记"应付职工薪酬"、"原材料"等账户。发生的施工、生产单位管理人员职工薪酬、固定资产折旧费、财产保险费、工程保修费、排污费等间接费用，借记"工程施工（间接费用）"账户，贷记"累计折旧"、"银行存款"等账户。月末，将间接费用分配计入有关合同成本时，借记"工程施工（合同成本）"账户，贷记"工程施工（间接费用）"账户。

根据建造合同准则确认合同收入、合同费用时，借记"主营业务成本"账户,贷记"主营业务收入"账户,按其差额,借记或贷记"工程施工(合同毛利)"账户。

合同完工时,将"工程施工"账户金额与相应的"工程结算"账户对冲,借记"工程结算"账户,贷记"工程施工"账户。

(2)"工程结算"账户。本账户用来核算企业根据建造合同约定向购买方办理结算的累计金额。本账户是"工程施工"账户的备抵账户,应当按照建造合同进行明细核算。期末该账户的贷方余额反映企业尚未完工建造合同已办理结算的累计金额。

企业向购买方办理工程价款结算时,按应结算的金额,借记"应收账款"等账户,贷记"工程结算"账户。合同完工时,将"工程结算"账户余额与相应的"工程施工"账户对冲,借记"工程结算"账户,贷记"工程施工"账户。

(3)"主营业务收入"账户。本账户用来核算企业承包工程实现的工程价款收入,向客户收取的各种索赔款,以及按照规定列作营业收入的临时设施费、劳动保险费、施工机构迁移费等其他款项。本账户的贷方登记企业实现的工程价款收入和应向客户收取的临时设施费、劳动保险费及施工机构迁移费等其他款项,借方登记实现的工程价款转入"本年利润"账户的数额。结转后本账户应无余额。

(4)"应收账款——应收工程款"账户。

本账户用来核算企业与客户办理工程价款结算时,按照工程合同规定应向其收取的工程价款和按规定标准单独计算收取的临时设施费和劳动保险费。本账户的借方登记根据工程价款结算账单确定的工程价款和同工程价款一并向客户收取的临时设施费和劳动保险费,贷方登记收到的工程款、临时设施费、劳动保险费和根据工程合同规定扣还预收的工程款以及一定比例的预收备料款;余额在借方,反映尚未收到的应收工程款。本账户应按客户和工程合同设置明细账,进行明细核算。

在建造合同未开工或实施过程中,如果合同的预计总成本超过总收入,则应当确认预计损失。未开工时,按其差额,借记"主营业务成本"账户,贷记"预计负债"账户。在实施过程中,按其差额,借记"资产减值损失"账户,贷记"存货跌价准备——合同预计损失准备"账户;合同完工时,借记"预计负债"或"存货跌价准备——合同预计损失准备"账户,贷记"主营业务成本"账户。

10.2.6.2 营业收入核算的账务处理

(1) 非竣工结算方式的核算。非竣工结算就是定期结算。按照这种结算办法的规定,建筑安装企业可以向客户预收工程备料款和工程进度款。

现举例说明非竣工结算方式的核算方法。

【例10-4】四川东方建筑工程公司承包一项工程,工程建设期18个月,施工图预算造价1 200 000元,工程合同规定按合同造价的30%预付备料款,工程款月中预支、月末按进度结算。

①收到客户按合同规定拨付的预售备料款360 000元。分录如下:

借:银行存款　　　　　　　　　　　　　　360 000
　　贷:预收账款——预售备料款(某单位)　　　360 000

②本月月中开出工程款预支单,向客户预支工程款60 000元,已存入银行。分录如下:

借:银行存款　　　　　　　　　　　　　　60 000
　　贷:预收账款——预收工程款(某单位)　　　60 000

③月末开出工程价款结算账单,向客户办理工程价款结算,本月完工价款150 000元。分录如下:

借:应收账款——应收工程款　　　　　　　150 000
　　贷:工程结算　　　　　　　　　　　　　　150 000

④本月应扣还预售备料款50 000元,抵扣月中预收的工程款60 000元。分录如下:

借:预收账款——预收工程款　　　　　　　110 000

贷：应收账款——应收工程款　　　　　　　　110 000
　　⑤应另向发包单位收取临时设施费5 000元、劳动保险费1 000元。分录如下：
　　借：应收账款——应收工程款　　　　　　　　  6 000
　　　　贷：工程结算　　　　　　　　　　　　　　  6 000
　　⑥按规定税率计算并结转应交的营业税3 480元、城市维护建设税244元。分录如下：
　　借：营业税金及附加　　　　　　　　　　　　  3 724
　　　　贷：应交税费——应交营业税　　　　　　　  3 480
　　　　　　　　——应交城市维护建设税　　　　　　  244
　　⑦结转本月已办理结算工程的实际成本96 000元。分录如下：
　　借：主营业务成本　　　　　　　　　　　　　 96 000
　　　　工程施工——合同毛利——某工程　　　　 60 000
　　　　贷：主营业务收入　　　　　　　　　　　 156 000
　　⑧结转本月工程结算实际成本96 000元。分录如下：
　　借：本年利润　　　　　　　　　　　　　　　 96 000
　　　　贷：主营业务成本　　　　　　　　　　　　 96 000
　　⑨结转本月工程结算收入156 000元。分录如下：
　　借：主营业务收入　　　　　　　　　　　　　156 000
　　　　贷：本年利润　　　　　　　　　　　　　　156 000
　　⑩收到客户46 000元的支票一张。分录如下：
　　借：银行存款　　　　　　　　　　　　　　　 46 000
　　　　贷：应收账款——应收工程款　　　　　　　 46 000
　　最后工程全部完工，将"工程施工"账户和"工程结算"账户对冲。
　　（2）竣工结算方式的核算。
　　【例10-5】四川东方建筑工程公司年初承包一项工程，工期8个月，施工图预算造价的500 000元。工程合同规定，按造价30%付备料款，其中20%由客户直接拨付水泥、钢材抵付备料款。工程造价竣工后一次性付款。

①收到发包合同规定拨付的备料款 50 000 元。分录如下：

借：银行存款　　　　　　　　　　　　　50 000
　　贷：预收账款——预售备料款　　　　　　　50 000

②收到客户按规定拨付抵作备料款的水泥、钢材，预算价格为 100 000 元。该批钢材计划价格与预算价格相同。分录如下：

借：原材料——水泥、钢材　　　　　　　100 000
　　贷：预收账款——预售备料款　　　　　　　100 000

③年末工程按期竣工交付使用，企业开出工程价款结算账单向客户结算工程价款 490 000 元。分录如下：

借：应收账款——预收工程款（某单位）　490 000
　　贷：工程结算——某工程　　　　　　　　　490 000

④从应收款中扣出客户预收的备料款。分录如下：

借：预收账款——预收工程款　　　　　　150 000
　　贷：应收账款——应收工程款　　　　　　　150 000

⑤按工程价款收入计算并结转应交纳的营业税 14 700 元、城市维护建设税 1 029 元。分录如下：

借：营业税金及附加　　　　　　　　　　15 729
　　贷：应交税费——应交营业税　　　　　　　14 700
　　　　　　　　——应交城市维护建设税　　　 1 029

⑥结转该工程实际成本 380 000 元。分录如下：

借：主营业务成本　　　　　　　　　　　380 000
　　　工程施工——合同毛利——某工程　　110 000
　　贷：主营业务收入　　　　　　　　　　　　490 000

⑦结转该工程结算成本 380 000 元。分录如下：

借：本年利润　　　　　　　　　　　　　380 000
　　贷：主营业务成本　　　　　　　　　　　　380 000

⑧结转该项工程结算收入 490 000 元。分录如下：

借：主营业务收入　　　　　　　　　　　490 000

    贷：本年利润                              490 000
    ⑨收到客户转账支付的工程价款340 000元。分录如下：
    借：银行存款                              340 000
        贷：应收账款——应收工程款                340 000
    ⑩用银行存款上交营业税14 700元和城市维护建设税1 029元。分录如下：
    借：应交税费——应交营业税                  14 700
            ——应交城市维护建设税              1 029
        贷：银行存款                            15 729
    最后工程完工，将"工程施工"账户和"工程结算"账户对冲。
    借：工程结算                              490 000
        贷：工程施工——合同成本                380 000
                ——合同毛利                    110 000

（3）分包工程价款结算的核算。施工企业承包的工程，除了自行施工外，往往还要将其中一部分工程分包给外单位施工。相互之间发生的工程价款结算的核算举例如下：

【例10-6】四川东方建筑工程公司委托某施工企业承建工程一项。发生的经济业务如下：

①根据预付备料款额度，通过银行向分包单位预付备料款27 600元时：
    借：预付账款——预付分包备料款              27 600
        贷：银行存款                            27 600
②企业与发包单位办好手续，由发包单位拨给分包单位主要材料一批，价值20 000元，抵作预付备料款时：
    借：预付账款——预付分包备料款              20 000
        贷：预收账款——预收备料款              20 000
③企业按工程分包合同规定，于月中根据工程进度预付给分包单位15 000元工程款时：

借：预付账款——预付分包工程款　　　　　　15 000
　　贷：银行存款　　　　　　　　　　　　　　　15 000

④月末根据经审核的分包单位提出的工程价款结算账单结算应付已完工程款32 000元时：

借：工程施工——工程施工成本　　　　　　　32 000
　　贷：应付账款——应付分包工程款　　　　　　32 000

⑤企业根据合同规定，从应付分包工程款中扣除预付的工程款15 000元和预付备料款2 000元时：

借：应付账款——应付分包工程款　　　　　　17 000
　　贷：预付账款——预付分包工程款　　　　　　15 000
　　　　　　　　——预付分包备料款　　　　　　　2 000

⑥从银行存款支付分包单位工程款15 000元（32 000－17 000）时：

借：应付账款——应付分包工程款　　　　　　15 000
　　贷：银行存款　　　　　　　　　　　　　　　15 000

3. 工程完工"工程施工"账户与"工程核算"账户的结平

施工企业为了正确组织合同工程成本的核算，应当根据工程合同确定的成本核算对象，开设成本明细账，把工程施工中发生的各种成本费用及时记入按成本核算对象设置的成本明细账。当合同工程完工时，该明细账汇总的累计发生的费用，即为该项已完工的实际成本。当工程完工时，将"工程施工"账户的余额，与"工程结算"账户的余额进行对冲。

【例10-7】安装工程本月完工，工程累计实际成本为513 835元。累计结算工程价款为620 000元，工程合同毛利为106 165元，结转已完工成本。编制会计分录如下：

借：工程结算　　　　　　　　　　　　　　　620 000
　　贷：工程施工——合同毛利——某工程　　　　106 165
　　　　　　　　——合同成本——某工程　　　　513 835

## 10.3 施工企业其他业务收入实账模拟

### 10.3.1 施工企业其他业务收入的确认

施工企业的其他业务收入一般包括商品（产品）销售收入、作业销售收入、材料销售收入和其他销售收入等。各种类型的销售收入的确认条件如下：

#### 10.3.1.1 商品销售收入的确认

销售商品收入只有同时满足下列条件的，才能加以确认：

（1）企业已将商品所有权上的主要风险和报酬转移给购货方。企业已将商品所有权上的主要风险和报酬转移给购货方，是指与商品所有权有关的主要风险和报酬同时转移。与商品所有权有关的风险，是指商品可能发生减值或毁损等形成的损失；与商品所有权有关的报酬，是指商品价值增值或通过使用商品等产生的经济利益。

判断企业是否已将商品所有权上的主要风险和报酬转移给购货方，应当关注交易的实质，并结合所有权凭证的转移进行判断。①通常情况下，转移商品所有权凭证并交付实物后，商品所有权上的主要风险和报酬随之转移，如大多数零售商品。②某些情况下，转移商品所有权凭证但未交付实物，商品所有权上的主要风险和报酬随之转移，企业只保留了次要风险和报酬，如交款提货方式销售商品。③已交付实物但未转移商品所有权凭证，商品所有权上的主要风险和报酬未随之转移，如采用支付手续费方式委托代销的商品。

企业已将商品所有权上的主要风险和报酬转移给购货方，构成确认销售商品收入的重要条件。

（2）企业既没有保留通常与所有权相联系的继续管理权，也没有对已售出的商品实施有效控制。企业将商品使用权的主要风险和报酬转移给买方后，如仍然对出售的商品实施控制，则该项销售不能成立，不能确认相应的销售收入。例如，生产企业将商品销售给批发商后，若仍能要求其退回或转移商品，一般表明生产企业对售出的商品仍在实施控制，不能确认为收入。如果销售方对售出的商品实施的管理与所有权无关，则应当确认收入。例如，房地产开发企业将其开发的商品房出售后，保留了房产的物业管理权，该项管理权与房产所有权无关，因此该销售成立，应当确认销售商品收入。

（3）收入的金额能够可靠计量。收入能否可靠地计量，是收入确认的基本前提。收入的金额能够可靠计量是指收入的金额能够合理估计。

（4）相关经济利益很可能流入企业。企业在商品的交易中，与交易相关的经济利益是指销售商品的价款。相关经济利益很可能流入企业是指企业销售商品的价款收回的可能性大于50%；如果价款收回的可能性不大，即使收入确认的其他条件已满足，也不能够确认收入。

（5）相关的、已发生的或将发生的成本能够可靠计量。通常情况下，销售商品相关的已发生或将要发生的成本能够合理估计，如库存商品的成本、商品的运输费用等；但有时销售商品相关的已发生或将要发生的成本不能合理地估计，此时企业不能确认收入，已收到的价款应当确认为负债。

企业销售商品应同时满足上述五个条件，才能确认收入。任何一个条件没有满足，即使收到货款，也不能确认收入。

### 10.3.1.2 提供劳务交易结果能够可靠估计的条件

如果劳务是在同一会计年度开始并完成，应在完成劳务时确认。如果劳务的开始和完成分属不同的会计年度，在提供劳务交易结果能够可靠估计的情况下，应按完工百分比法确认营业收入。提供劳务交易结果能够可靠估计，是指同时满足下列条件：

（1）收入的金额能够可靠地计量，是指提供劳务收入的总额能够合理地估计。

（2）相关的经济利益很可能流入企业，是指提供劳务收入总额收回的可能性大于不能收回的可能性。

(3) 交易的完工进度能够可靠地确定，是指交易的完工进度能够合理地估计。企业确定提供劳务交易的完工进度。

(4) 交易中已发生或将发生的成本能够可靠地计量，是指交易中已经发生和将要发生的成本能够合理地估计。

10.3.1.3　让渡资产使用权取得收入的确认

施工企业出租机器设备的业务属于让渡资产使用权。让渡资产使用权收入主要包括两类，即利息收入和使用费收入。企业对外出租资产收取的租金，进行债权投资收取的利息，进行股权投资取得的股利，也属于让渡资产使用权形成的收入。

让渡资产使用权收入同时满足下列条件的，才能予以确认：①相关的经济利益很可能流入企业；②收入的金额能够可靠地计量。

## 10.3.2　施工企业其他业务收入的核算

施工企业的其他销售收入业务应通过"其他业务收入"账户和"其他业务成本"账户进行核算。为了分别反映商品销售收入、作业销售收入、材料销售收入、其他销售收入和销售成本、销售税金，应在"其他业务收入"账户下设置"商品销售收入"、"作业销售收入"、"材料销售收入"等二级账户。在"其他业务成本"账户下设置"商品销售成本"、"材料销售成本"等二级账户分别进行核算。

10.3.2.1　商品销售的核算

施工企业附属工业企业销售商品实现的销售收入，发生的销售成本和销售税金支出，应分别在"其他业务收入——商品销售收入"账户和"其他业务成本——商品销售成本"账户核算。

【例 10-8】四川东方建筑工程公司所属水泥搅拌站销售水泥 100 吨，每吨售价 400 元，实际成本为每吨 260 元。该公司营业税税率为 3%，城市维护建设税为营业税的 7%，教育费附加为营业税的3%。此笔销售业务应缴纳的营业税为1 200元，城市维护建设税为84元，教育费附加为36元。

四川东方建筑工程公司是缴纳营业税的单位，对于其零散的销售业务，视为兼业收入，按缴纳营业税处理。

（1）收到货款时：

借：银行存款　　　　　　　　　　　　　　40 000
　　贷：其他业务收入——商品销售收入　　　　40 000

（2）结转成本时：

借：其他业务成本——商品销售成本　　　26 000
　　贷：库存商品　　　　　　　　　　　　　26 000

（3）结转应交营业税、城市维护建设税和教育费附加时：

借：其他业务成本——商品销售成本　　　 1 320
　　贷：应交税费——应交营业税　　　　　　1 200
　　　　　　　　——应交城市维护建设税　　　84
　　　　　　　　——应交教育费附加　　　　　36

（4）月份终了，应将"其他业务收入——商品销售收入"、"其他业务成本——商品销售成本"账户的余额，分别转入"本年利润"账户的贷方和借方。

借：其他业务收入　　　　　　　　　　　40 000
　　贷：本年利润　　　　　　　　　　　　　40 000

借：本年利润　　　　　　　　　　　　　27 320
　　贷：其他业务成本　　　　　　　　　　　27 320

#### 10.3.2.2　作业销售的核算

施工企业为其他企业提供机械、运输作业所发生的销售收入和销售成本、销售税金，应分别在"其他业务收入——作业销售收入"账户和"其他业务成本——作业销售成本"账户核算。

【例10-9】四川东方建筑工程公司出动台铲车和3辆载重汽车给其他施工企业清运沙石，应收价款10 000元，应交营业税300元，应交城市维护建设税21元，应交教育费附加9元。按规定台班成本标准,应结转的作业成本为 8 000 元。

(1) 收到作业收入 10 000 元时:

借:银行存款 10 000
　　贷:其他业务收入——作业销售收入 10 000

(2) 结转机械对外作业成本时:

借:其他业务成本——作业销售成本 8 000
　　贷:机械作业 8 000

(3) 结转应交税费及教育费附加时:

借:其他业务成本——作业销售成本 330
　　贷:应交税费——应交营业税 300
　　　　　　　——应交城市维护建设税 21
　　　　　　　——应交教育费附加 9

#### 10.3.2.3 材料销售的核算

施工企业对外销售材料所发生的收入,应记入"银行存款"、"应收账款"等账户的借方和"其他业务收入——材料销售收入"账户的贷方。结转销售材料的实际成本,记入"其他业务成本——材料销售成本"账户的借方和"原材料"、"材料成本差异"等账户的贷方,应交的税金和教育费附加,应记入"其他业务成本——材料销售成本"账户的借方和"应交税费——应交教育费附加"账户的贷方。

【例 10-10】四川东方建筑工程公司将本公司剩余的一批地砖对外销售。这批地砖的实际成本为 20 000 元,该公司对材料按照实际成本法进行核算。获得销售款 30 000 元,货款收到并存入开户银行。

四川东方建筑工程公司是缴纳营业税的单位,对于其零散的销售业务,视为兼业收入,按缴纳营业税处理。

(1) 收到材料销售货款时:

借:银行存款 30 000
　　贷:其他业务收入——材料销售收入 30 000

（2）结转材料实际成本时：

借：其他业务成本——材料销售成本　　　20 000
　　贷：原材料——主要材料　　　　　　　　　20 000

（3）这项销售业务需要缴纳营业税 900 元、城市维护建设税 63 元、教育费附加 27 元。

借：其他业务成本——材料销售成本　　　990
　　贷：应交税费——应交营业税　　　　　　　900
　　　　　　　——应交城市维护建设税　　　　63
　　　　　　　——应交教育费附加　　　　　　27

10.3.2.4　其他销售的核算

施工企业对其他企业提供技术服务、技术转让所发生的收入，应记入"银行存款"账户的借方和"其他业务收入——技术服务收入"账户和"其他业务收入——无形资产转让收入"账户的贷方。提供技术服务和技术转让的成本，以及应交税费和教育费附加，应记入"其他业务成本——技术服务成本"账户、"其他业务成本——无形资产转让成本"账户的借方和"应交教育费附加"等账户的借方。

施工企业对其他企业出租机械、设备所发生的收入，应记入"银行存款"、"应收账款"等账户的借方和"其他业务收入——机械设备出租收入"账户的贷方。出租机械、设备所发生的各项费用，应先计入"机械作业——机械出租"账户的借方。月终转出出租机械设备实际成本和应交税费、教育费附加时，应记入"其他业务成本——机械设备出租成本"账户的借方和"机械作业——机械出租"、"应交税费——应交教育费附加"等账户的贷方。

# 第11章

## 施工企业利润实账模拟

## 11.1 施工企业利润形成实账模拟

### 11.1.1 利润核算的基本原理

#### 11.1.1.1 利润的来源

利润是指企业在一定会计期间的经营成果。它有两个来源：收入减去费用后的净额、直接计入当期利润的利得和损失。

(1) 收入减去费用后的净额，就是企业的营业利润，反映的是企业日常经营活动的经营业绩。

(2) 直接计入当期利润的利得和损失，反映的是企业非经营活动的业绩，即为我国会计核算中的营业外收入和营业外支出项目。

#### 11.1.1.2 利润的内容

根据我国《企业会计准则》的规定，企业的利润是多步形成的，所以其利润指标也就有以下三个：

(1) 营业利润 = 营业收入 - 营业成本 - 营业税金及附加 - 销售

费用－管理费用－财务费用－资产减值损失＋公允价值变动收益＋投资收益

（2）利润总额＝营业利润＋营业外收入－营业外支出

（3）净利润＝利润总额－所得税费用

### 11.1.1.3 利润形成账务处理的基本原理

在施工企业利润形成的核算中，并不需要分别计算出上述三个利润指标，而是通过"本年利润"账户直接核算出净利润数额。其基本原理如下：

净利润＝（主营业务收入＋其他业务收入＋公允价值变动收益＋投资收益＋营业外收入）－（主营业务成本＋其他业务成本＋营业税金及附加＋销售费用＋管理费用＋财务费用＋资产减值损失＋公允价值变动损失＋投资损失＋营业外支出＋所得税费用）

## 11.1.2 利润形成的核算应设置的主要账户

利润形成的核算应当根据上述公式中的项目分别设置账户，除营业外收入、营业外支出和所得税费用外，其他的账户在前面的内容中都已经介绍过。所以，本节主要介绍营业外收入、营业外支出、所得税费用和本年利润账户。

### 11.1.2.1 "营业外收入"账户

"营业外收入"账户为损益类账户，用来核算施工企业发生的各项营业外收入，主要包括非流动资产处置利得、非货币性资产交换利得、债务重组利得、政府补助、盘盈利得、捐赠利得等。本账户的贷方登记发生的营业外收入，借方登记期末转入"本年利润"账户的营业外收入。结转后本账户应无余额。本账户可按营业外收入项目进行明细核算。

### 11.1.2.2 "营业外支出"账户

"营业外支出"账户为损益类账户，用来核算施工企业发生的各项营业外支出，包括非流动资产处置损失、非货币性资产交换损失、债务重组损失、公益性捐赠支出、非常损失、盘亏损失等。本账户的借方登记发生的营业外支出，贷方登记期末转入"本年利润"账户的营业外支出。结转后本账户应无余额。本账户可按支出项目设置明细账，进行明细核算。

#### 11.1.2.3 "所得税费用"账户

"所得税费用"账户为损益类账户，用来核算企业确认的应从当期利润总额中扣除的所得税费用。本账户的借方登记企业按税法规定的应纳税所得额计算确定的当期应纳所得税，贷方登记期末转入"本年利润"账户的所得税额。结转后本账户应无余额。本账户可按"当期所得税费用"、"递延所得税费用"设置明细账，进行明细核算。

#### 11.1.2.4 "本年利润"账户

"本年利润"账户为所有者权益账户，用来核算企业当期实现的净利润（或发生的净亏损）。本账户的贷方登记期末从"主营业务收入"、"其他业务收入"、"营业外收入"、"公允价值变动损益"（净收益）以及"投资收益"（投资净收益）等账户转入的数额，借方登记期末从"主营业务成本"、"营业税金及附加"、"其他业务成本"、"销售费用"、"管理费用"、"财务费用"、"资产减值损失"、"营业外支出"、"所得税费用"、"公允价值变动损益"（净损失）以及"投资收益"（投资净损失）等账户转入的数额。本期借贷方发生额的差额，表示本期实现的净利润（或净亏损）。年度终了，应将本账户余额转入"利润分配"账户。结转后本账户应无余额。

### 11.1.3 营业外收支的账务处理

#### 11.1.3.1 营业外收入的账务处理

企业取得应计入营业外收入的利得时，在增加营业外收入的同时，既可能引起货币性资产或实物资产资产的增加，也可能导致"应付账款"以及借款等负债的减少。

企业确认处置非流动资产利得、非货币性资产交换利得、债务重组利得、接受捐赠利得等，比照"固定资产清理"、"无形资产"、"原材料"、"库存商品"、"应付账款"等账户的相关规定进行处理。因此，在发生时，应当借记"库存现金"、"银行存款"、"固定资产"、"原材料"、"库存商品"、"无形资产"等资产账户或"应付账款"、"短期借款"、"长期借款"等负债账户，同时贷记"营业外收入"账户。

企业确认的政府补助利得，借记"银行存款"、"递延收益"等账户，贷记"营业外收入"账户。

【例11-1】四川东方建筑工程公司2010年12月发生的与营业外收入有关的经济业务及账务处理如下：

①企业接受捐赠10 000元，存入银行时：

借：银行存款　　　　　　　　　　　10 000
　　贷：营业外收入——捐赠利得　　　　　　10 000

②收到蓉西建筑材料销售公司支付的违约金20 000元，存入银行时：

借：银行存款　　　　　　　　　　　20 000
　　贷：营业外收入——罚款收入　　　　　　20 000

③月末，结转"营业外收入"账户余额30 000元时：

借：营业外收入　　　　　　　　　　30 000
　　贷：本年利润　　　　　　　　　　　　　30 000

#### 11.1.3.2 营业外支出的账务处理

企业发生应计入营业外支出的损失时，在增加营业外支出的同时，既可能引起货币性资产或实物资产资产的减少，也可能导致"应付账款"等负债的增加。

企业确认处置非流动资产损失、非货币性资产交换损失、债务重组损失，比照"固定资产清理"、"无形资产"、"原材料"、"库存商品"、"应付账款"等账户的相关规定进行处理。发生营业外支出时，应借记"营业外支出"账户，贷记"库存现金"、"银行存款"、"固定资产"、"原材料"、"库存商品"、"无形资产"等资产账户或"应付账款"等账户。

企业盘亏、毁损的资产发生的净损失，按管理权限报经批准后，借记"营业外支出"账户，贷记"待处理财产损溢"账户。

【例11-2】四川东方建筑工程公司2010年向玉树灾区捐款500 000元，以银行存款支付。账务处理为：

借：营业外支出——公益性捐赠支出　　　500 000
　　贷：银行存款　　　　　　　　　　　　　　500 000

### 11.1.4 所得税费用的账务处理

#### 11.1.4.1 当期所得税的计算

资产负债表日，施工企业应当按照税法规定计算确定当期应交的所得税。

(1) 计算应纳税所得额。纳税所得额是在当期会计利润的基础上，按税法规定进行调整确定的。其计算公式为：

应纳税所得额＝利润总额＋纳税调整增加额－纳税调整减少额

①纳税调整增加额主要包括税法规定允许扣除项目中，企业已计入当期费用但超过税法规定扣除标准的金额（如超过税法规定标准的薪酬支出、业务招待费支出等），以及企业已计入当期损失但税法规定不允许扣除的金额（如税收滞纳金、罚款、罚金、非公益性捐赠、各种赞助等）。

②纳税调整减少数主要包括按税法规定允许弥补的亏损和准予免税的项目，如五年内尚未弥补的亏损和国债利息收入等。

(2) 企业当期所得税，即按税法规定计算确定的针对当期发生的交易和事项，应当缴纳给国家的所得税金额，即应交所得税额。其计算公式为：

应纳所得税额 ＝ 应纳税所得额×所得税税率

【例11-3】四川东方建筑工程公司2010年会计年度按会计准则计算的利润总额为15 000 000元。当年按税法核定的职工薪酬为800 000元，实际发放职工薪酬900 000元；业务招待费超过税法核定 200 000 元；营业外支出中非公益性捐赠 500 000 元，税收滞纳金 100 000 元；投资收益中公司购买国库券的利息收入 200 000 元。本公司在 2010 年度没有其他调整项目，所得税税率为 25%。

应纳税所得额 = 15 000 000 + [（900 000 - 800 000）+
　　　　　　　200 000 + 500 000 + 100 000] - 200 000
　　　　　　= 15 000 000 + 900 000 - 200 000
　　　　　　= 15 700 000（元）

当期应纳所得税额 = 15 700 000 × 25% = 3 925 000（元）

#### 11.1.4.2 所得税费用的账务处理

企业在计算确定当期所得税以及递延所得税费用（或收益）的基础上，将两者之和确认为从利润总额中扣除的所得税费用（即利润表中的所得税费用）。

所得税费用 = 当期所得税 + 递延所得税费用（或 - 递延所得税收益）

递延所得税费用 = 递延所得税负债增加额 + 递延所得税资产减少额

递延所得税收益 = 递延所得税负债减少额 + 递延所得税资产增加额

企业计算交纳所得税时，借记"所得税费用"账户，贷记"应交税费——应交所得税"账户。如果是递延所得税收益，借记"递延所得税资产"账户或"递延所得税负债"账户；如果是递延所得税费用，贷记"递延所得税资产"账户或"递延所得税负债"账户。

　借：所得税费用
　　　递延所得税负债（收益）
　　　递延所得税资产（收益）
　　贷：应交税费——应交所得税
　　　　递延所得税负债（费用）
　　　　递延所得税资产（费用）

企业实际上交所得税税金时,借记"应交税费——应交所得税"账户,贷记"银行存款"账户。期末,应将"所得税费用"账户的借方金额,转入"本年利润"账户借方,借记"本年利润"账户,贷记"所得税费用"账户。

【例11-4】承上例,四川东方建筑工程公司2010年递延所得税负债年初数为500 000元,年末数额为700 000元;递延所得税资产年初数为300 000元,年末数为200 000元。该公司所得税费用的会计处理如下:

(1) 计算递延所得税:

递延所得税费用 = (700 000 - 500 000) + (300 000 - 200 000)
= 300 000 (元)

(2) 计算所得税费用:

所得税费用 = 当期所得税 + 递延所得税费用
= 3 925 000 + 300 000
= 4 225 000 (元)

(3) 账务处理为:

| | |
|---|---|
| 借:所得税费用 | 4 225 000 |
|   贷:应交税费——应交所得税 | 3 925 000 |
|     递延所得税负债 | 200 000 |
|     递延所得税资产 | 100 000 |

(4) 将所得税费用转入"本年利润"账户:

| | |
|---|---|
| 借:本年利润 | 4 225 000 |
|   贷:所得税费用 | 4 225 000 |

## 11.1.5 本年利润的会计处理

在会计实务中,企业利润形成的会计核算方法有账结法和表结法两种,企业可以根据自己的实际情况选择。

### 11.1.5.1 账结法

账结法是指企业每月终了时,将所有损益类账户的余额转入

"本年利润"账户。通过该账户结出当月的利润总额和截至当月的本年累计利润。

11.1.5.2 表结法

表结法是指企业每月结账时，不需要将损益类账户的余额转入"本年利润"账户，而是将损益类账户的余额逐项抄录到当月编制的利润表中有关项目的"本年累计数"栏目内，对"其他业务利润"等没有直接账户对应的项目，应当先计算出净差额填入。通过利润表计算出从年初到本月止的本年累计利润，然后减去上月止本表中的本年累计数，就得到本月份的利润或亏损数。

采用账结法或表结法，在年度终了时都要将"本年利润"账户的余额转入"利润分配——未分配利润"账户。结转后，"本年利润"账户应无余额。

【例11-5】四川大华建筑工程公司采用表结法进行本年利润的核算。该公司2010年损益类账户的年末余额见表11-1。

表11-1　　　　　　损益类账户年末余额

| 科目名称 | 借方余额 | 贷方余额 |
| --- | --- | --- |
| 主营业务收入 |  | 5 500 000 |
| 其他业务收入 |  | 600 000 |
| 投资收益 |  | 800 000 |
| 营业外收入 |  | 40 000 |
| 主营业务成本 | 3 500 000 |  |
| 营业税金及附加 | 70 000 |  |
| 其他业务支出 | 390 000 |  |
| 销售费用 | 460 000 |  |
| 管理费用 | 830 000 |  |
| 财务费用 | 180 000 |  |
| 营业外支出 | 470 000 |  |
| 所得税费用 | 330 000 |  |

根据上述资料,编制会计分录如下:
(1) 结转各项收入与收益:
借:主营业务收入　　　　　　　　　　5 500 000
　　其他业务收入　　　　　　　　　　  600 000
　　投资收益　　　　　　　　　　　　  800 000
　　营业外收入　　　　　　　　　　　   40 000
　　贷:本年利润　　　　　　　　　　　6 940 000
(2) 结转各项成本、费用或支出:
借:本年利润　　　　　　　　　　　　 6 230 000
　　贷:主营业务成本　　　　　　　　　3 500 000
　　　　营业税金及附加　　　　　　　    70 000
　　　　其他业务支出　　　　　　　　   390 000
　　　　销售费用　　　　　　　　　　   460 000
　　　　管理费用　　　　　　　　　　   830 000
　　　　财务费用　　　　　　　　　　   180 000
　　　　营业外支出　　　　　　　　　   470 000
　　　　所得税费用　　　　　　　　　   330 000
(3) 将"本年利润"账户余额转入"利润分配——未分配利润"账户:
借:本年利润　　　　　　　　　　　　　 710 000
　　贷:利润分配——未分配利润　　　　  710 000

## 11.2　施工企业利润分配实账模拟

### 11.2.1　施工企业利润分配的程序

利润分配是一个法定程序,不能有随意性,企业必须按照《企业财务通则》和国家其他的有关政策进行利润分配。

#### 11.2.1.1　弥补亏损

企业以前年度的亏损,一般按税法规定的法定年限(一般为5

年)先用税前利润弥补,超过法定的弥补期后,可用净利润来弥补,或者经投资者审议后用盈余公积弥补亏损。在亏损未弥补完以前,后续分配不予进行。

#### 11.2.1.2 净利润的分配顺序

企业年度净利润,除法律、行政法规另有规定外,按照以下顺序分配:

(1) 弥补以前年度亏损。

(2) 提取法定盈余公积金。按净利润的10%提取法定盈余公积金。法定盈余公积金累计额达到注册资本的50%以后,可以不再提取。

(3) 提取任意盈余公积金。任意盈余公积金提取比例由投资者决议。

(4) 向投资者分配利润。企业以前年度未分配的利润,并入本年度利润,在充分考虑现金流量状况后,向投资者分配。属于各级人民政府及其部门、机构出资的企业,应当将应付国有利润上缴财政。

(5) 形成企业的未分配利润。

以上(2)(3)(5)项构成企业的留存收益。

国有企业可以将任意盈余公积金与法定盈余公积金合并提取。股份有限公司依法回购后暂未转让或者注销的股份,不得参与利润分配;以回购股份对经营者及其他职工实施股权激励的,在拟订利润分配方案时,应当预留回购股份所需利润。

### 11.2.2 施工企业利润分配的会计处理

#### 11.2.2.1 利润分配核算应设置的主要账户

(1) "利润分配"账户。本账户为所有者权益账户,用来核算企业利润的分配(或亏损的弥补)和历年分配(或弥补)后的余额。本账户的借方登记按规定提取的盈余公积、应付现金股利或利润,以及从"本年利润"账户贷方转入的全年累计亏损数额;贷方登记年终时从"本年利润"账户借方转入的全年实现的净利润数额，以及以盈余公积金弥补亏损的数额；年末余额一般在贷方，反映企业的累计未分配利润，若出现借方余额，表示累计未弥补亏损。本账户应当分别设置"提取法定盈余公积金"、"提取任意盈余公积金"、"应付现金股利或利润"、"转作股本的股利"、"盈余公积补亏"和"未分配利润"等账户进行明细核算。

（2）"盈余公积"账户。本账户为所有者权益账户，用来核算企业从净利润中提取的盈余公积。本账户的贷方登记盈余公积的提取数额，借方登记盈余公积的使用数额；期末余额在贷方，反映企业的盈余公积结余数额。本账户应当分别设置"法定盈余公积金"、"任意盈余公积金"账户进行明细核算。

（3）"应付股利"账户。本账户为负债类账户，用来核算企业分配的现金股利或利润。本账户的贷方登记根据企业经董事会或股东大会或类似机构决议通过的利润分配方案，确定应分配的现金股利或利润，借方登记实际支付的股利或利润；期末余额在贷方，反映企业应付未付的现金股利或利润。本账户可按投资者进行明细核算。

11.2.2.2 利润分配的主要账务处理

（1）盈余公积的账务处理。①企业按规定提取的盈余公积，借记"利润分配——提取法定盈余公积金、提取任意盈余公积金"账户，贷记"盈余公积"（法定盈余公积金、任意盈余公积金）。②经股东大会或类似机构决议，用盈余公积弥补亏损或转增资本，借记"盈余公积"账户，贷记"利润分配——盈余公积补亏"、"实收资本"账户或"股本"账户。③经股东大会决议，用盈余公积派送新股，按派送新股计算的金额，借记"盈余公积"账户，按股票面值和派送新股总数计算的股票面值总额，贷记"股本"账户。

【例11-6】四川东方建筑工程公司用盈余公积弥补5年以前的亏损200 000元。账务处理为：

借：盈余公积——法定盈余公积金　　　200 000
　　　贷：利润分配——盈余公积补亏　　　　　200 000

（2）分配股利的账务处理。企业根据股东大会或类似机构审议批准的利润分配方案，在宣告日，按应支付的现金股利或利润，借记"利润分配"账户，贷记"应付股利"账户。在股利支付日，实际支付现金股利或利润，借记"应付股利"账户，贷记"银行存款"等账户。董事会或类似机构通过的利润分配方案中拟分配的现金股利或利润，不做账务处理，但应在附注中披露。

股利的会计处理还与几个特定的日期有关。①宣告日。宣告日是董事会根据股东大会通过的股利分配方案宣告分派股利之日，它是公司在会计上确定应付股利负债的日期。

②股权登记日。股权登记日是指公司宣告发放股利后所确定的截止过户登记的日期。只有在股权登记日的股东名册上记载的股东，才有权享有股利。

③付息日。付息日是指实际支付股利的日期。

（3）未分配利润的账务处理。年度终了，企业应将本年实现的净利润，自"本年利润"账户转入"利润分配"账户，借记"本年利润"账户，贷记"利润分配——未分配利润"账户，为净亏损的做相反的会计分录；同时，将"利润分配"账户所属其他明细账户的余额转入"利润分配——未分配利润"账户。结转后，本账户除"未分配利润"明细账户外，其他明细账户应无余额。

【例11-7】四川大华建筑工程股份公司股本为50 000 000元，每股面值1元。2010年年初未分配利润为40 000 000元，全年实现净利润20 000 000元。该公司2010年度利润分配方案为：按净利润的10%提取法定盈余公积金，按5%提取任意盈余公积金；同时向股东按每股0.2元派发现金股利，按10送1的比例派发股票股利。2011年1月20日，股东大会批准该分配方案；2011年1月28日，用银行存款支付全部现金股利，新增股本已经办理完股权登记和相关增资手续。该公司的账务处理如下：

①2010年年度终了，结转本年实现净利润时：
借：本年利润　　　　　　　　　　　　20 000 000
　　贷：利润分配——未分配利润　　　　　　　20 000 000
②提取法定盈余公积金和任意盈余公积时：
借：利润分配——提取法定盈余公积金　2 000 000
　　　　　　　——提取任意盈余公积　　1 000 000
　　贷：盈余公积——法定盈余公积金　　　　　2 000 000
　　　　　　　　——任意盈余公积金　　　　　1 000 000
③结转"利润分配"明细账时：
借：利润分配——未分配利润　　　　　3 000 000
　　贷：利润分配——提取法定盈余公积金　　　2 000 000
　　　　　　　　——提取任意盈余公积金　　　1 000 000

四川大华建筑工程股份公司2010年底"利润分配——未分配利润"账户贷方余额为57 000 000元（40 000 000+20 000 000－3 000 000）。此时，该公司累计的未分配利润为57 000 000元。

④2011年1月20日，股东大会批准分配方案：
发放现金股利＝50 000 000×20%＝10 000 000（元）
借：利润分配——应付现金股利　　　　10 000 000
　　贷：应付股利　　　　　　　　　　　　　　10 000 000
⑤2011年1月28日，支付现金股利：
借：应付股利　　　　　　　　　　　　10 000 000
　　贷：银行存款　　　　　　　　　　　　　　10 000 000
⑥2011年1月20日发放的股票股利5 000 000元（50 000 000×1×10%）。
借：利润分配——转作股本的股利　　　5 000 000
　　贷：股本　　　　　　　　　　　　　　　　5 000 000
⑦结转"利润分配"明细账时：
借：利润分配——未分配利润　　　　　15 000 000
　　贷：利润分配——应付现金股利　　　　　　10 000 000

——转作股本的股利　　　　　　5 000 000

　　该公司"利润分配——未分配利润"账户贷方余额为42 000 000元（57 000 000 - 15 000 000）。

　　此时，该公司累计的未分配利润为42 000 000元。

### 11.2.3　施工企业弥补亏损的核算

　　由于种种原因，施工企业在生产经营过程中也可能发生亏损。亏损是企业净资产的减少，表明企业所有者权益的一部分因经营失败而遭到损耗。

　　企业发生的亏损在"利润分配——未分配利润"账户的借方反映。弥补亏损就是以所有者权益中的适当项目去冲减"利润分配——未分配利润"账户的借方余额，企业当期实现的税前利润、税后利润，甚至历年形成的盈余公积，均可以用于弥补亏损。

　　无论是以企业当期实现的税前利润还是税后利润弥补亏损，都不需要进行专门的账务处理，只要按照企业损益结转的程序，将企业当年实现的利润从"本年利润"账户转入"利润分配——未分配利润"账户的贷方即可。但在计算当期应纳所得税时，如以税前利润弥补亏损，其弥补亏损的数额可以从当期应纳税所得额中扣除，即可以免除用于弥补亏损部分的利润总额应纳所得税额；以税后利润弥补亏损的，对企业当期应纳税所得额和应纳所得税额均没有影响。

　　如果是用历年形成的"盈余公积"和"资本公积"弥补亏损，则需要进行专门的账务处理。

　　【例11-8】四川东方建筑工程公司2010年发生经营亏损1 200 000元，经股东大会研究决定，用法定盈余公积金弥补1 000 000元，用任意盈余公积金弥补200 000元。账务处理为：

　　　借：盈余公积——法定盈余公积金　　　1 000 000
　　　　　　　　　——任意盈余公积金　　　　 200 000
　　　　贷：利润分配——盈余公积补亏　　　　　　　1 200 000

同时，将"利润分配——盈余公积补亏"账户余额转入"利润分配——未分配利润"账户。账务处理为：

借：利润分配——盈余公积补亏　　　　　1 200 000
　　贷：利润分配——未分配利润　　　　　　　1 200 000

【例11－9】四川东方建筑工程公司2010年发生经营亏损1 200 000元，经股东大会研究决定，用资本公积弥补亏损。账务处理为：

借：资本公积——资本公积补亏　　　　　1 200 000
　　贷：利润分配——资本公积补亏　　　　　　1 200 000

同时，将"利润分配——资本公积补亏"账户余额转入"利润分配——未分配利润"账户。账务处理为：

借：利润分配——资本公积补亏　　　　　1 200 000
　　贷：利润分配——未分配利润　　　　　　　1 200 000

# 第12章

施工企业财务报表编制模拟

## 12.1 施工企业财务报表概述

### 12.1.1 施工企业财务报表的含义及组成

#### 12.1.1.1 施工企业财务报表的含义

施工企业财务报表是指企业对外提供的反映企业某一特定日期财务状况和某一会计期间经营成果和现金流量等会计信息的文件。它是根据日常核算的会计资料定期编制的,用以总结反映企业特定日期的财务状况和一定时期的经营成果和现金流量,以及所有者权益变动情况的总结性表式书面文件。编制财务报表是会计核算方法体系中一种重要的专门方法,更是施工企业对外提供(传递)会计信息的主要手段和途径。

#### 12.1.1.2 施工企业财务报表的组成

施工企业完整的一套财务报表包括资产负债表、利润表、现金流量表、所有者权益变动表和附注及四表一注(月度财务报表、季度财务报表、半年度财务报表、年度财务报表和附注)。

**12.1.1.3 施工企业财务报表的分类**

(1) 月度(季度)财务报表,是指企业在每个月度(季度)终了编制并对外提供的财务报表。月度(季度)财务报表通常仅编制资产负债表和利润表。

(2) 半年度财务报表,是指企业在每半年度终了编制并对外提供的财务报表。企业半年度财务报表也只需编制资产负债表、利润表。

月度、季度和半年度财务报表都属于中期报告。

(3) 年度财务报表,是指企业在年度终了编制并对外提供的财务报表。

施工企业的年度财务报表必须是完整的一套报表,即四表一注。

施工企业对外会计报表的组成如表 12-1 所示。

表 12-1  施工企业对外会计报表体系

| 编号 | 会计报表名称 | 编报期 |
| --- | --- | --- |
| 会企 01 表 | 资产负债表 | 中期、年度 |
| 会企 02 表 | 利润表 | 中期、年度 |
| 会企 03 表 | 现金流量表 | 年度 |
| 会企 04 表 | 所有者权益变动表 | 年度 |

## 12.1.2 施工企业财务报表编制的基本要求

**12.1.2.1 列报基础**

企业应当以持续经营为基础,根据实际发生的交易和事项,按照《企业会计准则——基本准则》和其他各项具体会计准则的规定进行确认和计量,并在此基础上编制财务报表。

#### 12.1.2.2 内容完整

内容完整是指会计报表必须按照《施工企业会计制度》统一规定的种类和内容填报，不得少编、少报、漏填、漏报，更不得任意取舍。

#### 12.1.2.3 数字真实

数字真实是指会计报表编制应以客观、真实的账簿记录进行编制，不得任意估计、篡改数字，弄虚作假，以保证报表数字的真实性。

#### 12.1.2.4 计算准确

计算准确是指会计报表各项目的数额应按统一会计制度中规定的方法计算填列，保证数字准确无误。

#### 12.1.2.5 报送及时

为了确保财务报表的及时编报，企业必须在业务发生时及时进行会计核算，及时登记账簿，及时进行汇总，及时编制，并在规定的期限内上报和对外披露。

根据我国会计准则的规定，月度财务报表应于月份终了后6天内报出，季度财务报表应于季度终了后15天内报出，半年度财务报表应于年度中期结束后60天内报出，年度财务报表应于年度终了后4个月内报出。法律法规另有规定者，从其规定。

#### 12.1.2.6 会计报表的填列要求

会计报表的填列，以人民币元为金额单位，元以下填至分。

#### 12.1.2.7 企业对外提供财务报表的格式要求

企业对外提供的财务报表应当依次编定页数，加具封面，装订成册，加盖公章。封面上应当注明施工企业名称、施工企业统一代码、组织形式、地址、报表所属年度或者月份、报出日期，并由施工企业负责人和主管会计工作的负责人、会计机构负责人（会计主管人员）签名并盖章；设置总会计师的施工企业，还应当由总会计师签名并盖章。

## 12.2 施工企业资产负债表编制模拟

### 12.2.1 资产负债表的含义及格式

资产负债表是反映施工企业一定日期全部资产、负债和所有者权益情况的报表,是施工企业财务报表中的基本报表之一。

施工企业的资产负债表采用账户式的比较资产负债表,即按照"资产=负债+所有者权益"的基本原理,表的左边列示资产项目,表的右边列示负债及所有者权益的各项目,左右两边的总计数相等;同时,左右两边都要列示年初数和年末数。施工企业年度资产负债表的具体格式见表12-4。

### 12.2.2 资产负债表年初数的填列方法

资产负债表年初数栏各项目数字,应根据上年末资产负债表期末数的对应项目所列数字填列;如果本年度资产负债表规定的各个项目的名称和内容同上年度不相一致,应对上年末资产负债表各项目的名称和数字按照本年度的规定进行调整,填入本表年初数栏内。

### 12.2.3 资产负债表期末数各项目的内容和填列方法

#### 12.2.3.1 资产类项目的填列

(1)"货币资金"项目,反映施工企业库存现金、银行结算户存款、外埠存款、银行汇票存款等的合计数。本项目应根据"现金"、"银行存款"、"其他货币资金"账户的期末借方余额的合计数填列。

(2)"交易性金融资产"项目,反映施工企业所持有为了近期内出售而持有的金融资产。本项目应根据"交易性金融资产"账户的期末余额填列。

（3）"应收票据"项目，反映施工企业持有的尚未到期也未向银行贴现的商业汇票，包括商业承兑汇票和银行承兑汇票。本项目应根据"应收票据"账户期末借方余额填列。已向银行贴现和已背书转让的应收票据不包括在本项目内，其中已贴现的商业承兑汇票应在会计报表附注中单独披露。

（4）"应收账款"项目，反映施工企业因销售商品、产品和提供劳务等应向购买单位收取的各种款项，减去已计提的坏账准备后的余额。本项目应根据"应收账款"账户所属明细账户的借方余额合计，减去"坏账准备"账户中有关应收账款计提的坏账准备期末余额后的金额填列。如"应收账款"账户所属明细账户期末有贷方余额，应在本表"预收账款"项目中填列。

（5）"预付款项"项目，反映施工企业预付给供应单位的款项。本项目根据"预付账款"账户所属明细账的期末借方余额合计填列。如"预付账款"账户所属明细账期末有贷方余额的，应当在本表"应付账款"项目内列示。如"应付账款"账户所属明细账有借方余额的，也包括在本项目中。

（6）"应收利息"项目，反映施工企业交易性金融资产、持有至到期投资、可供出售金融资产等应收取的利息。本项目根据"应收利息"账户的期末余额填列。

（7）"应收股利"项目，反映施工企业因进行股权投资应收取的现金股利，企业应收其他单位的利润也包括在内。本项目应根据"应收股利"账户期末借方余额填列。

（8）"其他应收款"项目，反映施工企业对其他单位和个人的应收和暂付款项，减去已计提的坏账准备后的净额。本项目应根据"其他应收款"账户的期末余额，减去"坏账准备"账户中有关其他应收款计提的坏账准备期末余额后的金额填列。

（9）"存货"项目，反映施工企业期末在库、在途和在加工中的各项存货的可变现净值，包括各种材料、商品、在产品、半产品、包装物、低值易耗品、委托代销商品等。本项目应根据在途物资、材料、低值易耗品、库存商品、委托加工物资、委托代销商品、生产成本等账户的期末余额的合计,减去"存货跌价准备"账户期末余额后的金额填列。

(10)"一年内到期的非流动资产"项目,反映施工企业所持有的持有至到期投资、可供出售金融资产等中,将于一年内到期的长期债权投资。本项目应根据"持有至到期投资"、"可供出售金融资产"账户的期末余额分析填列。

(11)"其他流动资产"项目,反映施工企业除以上流动资产项目外的其他流动资产。本项目应根据有关账户的期末余额填列。

(12)"可供出售金融资产"项目,反映施工企业持有的可供出售金融资产的公允价值。本项目应根据"可供出售金融资产"账户的期末余额与相关资产减值准备的余额填列。

(13)"持有至到期投资"项目,反映施工企业持有的持有至到期投资的摊余成本。本项目应根据"持有至到期投资"账户的期末余额与相关资产减值准备的余额分析填列。

(14)"长期股权投资"项目,反映施工企业不准备在一年内(含一年)变现各种股权性质投资的可回收金额。本项目应根据"长期股权投资"账户的期末余额减去"长期股权投资减值准备"账户中计提的减值准备金额填列。

(15)"投资性房地产"项目,反映企业持有的投资性房地产的成本或公允价值。在公允价值模式计量下,本项目根据"投资性房地产"账户的期末余额直接填列;在成本模式计量下,本项目根据"投资性房地产"、"投资性房地产累计折旧"、"投资性房地产减值准备"等账户余额计算填列。

(16)"固定资产"项目,反映施工企业的各种固定资产账面价值。融资租入的固定资产,也包括在内。融资租入固定资产原价应在会计报表附注中另行反映。这两个项目应根据固定资产"累计折旧"、"固定资产减值准备"账户的期末余额计算填列。

(17)"在建工程"项目,反映施工企业在期末各项尚未完工工程的实际成本,包括交付安装的设备价值、未完建筑安装工程已经耗用的材料、工资和费用支出、预付出包工程的价款、已经建筑安装完毕但尚未交付使用的工程的账面余额。本项目应根据"在建工程"账户期末借方余额减去"在建工程减值准备"账户中计提的减值准备后的金额填列。

(18)"工程物资"项目,反映施工企业各项工程尚未使用的工程物资的实际成本。本项目应根据"工程物资"账户期末借方余额填列。

(19)"固定资产清理"项目,反映施工企业因出售、毁损、报废等原因转入清理但尚未清理完毕的固定资产的账面价值,以及固定资产清理过程中所发生的清理费用和变现收入等各项金额的差额。本项目应根据"固定资产清理"账户期末借方余额填列;如为贷方余额,以"-"号填列。

(20)"无形资产"项目,反映施工企业在报告期末所拥有的无形资产的账面余额。本项目应根据"无形资产"、"累计摊销"、"无形资产减值准备"账户的期末余额计算填列。

(21)"长期待摊费用"项目,反映施工企业已经支付,但应由以后各期摊销,且摊销期超过一年的各种费用。本项目应根据"长期待摊费用"账户的期末借方余额减去将于一年内(含一年)摊销的数额后的金额填列。

(22)"递延所得税资产"项目,反映施工企业的可抵扣暂时性差异产生的递延所得税资产。本项目根据"递延所得税资产"账户的期末余额填列。

(23)"其他非流动资产"项目,反映施工企业除以上资产以外的其他长期资产。本项目应根据有关账户的期末余额填列。

12.2.3.2 负债类项目的填列:

(1)"短期借款"项目,反映施工企业借入尚未归还的一年期以下(含一年)的借款。本项目应根据"短期借款"账户的期末余额填列。

(2)"应付票据"项目,反映施工企业为了抵付货款等而开出、承兑的尚未到期付款的商业汇票款项,包括银行承兑汇票和商业承兑汇票。本项目应根据"应付票据"账户的期末余额填列。

(3)"应付账款"项目,反映施工企业购入原材料、商品和接受劳务供应等而应付给供应单位的款项。本项目应根据"应付账款"账户的所属相关明细账户的期末贷方余额合计填列;如"应付账款"账户所属明细账期末为借方余额,应在本表内增设"预付账款"项目填列。

(4)"预收款项"项目,反映施工企业预收购买单位的账款。本项目根据"预收账款"账户所属各有关明细账户的期末贷方余额合计填列。如"预收账款"账户有关明细账户有借方余额,应在本表"应收账款"项目内填列;如"应收账款"账户所属明细账有贷方余额的,也包括在本项目内。

(5)"应付职工薪酬"项目,反映施工企业应向职工支付但尚未支付的职工薪酬。本项目应根据"应付职工薪酬"账户的期末贷方余额填列。如"应付职工薪酬"账户期末为借方余额,以"-"号填列。

(6)"应交税费"项目,反映施工企业期末未交、多交或未抵扣的各种税金。本项目应根据应交税费账户的期末贷方余额填列;如"应交税费"账户期末为借方余额,以"-"号填列。

(7)"应付利息"项目,反映施工企业安装合同约定应支付的利息,如分期付息到期还本的长期借款应支付的利息。本项目根据"应付利息"账户余额填列。

(8)"应付股利"项目,反映施工企业决定向投资者分配,尚未支付的现金股利或利润。本项目应根据"应付股利"账户的期末贷方余额填列。

(9)"其他应付款"项目,反映施工企业所有应付和暂收其他单位和个人的款项。本项目应根据"其他应付款"账户的期末贷方余额填列。

(10)一年内到期的非流动负债项目,反映到期日在一年以内的长期借款、长期应付款等。本项目应根据"长期借款"、"长期应付款"等账户的明细账户余额分析填列。

(11)"其他流动负债"项目,反映施工企业除以上流动负债以外的其他流动负债。本项目根据有关账户分析填列。

(12)"长期借款"项目,反映施工企业借入尚未归还的偿还期超过一年(不含一年)的借款本息。本项目应根据长期借款账户的期末贷方余额扣除一年内到期的部分之后的余额填列。

(13)"长期应付款"项目,反映施工企业除长期借款以外的其他各种长期应付款。本项目应根据"长期应付款"账户的期末贷方余额扣除一年内到期的部分之后的余额填列。

(14)"预计负债"项目,反映企业对外担保、未决诉讼、产品质量担保、重组义务、亏损性合同等预计负债的期末余额。本项目根据"预计负债"账户的期末余额填列。

(15)"递延所得税负债"项目,反映施工企业的应纳税暂时性差异产生的递延所得税负债。本项目根据"递延所得税负债"账户的期末余额填列。

(16)"其他非流动负债"项目,反映施工企业除以上"长期负债"项目以外的其他长期负债。本项目应根据有关账户的期末余额填列。

### 12.2.3.3 所有者权益项目的填列

(1)"实收资本"项目,反映施工企业各投资者实际投入的资本总额。本项目应根据"实收资本"账户的期末贷方余额填列。

(2)"资本公积"项目,反映施工企业因各种原因形成的资本公积金的期末余额。本项目应根据"资本公积"账户的期末贷方余额填列。

(3)"盈余公积"项目,反映施工企业按税后利润的一定比例所提取的盈余公积金的结存数。本项目应根据"盈余公积"账户的期末贷方余额填列。

(4)"未分配利润"项目,反映施工企业积累下来的尚未分配的利润。本项目应根据"本年利润"账户和"利润分配"账户的余额计算填列。未弥补的亏损,在本项目内以"-"号填列。

### 12.2.4 施工企业资产负债表编制实例

【例12-1】四川东方建筑工程公司为营业税纳税人,营业税税率为3%,所得税税率为25%。该公司2009年度资产负债表如表12-2所示。根据该公司2010年度发生的经济业务编制会计凭证,登记账簿、进行成本计算,结账(这些会计核算内容在前面章节中已经介绍,本处略)后,编制2010年12月31日账户发生额及余额表试算平衡表(见表12-3),再根据该表编制2010年度资产负债表(见表12-4)。

表12-2    资产负债表    会企01表

编制单位:四川东方建筑工程公司    2009年12月31日    单位:元

| 资产 | 行次 | 期末余额 | 年初余额 | 负债和所有者权益 | 行次 | 期末余额 | 年初余额 |
|---|---|---|---|---|---|---|---|
| 流动资产: | | | | 流动负债: | | | |
| 货币资金 | 1 | 20 863 000 | (略) | 短期借款 | 68 | 500 000 | (略) |
| 交易性金融资产 | 2 | 30 000 | (略) | 应付票据 | 69 | 400 000 | (略) |
| 应收票据 | 3 | 500 000 | (略) | 应付账款 | 70 | 11 935 700 | (略) |
| 应收股息 | 4 | 2 000 | (略) | 应付职工薪酬 | 72 | 2 228 000 | (略) |
| 应收账款 | 6 | 775 400 | (略) | 应交税费 | 76 | 1 573 200 | (略) |
| 其他应收款 | 7 | 140 000 | (略) | 应付利息 | | 2 000 | (略) |
| 存货 | 10 | 29 160 500 | (略) | 应付股利 | 74 | 0 | (略) |
| 一年内到期的长期债权投资 | 21 | | | 其他应付款 | 81 | 172 000 | (略) |
| 其他流动资产 | 24 | | | 一年内到期的非流动负债 | | | |
| 流动资产合计 | 31 | 51 470 900 | (略) | 其他流动负债 | 90 | | |
| 非流动资产: | | | | 流动负债合计 | 100 | 16 810 900 | (略) |
| 可供出售金融资产 | | | | 非流动负债 | | | |

317

表12-2(续)

| 资产 | 行次 | 期末余额 | 年初余额 | 负债和所有者权益 | 行次 | 期末余额 | 年初余额 |
|---|---|---|---|---|---|---|---|
| 持有至到期投资 | 34 | 2 200 000 | (略) | 长期借款 | 101 | 3 300 000 | (略) |
| 长期应收款 | | | | 长期应付款 | 103 | | |
| 长期股权投资 | 32 | 3 320 000 | (略) | 预计负债 | | | |
| 投资性房地产 | | | | 递延所得税负债 | | | |
| 固定资产 | | 10 200 000 | (略) | 其他非流动负债负债 | 106 | | |
| 在建工程 | 45 | 3 000 000 | (略) | 非流动负债负债合计 | 110 | 3 300 000 | (略) |
| 工程物资 | 44 | | | 负债合计 | 114 | | |
| 固定资产清理 | | | | | | | |
| 无形资产 | 51 | 1 200 000 | (略) | 所有者权益: | | | |
| 开发支出 | | | | 实收资本 | 115 | 50 000 000 | (略) |
| 商誉 | | | | 资本公积 | 120 | 0 | |
| 长期待摊费用 | 52 | | | 盈余公积 | 121 | 300 000 | (略) |
| 递延所得税资产 | | | | 未分配利润 | 123 | 980 000 | (略) |
| 其他长期资产 | 53 | | | 所有者权益合计 | 124 | 51 280 000 | (略) |
| 其他非流动资产 | 60 | | | | | | |
| 非流动资产合计 | | 19 920 000 | (略) | | | | |
| 资产总计 | | 71 390 900 | (略) | 负债和所有者权益合计 | 135 | 71 390 900 | (略) |

表12-3　　　账户发生额及余额表试算平衡表

编制单位：四川东方建筑工程公司　　2010年12月31日　　　　　　　　单位：元

| 账户名称 | 期初余额 借方 | 期初余额 贷方 | 本期发生额 借方 | 本期发生额 贷方 | 期末余额 借方 | 期末余额 贷方 |
|---|---|---|---|---|---|---|
| 库存现金 | 50 000 | | 4 100 000 | 4 129 000 | 21 000 | |
| 银行存款 | 20 413 000 | | 24 207 300 | 25 083 107 | 19 537 193 | |
| 其他货币资金 | 400 000 | | | 400 000 | 0 | |
| 交易性金融资产 | 30 000 | | | | 30 000 | |
| 应收票据 | 500 000 | | 585 000 | 985 000 | 100 000 | |
| 应收股息 | 2 000 | | 2 000 | 2 000 | 2 000 | |
| 应收账款 | 780 000 | | 702 000 | 102 000 | 1 380 000 | |

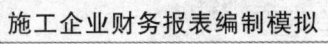

表12-3(续)

| 账户名称 | 期初余额 借方 | 期初余额 贷方 | 本期发生额 借方 | 本期发生额 贷方 | 期末余额 借方 | 期末余额 贷方 |
|---|---|---|---|---|---|---|
| 其他应收款 | 140 000 | | | | 140 000 | |
| 坏账准备 | | 4 600 | | 3 000 | | 7 600 |
| 在途物资 | | | 30 000 | 30 000 | 0 | |
| 原材料 | 24 710 500 | | 8 600 000 | 9 408 000 | 23 902 500 | |
| 低值易耗品 | 100 000 | | | | 100 000 | |
| 周转材料 | 800 000 | | 80 000 | 300 000 | 580 000 | |
| 采购保管费 | | | 120 000 | 120 000 | | |
| 库存商品 | 550 000 | | 2 000 000 | 2 300 000 | 250 000 | |
| 存货跌价准备 | | | | 101 700 | | 101 700 |
| 长期股权投资 | 3 320 000 | | | | 3 320 000 | |
| 持有至到期投资 | 2 200 000 | | | | 2 200 000 | |
| 固定资产 | 13 000 000 | | 3 585 900 | 1 200 000 | 15 385 900 | |
| 累计折旧 | | 2 800 000 | 660 000 | 600 000 | | 2 740 000 |
| 在建工程 | 3 000 000 | | 1 056 000 | 2 800 000 | 1 256 000 | |
| 固定资产清理 | | | 641 000 | 641 000 | | |
| 无形资产 | 1 200 000 | | | | 1 200 000 | |
| 累计摊销 | | | | 100 000 | | 100 000 |
| 短期借款 | | 500 000 | 500 000 | | | 0 |
| 应付票据 | | 400 000 | 200 000 | | | 200 000 |
| 应付账款 | | 11 935 700 | 5 500 000 | 4 000 000 | | 10 435 700 |
| 应付职工薪酬 | | 2 228 000 | 2 000 000 | 2 140 000 | | 2 368 000 |
| 应交税费 | | 1 573 200 | 1 651 907 | 1 586 307 | | 1 582 900 |
| 其他应付款 | | 172 000 | | | | 172 000 |
| 应付利息 | | 2 000 | 2 000 | | | 0 |
| 长期借款 | | 3 300 000 | 2 000 000 | 1 120 000 | | 2 420 000 |
| 实收资本 | | 50 000 000 | | | | 50 000 000 |
| 资本公积 | | | | 300 000 | | 300 000 |
| 盈余公积 | | 300 000 | | 552 973.95 | | 852 973.95 |
| 应付利润 | | | | 1 000 000 | | 1 000 000 |
| 利润分配 | | 980 000 | 1 552 973.95 | 3 686 493 | | 3 113 519.05 |

表12-3(续)

| 账户名称 | 期初余额 借方 | 期初余额 贷方 | 本期发生额 借方 | 本期发生额 贷方 | 期末余额 借方 | 期末余额 贷方 |
|---|---|---|---|---|---|---|
| 工程施工 | 3 000 000 | | 11 250 000 | 8 650 000 | 5 600 000 | |
| 生产成本 | | | 2 389 800 | 2 000 000 | 389 800 | |
| 机械作业 | | | 362 800 | 362 800 | | |
| 本年利润 | | | 16 760 000 | 16 760 000 | | |
| 主营业务收入 | | | 15 250 000 | 15 250 000 | | |
| 其他业务收入 | | | 1 110 000 | 1 110 000 | | |
| 投资收益 | | | 100 000 | 100 000 | | |
| 营业外收入 | | | 300 000 | 300 000 | | |
| 主营业务成本 | | | 7 800 000 | 7 800 000 | | |
| 营业税金及附加 | | | 432 776 | 432 776 | | |
| 其他业务成本 | | | 750 000 | 750 000 | | |
| 管理费用 | | | 2 294 200 | 2 294 200 | | |
| 财务费用 | | | 283 000 | 283 000 | | |
| 资产减值损失 | | | 104 700 | 104 700 | | |
| 营业外支出 | | | 180 000 | 180 000 | | |
| 所得税费用 | | | 1 228 831 | 1 228 831 | | |
| 合计 | 74 195 500 | 74 195 500 | 120 372 187.95 | 120 372 187.95 | 75 394 393 | 75 394 393 |

表12-4 资产负债表 会企01表

编制单位:四川东方建筑工程公司　　2010年12月31日　　单位:元

| 资产 | 行次 | 期末余额 | 年初余额 | 负债和所有者权益 | 行次 | 期末余额 | 年初余额 |
|---|---|---|---|---|---|---|---|
| 流动资产: | | | | 流动负债: | | | |
| 货币资金 | 1 | 19 558 193 | 20 863 000 | 短期借款 | 68 | 0 | 500 000 |
| 交易性金融资产 | 2 | 30 000 | 30 000 | 应付票据 | 69 | 200 000 | 400 000 |
| 应收票据 | 3 | 100 000 | 500 000 | 应付账款 | 70 | 10 435 70 | 11 935 7000 |
| 应收股息 | 4 | 2 000 | 2 000 | 应付职工薪酬 | 72 | 2 368 000 | 2 228 000 |
| 应收账款 | 6 | 1 372 400 | 775 400 | 应交税费 | 76 | 1 582 900 | 1 573 200 |
| 其他应收款 | 7 | 140 000 | 140 000 | 应付利息 | | 0 | 2 000 |
| 存货 | 10 | 30 720 600 | 29 160 500 | 应付股利 | 74 | 1 000 000 | 0 |
| 一年内到期的长期债权投资 | 21 | | | 其他应付款 | 81 | 172 000 | 172 000 |

表12-4(续)

| 资产 | 行次 | 期末余额 | 年初余额 | 负债和所有者权益 | 行次 | 期末余额 | 年初余额 |
|---|---|---|---|---|---|---|---|
| 其他流动资产 | 24 | | | 一年内到期的非流动负债 | | | |
| 流动资产合计 | 31 | 51 923 193 | 51 470 900 | 其他流动负债 | 90 | | |
| 非流动资产: | | | | 流动负债合计 | 100 | 15 758 600 | 16 810 900 |
| 可供出售金融资产 | | | | 非流动负债 | | | |
| 持有至到期投资 | 34 | 2 200 000 | 2 200 000 | 长期借款 | 101 | 2 420 000 | 3 300 000 |
| 长期应收款 | | | | 长期应付款 | 103 | | |
| 长期股权投资 | 32 | 3 320 000 | 3 320 000 | 预计负债 | | | |
| 投资性房地产 | | | | 递延所得税负债 | | | |
| 固定资产 | | 12 645 900 | 10 200 000 | 其他非流动负债负债 | 106 | | |
| 在建工程 | 45 | 1 256 000 | 3 000 000 | 非流动负债负债合计 | 110 | 2 420 000 | 3 300 000 |
| 工程物资 | 44 | | | 负债合计 | 114 | | |
| 固定资产清理 | | | | | | | |
| 无形资产 | 51 | 1 100 000 | 1 200 000 | 所有者权益: | | | |
| 开发支出 | | | | 实收资本 | 115 | 50 000 000 | 50 000 000 |
| 商誉 | | | | 资本公积 | 120 | 300 000 | 0 |
| 长期待摊费用 | 52 | | | 盈余公积 | 121 | 852 973.95 | 300 000 |
| 递延所得税资产 | | | | 未分配利润 | 123 | 3 113 519.05 | 980 000 |
| 其他长期资产 | 53 | | | 所有者权益合计 | 124 | 54 266 493 | 51 280 000 |
| 其他非流动资产 | 60 | | | | | | |
| 非流动资产合计 | | 20 521 900 | 19 920 000 | | | | |
| 资产总计 | | 72 445 093 | 71 390 900 | 负债和所有者权益合计 | 135 | 72 445 093 | 71 390 900 |

## 12.3 施工企业利润表编制模拟

### 12.3.1 利润表的含义及格式

利润表是施工企业会计报表体系中的基本报表,是反映施工企业在一定期间内实现利润(亏损)的实际情况的会计报表。它根据收入与费用配比原则,将一定期间企业所取得的收入减去与其相配比的费用,从而得出该期的利润额或亏损额。

利润表是以"收入－费用＝利润"这一会计平衡式为理论基础

来编制的。它根据收入与费用的匹配关系，按照一定收入和费用的分类和顺序，计算出相应的利润指标，以表格的形式反映公司在特定会计期间的经营成果。按照《企业会计准则》的规定，施工企业采用多步式的利润表。

施工企业的利润表的具体格式见 12-5。

### 12.3.2 利润表的编制方法

#### 12.3.2.1 "本月数"栏的填列方法

利润表中的"本月数"栏反映各项目的本月实际发生数。在编制年度财务会计报告时，填列上年全年累计实际发生数。如果上年利润表与本年利润表的项目名称和内容不一致时，应对上年利润表项目的名称和数字按本年度的规定进行调整，填列本表。在编制年度会计报表时，应将"本月数"改成"上年数"栏。

#### 12.3.2.2 "本年累计数"栏的填列方法

利润表中的"本年累计数"栏反映各项目自年初期至报告期末止时累计实际发生数，一般根据利润表中的本月数和上期利润表的本年累计数加总填列。

#### 12.3.2.3 利润表各项目的内容及填列方法

利润表中的本月数一般根据相关账户的本期发生额直接填列或分析填列。具体填列方法如下：

（1）"营业收入"项目，反映施工企业经营业务取得的收入总额。本项目应根据"主营业务收入"、"其他业务收入"账户的发生额分析填列。

（2）"营业成本"项目，反映施工企业经营业务发生的实际成本。本项目应根据"主营业务成本"、"其他业务成本"账户发生额分析填列。

（3）"营业税金及附加"项目，反映施工企业经营业务应负担的营业税、消费税、城市维护建设税、资源税、土地增值税和教育费附加等。本项目应根据"营业税金及附加"账户发生额分析填列。

（4）"销售费用"项目，反映施工企业在销售商品过程中发生的费用。本项目应根据"销售费用"账户的发生额分析填列。

（5）"管理费用"项目，反映施工企业的管理费用。本项目应根据"管理费用"账户的发生额分析填列。

（6）"财务费用"项目，反映施工企业发生的财务费用，包括利息净支出、汇兑净损失、金融机构手续费等。本项目应根据"财务费用"账户的发生额分析填列。

（7）"资产减值损失"项目，反映施工企业资产减值损失。本项目根据"资产减值损失"账户的发生额分析填列。

（8）"公允价值变动收益"项目，反映施工企业资产因公允价值变动发生的损益。本项目根据"公允价值变动损益"账户的发生额分析填列。

（9）"投资收益"项目，反映施工企业以各种方式对外进行投资所获得的收益。本项目应根据"投资收益"账户的发生额分析填列；如为投资净损失，以"-"号填列。

（10）"营业外收入"项目，反映施工企业发生的与其生产经营无直接关系的各项收入。本项目应根据"营业外收入"账户的发生额分析填列。

（11）"营业外支出"项目，反映施工企业发生的和生产经营无直接关系的各项支出。本项目应根据"营业外支出"账户的发生额分析填列。

（12）"利润总额"项目，反映施工企业实现的利润总额。本项目应根据表中的资料直接计算得出填列；如为亏损，以"-"号填列。

（12）"所得税费用"项目，反映施工企业按规定从本期损益中减去的所得税费用。本项目应根据"所得税费用"账户的发生额分析填列。

（13）"净利润"项目，反映施工企业实现的净利润。本项目应根据表中的资料直接计算得到;如为净亏损,以"-"号填列。

【例12-2】利用【例12-1】的资料,根据四川东方建筑工程公司2010年度的损益类账户的发生额编制该公司2010年度的利润,见表12-5。

表12-5　　　　　　　　　利润表　　　　　　　　　会企02表

编制单位:四川东方建筑工程公司　　2010年度　　　　　　单位:元

| 项目 | 行次 | 本期金额 | 上期金额 |
| --- | --- | --- | --- |
| 一、营业收入 | 1 | 16 360 000.00 | (略) |
| 减:营业成本 | 4 | 8 550 000.00 | (略) |
| 　　营业税金及附加 | 5 | 432 776.00 | (略) |
| 　　销售费用 | 14 | | (略) |
| 　　管理费用 | 15 | 2 294 200.00 | (略) |
| 　　财务费用 | 16 | 283 000.00 | (略) |
| 　　资产减值损失 | | 104 700.00 | (略) |
| 加:公允价值变动损益(损失以"-"号填列) | | | (略) |
| 　　投资收益(损失以"-"号填列) | | 100 000.00 | (略) |
| 二、营业利润(亏损以"-"号填列) | 18 | 4 795 324.00 | (略) |
| 加:营业外收入 | 23 | 300 000.00 | (略) |
| 减:营业外支出 | 25 | 180 000.00 | (略) |
| 三、利润总额(亏损以"-"号填列) | 27 | 4 915 324.00 | (略) |
| 减:所得税费用 | 28 | 1 228 831.00 | (略) |
| 四、净利润(净亏损以"-"号填列) | 30 | 3 686 493.00 | (略) |

表12-5(续)

| 项目 | 行次 | 本期金额 | 上期金额 |
|------|------|---------|---------|
| 五、每股收益： | | | |
| (一) 基本每股收益 | | | |
| (二) 稀释每股收益 | | | |

## 12.4 施工企业现金流量表编制模拟

### 12.4.1 现金的含义及现金流量表的结构

现金流量表是以现金为基础编制的反映施工企业在一定会计期间内有关现金和现金等价物的流入和流出信息的报表。该表中现金包含了现金、现金等价物、现金流量等内涵。

12.4.1.1 现金的含义

(1) 现金流量表中的现金是指施工企业库存现金以及可以随时用于支付的存款，包括现金、可以随时用于支付的银行存款和其他货币资金。

(2) 现金等价物是指施工企业持有的期限短、流动性强、易于转换为已知金额现金、价值变动风险很小的投资。现金等价物虽然不是现金，但其支付能力与现金差别不大，可视为现金。

(3) 现金流量是指施工企业现金和现金等价物的流入量和流出量。它包括现金流入量和现金流出量，两者的差额称为净现金流量。具体可以分为经营活动产生的现金流量、投资活动产生的现金流量和筹资活动产生的现金流量。

12.4.1.2 现金流量表的结构

现金流量表由格式和现金流量表附注两部分组成。

(1) 施工企业现金流量表的格式见表12-10。

(2) 现金流量表附注包括以下三个内容：

①现金流量表补充资料披露格式,见表 12-6。企业应当采用间接法在现金流量表附注中披露将净利润调节为经营活动现金流量的信息。

表 12-6　　　　　　　　现金流量表补充资料

| 项目 | 本期金额 | 上期金额 |
| --- | --- | --- |
| 1. 将净利润调节为经营活动现金流量 | | |
| 净利润 | | |
| 加：资产减值准备 | | |
| 固定资产折旧、油气资产折耗、生产性生物资产折旧 | | |
| 无形资产摊销 | | |
| 处置固定资产、无形资产和其他长期资产的损失（收益以"-"号填列） | | |
| 固定资产报废损失（收益以"-"号填列） | | |
| 公允价值变动损失（收益以"-"号填列） | | |
| 财务费用（收益以"-"号填列） | | |
| 投资损失（收益以"-"号填列） | | |
| 递延所得税资产减少（增加以"-"号填列） | | |
| 递延所得税负债增加（减少以"-"号填列） | | |
| 存货减少（增加以"-"号填列） | | |
| 经营性应收项目减少（增加以"-"号填列） | | |
| 经营性应付项目增加（减少以"-"号填列） | | |
| 其他 | | |
| 经营活动产生的现金流量净额 | | |
| 2. 不涉及现金收支的重大投资和筹资活动 | | |
| 债务转为资本 | | |
| 一年内到期的可转换公司债券 | | |

表12-6(续)

| 项目 | 本期金额 | 上期金额 |
|---|---|---|
| 融资租入固定资产 | | |
| 3. 现金及现金等价物变动情况 | | |
| 现金的期末余额 | | |
| 减：现金的期初余额 | | |
| 加：现金等价物的期末余额 | | |
| 减：现金等价物的期初余额 | | |
| 现金及现金等价物净增加额 | | |

②企业当期取得或处置子公司及其他营业单位的有关信息披露格式，见表12-7。

表12-7 取得或处置子公司及其他营业单位的有关信息

| 项目 | 金额 |
|---|---|
| 一、取得子公司及其他营业单位的有关信息 | |
| 1. 取得子公司及其他营业单位的价格 | |
| 2. 取得子公司及其他营业单位支付的现金和现金等价物 | |
| 减：子公司及其他营业单位持有的现金和现金等价物 | |
| 3. 取得子公司及其他营业单位支付的现金净额 | |
| 4. 取得子公司的净资产 | |
| 流动资产 | |
| 非流动资产 | |
| 流动负债 | |
| 非流动负债 | |
| 二、处置子公司及其他营业单位的有关信息 | |
| 1. 处置子公司及其他营业单位的价格 | |
| 2. 处置子公司及其他营业单位收到的现金和现金等价物 | |

表12-7(续)

| 项目 | 金额 |
|---|---|
| 减：子公司及其他营业单位持有的现金和现金等价物 | |
| 3. 处置子公司及其他营业单位收到的现金净额 | |
| 4. 处置子公司的净资产 | |
| 流动资产 | |
| 非流动资产 | |
| 流动负债 | |
| 非流动负债 | |

③现金和现金等价物披露格式，见表12-8。

表12-8　　　　　　　　现金和现金等价物

| 项目 | 本期金额 | 上期金额 |
|---|---|---|
| 一、现金 | | |
| 其中：库存现金 | | |
| 可随时用于支付的银行存款 | | |
| 可随时用于支付的其他货币资金 | | |
| 可用于支付的存放中央银行款项 | | |
| 存放同业款项 | | |
| 拆放同业款项 | | |
| 二、现金等价物 | | |
| 其中：三个月内到期的债券投资 | | |
| 三、期末现金及现金等价物余额 | | |
| 其中：母公司或集团内子公司使用受限制的现金和现金等价物 | | |

## 12.4.2 施工企业现金流量表各项目的填列方法

现金流量表分为经营活动、投资活动和筹资活动三个部分，按照直接法编制。

### 12.4.2.1 经营活动产生的现金流量各个项目的填列

① "销售商品、提供劳务收到的现金"项目，反映施工企业销售商品、提供劳务实际收到的现金（含销售收入和应向购买者收取的增值税额），包括本期销售商品、提供劳务收到的现金，以及前期销售和前期提供劳务本期收到的现金与本期预收的账款，减去本期退回本期销售的商品和前期销售本期退回的商品支付的现金。施工企业销售材料等业务收到的现金，也在本项目中反映。本项目可以根据"库存现金"、"银行存款"、"应收账款"、"应收票据"、"主营业务收入"、"其他业务收入"等账户的记录分析填列。

② "收到的其他与经营活动有关的现金"项目，反映施工企业除了销售商品、提供劳务收到的现金以外的其他与经营活动有关的现金流入，如罚款收入、流动资产损失中由个人赔偿的现金收入等。其他现金流入如价值较大的，应单列项目反映。本项目可以根据"库存现金"、"银行存款"、"营业外收入"等账户的记录分析填列。

③ "购买商品、接受劳务支付的现金"项目，反映施工企业购买材料、商品、接受劳务实际支付的现金，包括本期购入材料、商品、接受劳务支付的现金（包括增值税进项税额），以及本期支付前期购入商品、接受劳务的未付款项和本期预付款项。本期发生的购货退回收到的现金应从本项目内减去。本项目可以根据"库存现金"、"银行存款"、"应付账款"、"应付票据"、"主营业务成本"、"其他业务成本"等账户的记录分析填列。

④ "支付给职工以及为职工支付的现金"项目，反映施工企业以现金方式实际支付给职工的工资，以及为职工支付的现金，包括本期实际支付给职工的工资、奖金、各种津贴和补贴等，以及为职

工支付的其他费用。支付的在建工程人员的工资，在"购建固定资产、无形资产和其他长期资产所支付的现金"项目反映。本项目可以根据"应付职工薪酬"、"库存现金"、"银行存款"等账户的记录分析填列。

施工企业为职工支付的养老、失业等社会保险基金、补偿养老保险、住房公积金、支付给职工的住房困难补助，以及支付给职工或为职工支付的其他福利费用等，应按职工的工作性质和服务对象，分别在本项目和在"购建固定资产"、"无形资产"和"其他长期资产所支付的现金"项目中反映。

⑤ "支付的各项税费"项目，反映施工企业按规定支付的各种税费，包括本期发生并支付的税费，以及本期支付以前各期发生的税费和预交的税金，如支付的教育费附加、矿产资源补偿费、印花税、房产税、土地增值税、车船使用税、预交的营业税等。不包括计入固定资产价值的税费、实际支付的耕地占用税等，也不包括因多计等原因于本期退回的各种税费。本项目可以根据"应交税费"、"库存现金"、"银行存款"等账户的记录分析填列。

⑥ "支付的其他与经营活动有关的现金"项目，反映施工企业除上述各项目外，支付的其他与经营活动有关的现金流出，如罚款支出、支付的差旅费、业务招待费现金支出、支付的保险费等，其他现金流出如价值较大的，应单列项目反映。本账户可以根据有关账户的记录分析填列。

12.4.2.2 投资活动产生的现金流量各个项目的填列

① "收回投资所收到的现金"项目，反映施工企业因出售、转让或到期收回除现金等价物以外的短期投资、长期股权投资而收到的现金，以及收回长期债权投资本金而收到的现金。不包括长期债权投资收回的利息，以及收回的非现金资产。本项目可以根据"短期投资"、"长期股权投资"、"库存现金"、"银行存款"等账户的记录分析填列。

② "取得投资收益所收到的现金"项目，反映施工企业因股权

性投资和债权性投资而取得的现金股利、利息。不包括股票股利。本项目可以根据"库存现金"、"银行存款"、"投资收益"等账户的记录分析填列。

③"处置固定资产、无形资产和其他长期资产所收回的现金净额"项目，反映施工企业处置固定资产、无形资产和其他长期资产所取得的现金，减去为处置这些资产而支付的有关费用后的净额。本项目可以根据"固定资产清理"、"库存现金"、"银行存款"等账户的记录分析填列。

④"收到的其他与投资活动有关的现金"项目，反映施工企业除上述各项以外，收到的其他与投资活动有关的现金流入。其他现金流入如价值较大的，应单列项目反映。本项目可以根据有关账户的记录分析填列。

⑤"购建固定资产、无形资产和其他长期资产所支付的现金"项目，反映施工企业购买、建造固定资产、取得无形资产和其他长期资产所支付的现金，不包括为购建固定资产而发生的借款利息资本化的部分，以及融资租入固定资产支付的租赁费。借款利息和融资租入固定资产支付的租赁费，在筹资活动产生的现金流量中单独反映。本项目可以根据"固定资产"、"在建工程"、"无形资产"、"库存现金"、"银行存款"等账户的记录分析填列。

⑥"投资所支付的现金"项目，反映施工企业进行权益性投资和债权性投资所支付的现金。本项目可以"根据长期股权投资"、"交易性金融资产"、"可供出售金融资产"、"持有至到期投资"、"投资性房地产"、"库存现金"、"银行存款"等账户的记录分析填列。

⑦"支付的其他与投资活动有关的现金"项目，反映施工企业除了上述项目以外，支付的其他与投资活动有关的现金流出。其他现金流出如价值较大，应单列项目反映。本项目可以根据有关账户记录分析填列。

**12.4.2.3 筹资活动产生的现金流量各个项目的填列**

① "吸收投资所收到的现金"项目，反映施工企业收到的投资者投入的现金。本项目可以根据"实收资本"、"库存现金"、"银行存款"等账户的记录分析填列。

② "取得借款所收到的现金"项目，反映施工企业举借各种短期借款、长期借款所收到的现金。本项目可以根据"短期借款"、"长期借款"、"库存现金"、"银行存款"等账户的记录分析填列。

③ "收到的其他与筹资活动有关的现金"项目，反映企业除上述各项目外，收到的其他与筹资活动有关的现金流入，如接受的捐赠等。本项目可以根据有关账户的记录分析填列。

④ "偿还债务所支付的现金"项目，反映施工企业以现金偿还债务的本金，包括偿还金融企业的借款本金等。施工企业偿还的借款利息，在"分配股利、利润或偿付利息所支付的现金"项目中反映，不包括在本项目内。本项目可以根据"短期借款"、"长期借款"、"库存现金"、"银行存款"等账户的记录分析填列。

⑤ "分配股利、利润或偿付利息所支付的现金"项目，反映施工企业实际支付的现金股利，支付给其他投资单位的利润，以及支付的借款利息等。本项目可以根据"应付利润"、"财务费用"、"长期借款"、"库存现金"、"银行存款"等账户的记录分析填列。

⑥ "支付的其他与筹资活动有关的现金"项目，反映施工企业除上述各项目外，支付的其他与筹资活动有关的现金流出，如捐赠支出、融资租入固定资产支付的租赁费等。本项目可以根据有关账户的记录分析填列。

**12.4.2.4 汇率变动对现金的影响项目**

该项目反映当施工企业外币现金流量折算为人民币时，所采用的现金流量发生日的汇率或平均汇率折算的人民币金额与现金及现金等价物净增加额中外币现金净增加额按期末汇率折算的人民币金额之间的差额。

12.4.2.5 现金及现金等价物净增加额项目

该项目反映施工企业本期现金及现金等价物的净增加或净减少额,是上述三类现金流量净额与汇率变动对现金的影响额的合计数。

12.4.3 施工企业现金流量表的编制模拟

在会计实务中,编制现金流量表有多种具体的编制方法,包括工作底稿法和"T"型账户法、分析填列法等。工作底稿法在实际中应用较为广泛,所以本例采用工作底稿法来编制。

工作底稿法是通过制作现金流量表工作底稿(见表12-9)来完成现金流量表的编制,共分为五个步骤。

【例12-3】承接【例12-1】和【例12-2】,编制四川东方建筑工程公司2010年度的现金流量表。

第一步,将资产负债表的期初数和期末数过入工作底稿(表12-9)的期初数和期末数栏。

第二步,对当期业务进行分析并编制调整分录。

(1) 分析调整主营业务收入:

借:经营活动现金流量——销售商品收到的现金
            15 050 000
  应收账款       600 000
 贷:主营业务收入     15 250 000
   应收票据      400 000

(2) 分析调整主营业务成本:

借:主营业务成本      7 800 000
  应付票据       200 000
  应付账款       1 500 000
  固定资产       500 000
  经营活动现金流量
   ——支付的其他与经营活动有关的现金 101 700
  存货         1 661 800

贷：经营活动现金流量
　　　　——购买商品支付的现金　　　　　11 361 800
　　　　存货跌价准备　　　　　　　　　　　　101 700
　　　　资本公积　　　　　　　　　　　　　　300 000
（3）调整本年营业税金及附加：
借：营业税金及附加　　　　　　　　　　　　432 776
　　贷：应交税费——营业税金及附加　　　　　432 776
（4）分析调整管理费用：
借：管理费用　　　　　　　　　　　　　　2 294 200
　　贷：经营活动现金流量
　　　　——支付的其他与经营活动有关的现金　2 294 200
（5）分析调整财务费用：
借：财务费用　　　　　　　　　　　　　　　283 000
　　应付利息　　　　　　　　　　　　　　　　2 000
　　贷：经营活动现金流量
　　　　——销售商品收到的现金　　　　　　　240 000
　　　　筹资活动现金流量
　　　　——偿付联系所支付的现金　　　　　　 25 000
　　　　长期借款——应付利息　　　　　　　　 20 000
（6）分析调整投资收益：
借：投资活动现金流量
　　　——取得投资收益所收到的现金　　　　　100 000
　　贷：投资收益　　　　　　　　　　　　　　100 000
（7）分析调整其他业务收入：
借：经营活动现金流量
　　　——销售商品收到的现金　　　　　　　1 110 000
　　贷：其他业务收入　　　　　　　　　　　1 110 000
（8）分析调整其他业务成本：
借：其他业务成本　　　　　　　　　　　　　750 000

贷：经营活动现金流量
　　　　——购买商品支付的现金　　　　　750 000
(9) 分析调整营业外收入：
借：投资活动现金流量
　　　——处置固定资产收到的现金　　　800 000
　　　累计折旧　　　　　　　　　　　　300 000
　　贷：营业外收入　　　　　　　　　　300 000
　　　　固定资产　　　　　　　　　　　800 000
(10) 分析调整营业外支出：
借：营业外支出　　　　　　　　　　　　39 400
　　投资活动现金流量
　　　——处置固定资产收到的现金　　　　　600
　　累计折旧　　　　　　　　　　　　　360 000
　　贷：固定资产　　　　　　　　　　　400 000
借：营业外支出　　　　　　　　　　　　140 600
　　贷：经营活动现金流量
　　　　——支付的其他与经营活动有关的现金　140 600
(11) 分析调整坏账准备：
借：经营活动现金流量
　　　——支付的其他与经营活动有关的现金　3 000
　　贷：坏账准备　　　　　　　　　　　　3 000
(12) 分析调整资产减值损失：
借：资产减值损失　　　　　　　　　　　104 700
　　贷：经营活动现金流量
　　　　——支付的其他与经营活动有关的现金　104 700
(13) 分析调整固定资产：
借：固定资产　　　　　　　　　　　　3 085 900
　　贷：投资活动现金流量
　　　　——购建固定资产支付的现金　　　285 900

　　　　在建工程　　　　　　　　　　　　　　　2 800 000
（14）分析调整累计折旧：
借：经营活现金流量
　　——支付的其他与经营活动有关的现金　200 000
　　经营活动现金流量
　　——购买商品支付的现金　　　　　　　400 000
　贷：累计折旧　　　　　　　　　　　　　　600 000
（15）分析调整在建工程：
借：在建工程　　　　　　　　　　　　　1 056 000
　贷：投资活动现金流量
　　　——购建固定资产支付的现金　　　　700 000
　　　长期借款　　　　　　　　　　　　 300 000
　　　应付职工薪酬——福利费　　　　　　 56 000
（16）分析调整无形资产：
借：经营活现金流量
　　——支付的其他与经营活动有关的现金　100 000
　贷：累计摊销　　　　　　　　　　　　　100 000
（17）分析调整短期借款：
借：短期借款　　　　　　　　　　　　　　500 000
　贷：筹资活动现金流量
　　　——偿还债务所支付的现金　　　　　500 000
（18）分析调整应付工资：
借：应付职工薪酬——工资　　　　　　　1 600 000
　贷：经营活现金流量
　　　——支付给职工以及为职工支付的现金　1 600 000
借：经营活动现金流量
　　——购买商品支付的现金　　　　　　1 570 000
　　——支付的其他与经营活动有关的现金　 30 000
　贷：应付职工薪酬——工资　　　　　　1 600 000

(19) 分析调整应付福利费
借：经营活动现金流量
　　——购买商品支付的现金　　　　　79 800
　　经营活现金流量
　　——支付的其他与经营活动有关的现金　4 200
　　贷：应付职工薪酬——福利费　　　　　84 000
(20) 分析调整应交税费（实际缴纳的所得税、营业税及附加）：
借：应交税费　　　　　　　　　　　　1 651 907
　　贷：经营活动现金流量——支付的各项税费　1 651 907
(21) 分析调整支付长期借款：
借：长期借款　　　　　　　　　　　　2 000 000
　　贷：筹资活动现金流量
　　　　——偿付债务所支付的现金　　　2 000 000
借：筹资活动现金流量
　　——借款所收到的现金　　　　　　800 000
　　贷：长期借款　　　　　　　　　　　800 000
(22) 分析调整所得税：
借：所得税费用　　　　　　　　　　　1 228 831
　　贷：应交税费——应交所得税　　　　1 228 831
(23) 结转净利润：
借：净利润　　　　　　　　　　　　　3 686 493
　　贷：未分配利润　　　　　　　　　　3 686 493
(24) 提取盈余公积及分配股利：
借：未分配利润　　　　　　　　　　1 552 973.95
　　贷：盈余公积　　　　　　　　　　552 973.95
　　　　应付利润　　　　　　　　　　1 000 000
(25) 最后调整现金净变化额：
借：现金净减少额　　　　　　　　　　1 304 807

贷：货币资金　　　　　　　　　　　　　　　1 304 807

（现金净减少额＝货币资金期末数－期初数）

第三步，将调整分录过入工作底稿调整分录栏的相应部分，见表12－9。

表12－9　　　　　　　现金流量表工作底稿

编制单位：四川东方建筑工程公司　　2011 年度　　　　　　　　单位：元

| 项目 | 期初数 | 调整分录 借方 | 调整分录 贷方 | 期末余额 |
|---|---|---|---|---|
| 一、资产负债表项目 ||||||
| 借方项目 |||||
| 货币资金 | 20 863 000 | | (25)1 304 807 | 19 558 193 |
| 交易性金融资产 | 30 000 | | | 30 000 |
| 应收票据 | 500 000 | | (1) 400 000 | 100 000 |
| 应收股息 | 2 000 | | | 2 000 |
| 应收账款 | 780 000 | (1) 600 000 | | 1 380 000 |
| 其他应收款 | 140 000 | | | 140 000 |
| 存货 | 29 160 500 | (2) 1 661 800 | | 30 822 300 |
| 长期股权投资 | 3 320 000 | | | 3 320 000 |
| 持有至到期投资 | 2 200 000 | | | 2 200 000 |
| 固定资产原价 | 13 000 000 | (2) 500 000<br>(13) 3 085 900 | (10) 800 000<br>(10) 400 000 | 15 385 900 |
| 在建工程 | 3 000 000 | (15) 1 056 000 | (13) 2 800 000 | 1 256 000 |
| 无形资产 | 1 200 000 | | | 1 200 000 |
| 借方项目合计 | 74 195 500 | 6 903 700 | 5 704 807 | 75 394 393 |
| 贷方项目 |||||
| 坏账准备 | 4 600 | | (11) 3 000 | 7 600 |
| 存货跌价准备 | 0 | | (2) 101 700 | 101 700 |
| 累计折旧 | 2 800 000 | (9) 300 000<br>(10)360 000 | (14) 600 000 | 2 740 000 |
| 累计摊销 | 0 | | (16) 100 000 | 100 000 |
| 短期借款 | 500 000 | (17) 500 000 | | 0 |
| 应付票据 | 400 000 | (2) 200 000 | | 200 000 |

表12-9(续)

| 项目 | 期初数 | 调整分录 借方 | 调整分录 贷方 | 期末余额 |
|---|---|---|---|---|
| 应付账款 | 11 935 700 | (2) 1 500 000 |  | 10 435 700 |
| 应付职工薪酬 | 2 228 000 | (18) 1 600 000 | (18) 1 600 000<br>(15) 56 000<br>(19) 84 000 | 2 368 000 |
| 应交税费 | 1 573 200 | (20) 1 651 907 | (3) 432 776<br>(22) 1 228 831 | 1 582 900 |
| 其他应付款 | 172 000 |  |  | 172 000 |
| 应付利息 | 2 000 | (5) 2 000 |  | 0 |
| 长期借款 | 3 300 000.00 | (21) 2 000 000 | (5) 20 000<br>(15) 300 000<br>(21) 800 000 | 2 420 000 |
| 实收资本 | 50 000 000 |  |  | 50 000 000 |
| 资本公积 | 0 |  | (2) 300 000 | 300 000 |
| 盈余公积 | 300 000 |  | (24) 552 973.95 | 852 973.95 |
| 应付利润 |  |  | (24) 1 00 000 | 1 000 000 |
| 未分配利润 | 980 000.00 | (24) 1 552 973.95 | (23) 3 686 493 | 3 113 519.05 |
| 贷方项目合计 | 74 195 500 | 5 081 654.95 | 3 279 547.95 | 75 394 393 |

二、利润表项目

| 项目 | - | 借方 | 贷方 | 本期数 |
|---|---|---|---|---|
| 主营业务收入 |  |  | (1) 15 250 000 | 15 250 000 |
| 其他业务收入 |  |  | (7) 1 110 000 | 1 110 000 |
| 投资收益 |  |  | (6) 100 000 | 100 000 |
| 营业外收入 |  |  | (9) 300 000 | 300 000 |
| 主营业务成本 |  | (2) 7 800 000 |  | 7 800 000 |
| 营业税金及附加 |  | (3) 432 776 |  | 432 776 |
| 其他业务成本 |  | (8) 750 000 |  | 750 000 |
| 管理费用 |  | (4) 2 294 200 |  | 2 294 200 |
| 财务费用 |  | (5) 283 000 |  | 283 000 |
| 资产减值损失 |  | (12) 104 700 |  | 104 700 |
| 营业外支出 |  | (10) 180 000 |  | 180 000 |
| 所得税费用 |  | (22) 1 228 831 |  | 1 228 831 |

表12-9(续)

| 项目 | 期初数 | 调整分录 借方 | 调整分录 贷方 | 期末余额 |
|---|---|---|---|---|
| 净利润 | | (23)3 686 493 | | 3 686 493 |
| 三、现金流量表项目 ||||||

| 项目 | 期初数 | 借方 | 贷方 | 期末数 |
|---|---|---|---|---|
| 一、经营活动产生的现金流量 | | | | |
| 销售商品、提供劳务收到的现金 | | (1)15 050 000<br>(7)1 110 000 | (5)240 000 | 15 920 000 |
| 收到的其他与经营活动有关的现金 | | | | |
| 现金流入小计 | | | | 15 920 000 |
| 购买商品、接受劳务支付的现金 | | (14)400 000<br>(18)1 570 000<br>(19)79 800 | (2)11 361 800<br>(8)750 000 | 10 062 000 |
| 支付给职工以及为职工支付的现金 | | | (18)1 600 000 | 1 600 000 |
| 支付的各项税费 | | | (20)1 651 907 | 1 651 907 |
| 支付的其他与经营活动有关的现金 | 438 900<br>2 539 500 | (2)101 700<br>(11)3 000<br>(14)200 000<br>(16)100 000<br>(18)30 000<br>(19)4 200 | (4)2 294 200<br>(10)140 600<br>(12)104 700 | 2 100 600 |
| 现金流出小计 | | | | 15 414 507 |
| 经营活动产生的现金流量净额 | | | | 505 493 |
| 二、投资活动产生的现金流量 | | | | |
| 收回投资所收到的现金 | | | | |
| 取得投资收益所收到的现金 | | (6)100 000 | | 100 000 |
| 处置固定资产、无形资产和其他长期资产所收回的现金净额 | | (9)800 000<br>(10)600 | | 800 600 |
| 收到的其他与投资活动有关的现金 | | | | |
| 现金流入小计 | | | | 900 600 |

表12-9(续)

| 项目 | 期初数 | 调整分录 借方 | 调整分录 贷方 | 期末余额 |
|---|---|---|---|---|
| 购建固定资产、无形资产和其他长期资产所支付的现金 | | | (13) 285 900<br>(15) 700 000 | 985 900 |
| 投资所支付的现金 | | | | |
| 支付的其他与投资活动有关的现金 | | | | |
| 　现金流出小计 | | | | 985 900 |
| 投资活动产生的现金流量净额 | | | | -85 300 |
| 三、筹资活动产生的现金流量 | | | | |
| 吸收投资所收到的现金 | | | | |
| 借款所收到的现金 | | (21) 800 000 | | 800 000 |
| 收到的其他与筹资活动有关的现金 | | | | |
| 　现金流入小计 | | | | 800 000 |
| 偿还债务所支付的现金 | | | (17) 500 000<br>(21) 2 000 000 | 2 500 000 |
| 分配股利、利润和偿付利息所支付的现金 | | | (5) 25 000 | 25 000 |
| 支付的其他与筹资活动有关的现金 | | | | |
| 　现金流出小计 | | | | 2 525 000 |
| 筹资活动产生的现金流量净额 | | | | -1 725 000 |
| 四、汇率变动对现金的影响 | | | | |
| 五、现金及现金等价物净增加额 | | (25) 1 304 807 | | -1 304 807 |

第四步，核对调整分录，借贷合计应当相等，资产负债表项目期初数加调整分录中的借贷金额后，应当等于期末数。

第五步，根据工作底稿中的现金流量表项目部分编制正式的现金流量表，见表12-10。

表 12-10　　　　　　　　　现金流量表　　　　　　　　会企 03 表

编制单位：四川东方建筑工程公司　　2011 年度　　　　　　　　单位：元

| 项目 | 行次 | 本期金额 | 上期金额 |
|---|---|---|---|
| 一、经营活动产生的现金流量 | | | |
| 销售商品、提供劳务收到的现金 | 1 | 15 920 000 | （略） |
| 收到的其他与经营活动有关的现金 | 8 | | （略） |
| 现金流入小计 | 9 | 15 920 000 | （略） |
| 购买商品、接受劳务支付的现金 | 10 | 10 062 000 | （略） |
| 支付给职工以及为职工支付的现金 | 12 | 1 600 000 | （略） |
| 支付的各项税费 | 13 | 1 651 907 | （略） |
| 支付的其他与经营活动有关的现金 | 18 | 2 100 600 | （略） |
| 现金流出小计 | 20 | 15 414 507 | （略） |
| 经营活动产生的现金流量净额 | 21 | 505 493 | （略） |
| 二、投资活动产生的现金流量 | | | |
| 收回投资所收到的现金 | 22 | | （略） |
| 取得投资收益所收到的现金 | 23 | 100 000 | （略） |
| 处置固定资产、无形资产和其他长期资产所收回的现金净额 | 25 | 800 600 | （略） |
| 收到的其他与投资活动有关的现金 | 28 | | （略） |
| 现金流入小计 | 29 | 900 600 | （略） |
| 购建固定资产、无形资产和其他长期资产所支付的现金 | 30 | 985 900 | （略） |
| 投资所支付的现金 | 31 | | （略） |
| 支付的其他与投资活动有关的现金 | 35 | | （略） |
| 现金流出小计 | 36 | 985 900 | （略） |
| 投资活动产生的现金流量净额 | 37 | -85 300 | （略） |

表12-10(续)

| 项目 | 行次 | 本期金额 | 上期金额 |
| --- | --- | --- | --- |
| 三、筹资活动产生的现金流量 | | | |
| 吸收投资所收到的现金 | 38 | | (略) |
| 借款所收到的现金 | 40 | 800 000 | (略) |
| 收到的其他与筹资活动有关的现金 | 43 | | (略) |
| 现金流入小计 | 44 | 800 000 | (略) |
| 偿还债务所支付的现金 | 45 | 2 500 000 | (略) |
| 分配股利、利润和偿付利息所支付的现金 | 46 | 25 000 | (略) |
| 支付的其他与筹资活动有关的现金 | 52 | | (略) |
| 现金流出小计 | 53 | 2 525 000 | (略) |
| 筹资活动产生的现金流量净额 | 54 | -1 725 000 | (略) |
| 四、汇率变动对现金的影响 | 55 | | (略) |
| 五、现金及现金等价物净增加额 | 56 | -1 304 807 | (略) |

## 12.5 施工企业所有者权益变动表编制模拟

### 12.5.1 所有者权益变动表的要素

所有者权益变动表又称股东权益变动表，是指反映企业在一定期间内构成所有者权益的各组成部分的增减变动情况的报表。其内容主要包括当期损益、直接计入所有者权益的利得和损失以及与所有者（或股东）的资本交易导致的所有者权益的变动等。所有者权益变动表至少应当单独列示反映下列信息的项目：

(1) 净利润；
(2) 直接计入所有者权益的利得和损失项目及其总额；

(3) 会计政策变更和差错更正的累积影响金额；
(4) 所有者投入资本和向所有者分配利润等；
(5) 按照规定提取的盈余公积；
(6) 实收资本（或股本）、资本公积、盈余公积、未分配利润的期初余额和期末余额及其调节情况。

### 12.5.2 所有者权益变动表的编制方法

#### 12.5.2.1 上年年末余额

上年年末余额项目，反映企业上年资产负债表中实收资本（或股本）、资本公积、盈余公积、未分配利润的年末余额。

#### 12.5.2.2 本年年初余额

会计政策变更和前期差错更正项目，分别反映企业采用追溯调整法处理的会计政策变更的累积影响金额和采用追溯重述法处理的会计差错更正的累积影响金额。

为了体现会计政策变更和前期差错更正的影响，企业应当在上期期末所有者权益余额的基础上进行调整得出本期期初所有者权益，根据"盈余公积"、"利润分配"、"以前年度损益调整"等账户的发生额分析填列。

#### 12.5.2.3 本年增减变动金额项目

(1) "净利润"项目，反映企业当年实现的净利润（或净亏损）金额，并对应列在"未分配利润"栏。

(2) "直接计入所有者权益的利得和损失"项目，反映企业当年直接计入所有者权益的利得和损失金额。其中：

① "可供出售金融资产公允价值变动净额"项目，反映企业持有的可供出售金融资产当年公允价值变动的金额，并对应列在"资本公积"栏。

② "权益法下被投资单位其他所有者权益变动的影响"项目，反映企业对按照权益法核算的长期股权投资，在被投资单位除当年实现的净损益以外其他所有者权益当年变动中应享有的份额，并对

应列在"资本公积"栏。

③ "与计入所有者权益项目相关的所得税影响"项目，反映企业根据《企业会计准则第 18 号——所得税》规定应计入"所有者权益"项目的当年所得税影响金额，并对应对列入"资本公积"栏。

④ "净利润和直接计入所有者权益的利得和损失小计"项目，反映企业当年实现的净利润（或净亏损）金额和当年直接计入所有者权益的利得和损失金额的合计额。

（3）"所有者投入和减少资本"项目，反映企业当年所有者投入的资本和减少的资本。其中：

① "所有者投入资本"项目，反映企业接受投资者投入形成的实收资本（或股本）和资本溢价或股本溢价，并对应列在"实收资本"栏和"资本公积"栏。

② "股份支付计入所有者权益的金额"项目，反映企业处于等待期中的权益结算的股份支付当年计入资本公积的金额，并对应列在"资本公积"栏。

（4）利润分配下各项目，反映当年对所有者（或股东）分配的利润（或股利）金额和按照规定提取的盈余公积金额，并对应列在"未分配利润"栏和"盈余公积"栏。其中：

① "提取盈余公积"项目，反映企业按照规定提取的盈余公积。

② "对所有者（或股东）的分配"项目，反映对所有者（或股东）分配的利润（或股利）金额。

（5）所有者权益内部结转下各项目，反映不影响当年所有者权益总额的所有者权益各组成部分之间当年的增减变动，包括资本公积转增资本（或股本）、盈余公积转增资本（或股本）、盈余公积弥补亏损等。为了全面地反映所有者权益各组成部分的增减变动情况，所有者权益内部结转也是所有者权益变动表的重要组成部分，主要指不影响所有者权益总额、所有者权益的各组成部分当期的增减变动。其中：

①"资本公积转增资本（或股本）"项目，反映企业以资本公积转增资本或股本的金额。

②"盈余公积转增资本（或股本）"项目，反映企业以盈余公积转增资本或股本的金额。

③"盈余公积弥补亏损"项目，反映企业以盈余公积弥补亏损的金额。

12.5.2.4　本年年末余额

"本年年末余额"项目，反映企业本年资产负债表中实收资本（或股本）、资本公积、盈余公积、未分配利润的年末余额。本年年末余额等于本年期初余额加本年增减变动金额。

12.5.2.5　上年金额栏的列报方法

"上年金额"栏内各项数字，应根据上年度所有者权益变动表中的"本年金额"栏内所列数字填列。如果上年度所有者权益变动表规定的各个项目的名称和内容同本年度不相一致，应对上年度所有者权益变动表中各项目的名称和数字按本年度的规定进行调整，填入所有者权益变动表中的"上年金额"栏内。

12.5.2.6　"本年金额"栏的列报方法

"本年金额"栏内各项数字一般应根据"实收资本（或股本）"、"资本公积"、"盈余公积"、"利润分配"、"库存股"、"以前年度损益调整"等账户的发生额分析填列。

企业的净利润及其分配情况作为所有者权益变动的组成部分，不需要单独设置利润分配表列示。

### 12.5.3　所有者权益变动表编制模拟

【例12-4】承【例12-1】、【例12-2】、【例12-3】，编制四川东方建筑工程公司2010年度所有者权益变动表，见表12-11。

表 12-11　　　　　　　　所有者权益变动表　　　　　　　会企04表

编制单位：四川东方建筑工程公司　　　2010年度　　　　　　　　　单位：元

| 项目 | 本年金额 ||||||  上年金额 ||||||
|---|---|---|---|---|---|---|---|---|---|---|---|---|
|  | 实收资本（或股本） | 资本公积 | 减：库存股 | 盈余公积 | 未分配利润 | 所有者权益合计 | 实收资本（或股本） | 资本公积 | 减：库存股 | 盈余公积 | 未分配利润 | 所有者权益合计 |
| 一、上年年末余额 | 50 000 000 |  |  | 300 000 | 980 000 | 51 280 000 |  |  |  |  |  |  |
| 加：会计政策变更 |  |  |  |  |  |  |  |  |  |  |  |  |
| 前期差错更正 |  |  |  |  |  |  |  |  |  |  |  |  |
| 二、本年年初余额 | 50 000 000 |  |  | 300 000 | 980 000 | 51 280 000 |  |  |  |  |  |  |
| 三、本年增减变动金额（减少以"－"号填列） |  |  |  |  |  |  |  |  |  |  |  |  |
| （一）净利润 |  |  |  |  | 3 686 493 | 3 686 493 |  |  |  |  |  |  |
| （二）直接计入所有者权益的利得和损失 |  |  |  |  |  |  |  |  |  |  |  |  |
| 1. 可供出售金融资产公允价值变动净额 |  |  |  |  |  |  |  |  |  |  |  |  |
| 2. 权益法下被投资单位其他所有者权益变动的影响 |  | 300 000 |  |  |  |  |  |  |  |  |  |  |
| 3. 与计入所有者权益项目相关的所得税影响 |  |  |  |  |  |  |  |  |  |  |  |  |
| 4. 其他 |  |  |  |  |  |  |  |  |  |  |  |  |
| 上述（一）和（二）小计 |  | 300 000 |  |  | 3 686 493 | 3 686 493 |  |  |  |  |  |  |
| （三）所有者投入和减少资本 |  |  |  |  |  |  |  |  |  |  |  |  |
| 1. 所有者投入资本 |  |  |  |  |  |  |  |  |  |  |  |  |
| 2. 股份支付计入所有者权益的金额 |  |  |  |  |  |  |  |  |  |  |  |  |
| 3. 其他 |  |  |  |  |  |  |  |  |  |  |  |  |
| （四）利润分配 |  |  |  |  |  |  |  |  |  |  |  |  |
| 1. 提取盈余公积 |  |  |  | 552 973.95 | －552 973.95 | 0 |  |  |  |  |  |  |
| 2. 对所有者（或股东）的分配 |  |  |  |  | －1 000 000 | 1 000 000 |  |  |  |  |  |  |
| 3. 其他 |  |  |  |  |  |  |  |  |  |  |  |  |
| （五）所有者权益内部结转 |  |  |  |  |  |  |  |  |  |  |  |  |
| 1. 资本公积转增资本（或股本） |  |  |  |  |  |  |  |  |  |  |  |  |
| 2. 盈余公积转增资本（或股本） |  |  |  |  |  |  |  |  |  |  |  |  |
| 3. 盈余公积弥补亏损 |  |  |  |  |  |  |  |  |  |  |  |  |
| 4. 其他 |  |  |  |  |  |  |  |  |  |  |  |  |
| 四、本年年末余额 | 50 000 000 | 300 000 |  | 852 973.95 | 3 113 519.05 | 54 266 493 |  |  |  |  |  |  |

## 12.6　施工企业会计报表附注

　　附注是对财务报表中列示项目的文字描述或明细资料，以及对未能在这些报表中列示项目的说明等。附注是财务报表的重要组成部分。企业应当按照规定披露附注信息。它主要包括如下内容：

（1）企业的基本情况。企业注册地、组织形式和总部地址；企业的业务性质和主要经营活动；母公司以及集团最终母公司的名称；财务报告的批准报出者和财务报告的批准报出日。

（2）财务报表的编制基础。财务报表的编制基础包括会计年度、记账本位币、会计计量所运用的计量基础、现金和现金等价物的构成等。

（3）遵循《企业会计准则》的声明。企业应当声明编制的财务报表符合《企业会计准则》的要求，真实、完整地反映了企业的财务状况、经营成果和现金流量等有关信息。如果企业编制的财务报表只是部分地遵循了《企业会计准则》，附注中不得做出这种表述。

（4）重要会计政策和会计估计。企业应当披露采用的重要会计政策和会计估计，不重要的会计政策和会计估计可以不披露。在披露重要会计政策和会计估计时，应当披露财务报表项目的计量基础和会计政策的确定依据，以及会计估计中所采用的关键假设和不确定因素的确定依据。

（5）会计政策和会计估计变更以及差错更正的说明。会计政策变更的性质、内容和原因；当期和各个列报前期财务报表中受影响的项目名称和调整金额；会计政策变更无法进行追溯调整的事实和原因以及开始应用变更后的会计政策的时点、具体应用情况；会计估计变更的内容和原因；会计估计变更对当期和未来期间的影响金额；会计估计变更的影响数不能确定的事实和原因；前期差错的性质；各个列报前期财务报表中受影响的项目名称和更正金额；前期差错对当期财务报表也有影响的，还应披露当期财务报表中受影响的项目名称和金额；前期差错无法进行追溯重述的事实和原因以及对前期差错开始进行更正的时点、具体更正情况。

（6）报表重要项目的说明。企业应当以文字和数字描述相结合、尽可能以列表形式披露重要报表项目的构成或当期增减变动情况,并与报表项目相互参照。对重要报表项目的明细说明,应当按照资产负债表、利润表、现金流量表、所有者权益变动表的顺序及其报表项目列示的顺序进行披露。报表重要项目的明细金额合计,应当与报表项目金额相衔接。

(7) 或有和承诺事项的说明。预计负债的种类、形成原因以及经济利益流出不确定性的说明;与预计负债有关的预期补偿金额和本期已确认的预期补偿金额;或有负债的种类、形成原因及经济利益流出不确定性的说明;或有负债预计产生的财务影响,以及获得补偿的可能性,无法预计的应当说明原因;或有资产很可能会给企业带来经济利益的,其形成的原因、预计产生的财务影响等;在涉及未决诉讼、未决仲裁的情况下,披露全部或部分信息预期对企业造成重大不利影响的,该未决诉讼、未决仲裁的性质以及没有披露这些信息的事实和原因。

(8) 资产负债表日后事项的说明。每项重要的资产负债表日后非调整事项的性质、内容,及其对财务状况和经营成果的影响,无法做出估计的,应当说明原因。

(9) 关联方关系及其交易的说明。母公司和子公司的名称。母公司不是该企业最终控制方的,说明最终控制方名称;母公司和子公司的业务性质、注册地、注册资本(或实收资本、股本)及其当期发生的变化;母公司对该企业或者该企业对子公司的持股比例和表决权比例;企业与关联方发生关联方交易的,该关联方关系的性质、交易类型及交易要素。

交易要素至少应当包括:交易的金额;未结算项目的金额、条款和条件,以及有关提供或取得担保的信息;未结算应收项目的坏账准备金额;定价政策;企业应当分别关联方以及交易类型披露。

# 第13章

施工企业借款费用
实账模拟

## 13.1 施工企业借款费用的范围

### 13.1.1 借款费用的内容及资本化的含义

#### 13.1.1.1 借款费用的内容

借款费用是指企业因借款而发生的利息及其相关成本。借款费用包括借款利息、折价或者溢价的摊销、辅助费用以及因外币借款而发生的汇兑差额等。

(1) 因借款而发生的利息，包括企业向银行或者其他金融机构等借入资金发生的利息、发行公司债券发生的利息，以及为购建或者生产符合资本化条件的资产而发生的带息债务所承担的利息等。

(2) 折价或者溢价的摊销，主要是指发行债券等已发生的折价或者溢价。发行债券中的折价或者溢价，其实质是对债券票面利息的调整（即将债券票面利率调整为实际利率），属于借款费用的范畴。施工企业不能发行债券，故没有此项目。

(3) 辅助费用，是指企业在借款过程中发生的诸如手续费、佣金、印刷费等费用。由于这部分费用是因安排借款而发生的，所以也属于借入资金的代价。

(4) 因外币借款而发生的汇兑差额，是指由于汇率变动导致市场汇率与账面汇率出现差异，从而对外币借款本金及其利息的记账本位币金额所产生的影响金额。

#### 13.1.1.2 借款费用资本化与费用化的含义

借款费用资本化，是指企业发生的上述借款费用，可直接归属于符合资本化条件的资产的购建或者生产的，计入相关资产成本的事项。

借款费用费用化，则是指不符合资本化条件的其他借款费用应当在发生时根据其发生额确认为费用，计入当期损益的事项。

### 13.1.2 借款费用应予资本化的借款范围

借款费用应予资本化的借款范围包括专门借款和一般借款。

#### 13.1.2.1 专门借款

专门借款，是指为购建或者生产符合资本化条件的资产而专门借入的款项。专门借款应当有明确的专门用途，即为购建或者生产某项资产，通常都具有标明该用途的借款合同。

#### 13.1.2.2 一般借款

一般借款，是指除专门借款之外的借款。一般借款在借入时，通常没有特指用于符合资本化条件的资产的购建或者生产。对于一般借款，只有在购建或者生产符合资本化条件的资产占用了一般借款时，才能够将与该部分一般借款相关的借款费用资本化；否则，所发生的借款利息应当计入当期损益。

### 13.1.3 符合资本化条件的资产

符合资本化条件的资产，是指需要经过相当长时间的购建或者生产活动才能达到可使用或者可销售状态的资产，包括固定资产、需要经过相当长时间的购建或者生产活动才能达到可使用或可销售状态的存货、投资性房产等资产。

建造合同成本、确认为无形资产的开发支出等在符合条件的情况下，也可以认定为符合资本化条件的资产。

符合借款费用资本化条件的存货，主要包括房地产开发企业开发的用于对外出售的房地产开发产品、企业制造的用于对外出售的大型机械设备等。这类存货通常需要经过相当长时间的建造或者生产过程，才能达到预定可销售状态。其中的"相当长时间"，是指为资产的购建或者生产所必需的时间，通常为一年以上（含一年）。

为购建或生产以上资产而借入款项而发生的借款费用，在符合资本化条件的情况下应当予以资本化，直接计入这些资产成本中；反之，即使是为购建或生产以上资产而借入款项而发生的借款费用，不符合资本化条件的，就只能确认为费用，计入当期损益。

## 13.2 施工企业借款费用确认实账模拟

### 13.2.1 借款费用确认原则

借款费用确认，是指将每期发生的借款费用分别确认为资本化部分的借款费用和费用化部分即计入当期损益的借款费用的会计事项。

借款费用确认的基本原则是：企业发生的借款费用，可直接归属于符合资本化条件的资产的购建或者生产的，应当予以资本化，计入相关资产成本；其他借款费用，应当在发生时根据其发生额确认为费用，计入当期损益。

### 13.2.2 借款费用资本化期间的确定

企业只有发生在资本化期间内的有关借款费用，才能够资本化。所以，正确确定借款费用资本化期间是借款费用确认和计量的重要前提。

借款费用资本化期间，是指从借款费用开始资本化时点到停止资本化时点的期间，但不包括之中的暂停资本化时间。

#### 13.2.2.1 借款费用开始时点的确定

借款费用允许开始资本化必须同时满足资产支出已经发生、借款费用已经发生、为使资产达到预定可使用或者可销售状态所必要的购建或者生产活动已经开始三个条件。

（1）资产支出已经发生，是指企业为购建或者生产符合资本化条件的资产已经发生了支付现金、转移非现金资产或者承担带息债务形式发生的支出。其中：

①支付现金，是指用货币资金支付了符合资本化条件的资产的购建或者生产支出。例如，四川东方建筑工程公司利用专门借款建设一幢厂房，已经用现金和银行存款为修建该厂房购买了所需的材料，支付了有关职工薪酬，向工程承包商支付了工程进度款等。这些货币资金支出均属于资产支出，可以界定为资产支出已经发生。

②转移非现金资产，是指企业将自己的非现金资产直接用于符合资本化条件的资产的购建或者生产。

上述四川东方建筑工程公司已将自己生产的钢材等产品或材料直接用于该厂房的建造；甲企业还用自己的产品向其他公司换回水泥、木材、玻璃等建材。这些产品成本均属于资产支出，可以界定为资产支出已经发生。

③承担带息债务，是指企业为了购建或者生产符合资本化条件的资产所需用物资等而承担的带息应付款项（如带息应付票据）。企业赊购这些物资所产生的债务可能带息，也可能不带息。如果企业赊购这些物资承担的不是带息债务，则不应当将购买价款计入资产成本，因为该债务在偿付前都需要承担利息，也就没有占用借款资金。企业只有等到实际偿付债务，发生了资源流出时，才能将其作为资产支出；如果企业赊购这些物资承担的是带息债务，则企业要为这笔债务付出代价，支付利息，与企业向银行借入款项用以支付资产支出在性质上是一致的。所以，企业为购建或者生产符合条

件的资产而承担的带息债务应当作为资产支出，当带息债务发生时，视同资产支出已经发生。

例如，四川东方建筑工程公司 2 月 1 日购入修建厂房的工程物资一批，开出一张 50 万元的带息银行承兑汇票，期限为 6 个月，票面利率为6%。对于该事项，尽管企业没有直接支付现金，但承担了带息债务，所以这 50 万元的购买工程物资款项应当作为资产支出。自该银行承兑汇票开出之日起即表明资产支出已经发生。

（2）借款费用已经发生，是指企业已经发生了因购建或者生产符合资本化条件的资产而专门借入款项的借款费用或者所占用的一般借款费用。

例如，2011 年 1 月 1 日，四川东方建筑工程公司向银行借入购建办公楼的专门借款，当日开始计息，该日即应当确认为借款费用已经发生。

（3）为使资产达到预定可使用或者可销售状态所必要的购建或者生产活动已经开始，是指符合资本化条件的资产的实体建造或者生产工作已经开始。

例如，主体设备的安装、厂房的实际开工建造等。它不包括仅仅持有资产但没有发生为改变资产形态而进行的实质上的建造活动或者生产活动。

企业只有在同时满足以上三个条件的情况下，有关借款费用才可以资本化。

13.2.2.2 借款费用暂停资本化时间的确定

符合资本化条件的资产在购建或者生产过程中发生的非正常中断、且中断时间连续超过三个月的，应当暂停借款费用的资本化；在中断期间发生的借款费用应当确认为费用，计入当期损益，直至资产的购建或者生产活动重新开始。

正常中断期间的借款费用应当继续资本化。

非正常中断通常是由于企业管理决策上的原因或者其他不可预见方面的原因等所导致的中断。例如，企业因与施工方发生了质量纠纷，或者工程或生产用料没有及时供应，或者资金周转发生了困难，或者施工或生产发生了安全事故，或者发生了与资产购建或生产有关的劳动纠纷等原因，导致资产购建或者生产活动发生中断，均属于非正常中断。

非正常中断与正常中断的区别在于：正常中断仅限于因购建或者生产符合资本化条件的资产达到预定可使用或者可销售状态所必要的程序，或者事先可预见的不可抗力因素导致的中断。

例如，某些工程建造到一定阶段必须暂停下来进行质量或者安全检查，检查通过后方可继续下一步的建造工作。这类中断是在施工前可以预见的，而且是工程建造必须经过的程序，即属于正常中断。

某些地区的工程在建造过程中，由于可预见的不可抗力因素（本地普遍存在的雨季或冰冻季节等原因）导致施工出现停顿，也属于正常中断。例如，某企业在北方某地建造某工程期间，正遇冰冻季节，工程施工不得不中断，待冰冻季节过后才能继续施工。由于该地区在施工期间出现较长时间的冰冻是正常情况，由此而导致的施工中断属于因可预见的不可抗力因素导致的中断，是正常中断，借款费用的资本化可继续进行，不必暂停。

13.2.2.3 借款费用停止资本化时点的确定

（1）基本规定：

①购建或者生产的符合资本化条件的资产达到预定可使用或者可销售状态时，借款费用应当停止资本化。

②在符合资本化条件的资产达到预定可使用或可销售状态之后所发生的借款费用，应当在发生时根据其发生额确认为费用，计入当期损益。

（2）购建或者生产的符合资本化条件的资产达到预定可使用或者可销售状态的判断标准。

购建或者生产的符合资本化条件的资产达到预定可使用或可销售状态，是指资产已经达到购买方或者建造方预定的可使用或者可销售状态。可从以下几个方面进行判断：

①符合资本化条件的资产的实体建造（包括安装）或者生产工作已经全部完成或者实质上已经完成。

②所购建或者生产的符合资本化条件的资产与设计要求、合同规定或者生产要求基本相符，即使有个别与设计、合同或者生产要求不相符的地方，也不影响其正常使用或销售。

③继续发生在所购建或生产的符合资本化条件的资产上支出的金额很少或者几乎不再发生。

④购建或者生产的符合资本化条件的资产需要试生产或者试运行的，在试生产结果表明资产能够正常生产出合格产品、或者试运行结果表明资产能够正常运转或者营业时，应当认为该资产已经达到预定可使用或者可销售状态。

（3）区分不同情况界定借款费用停止资本化的时点。如果所购建或者生产的符合资本化条件的资产分别建造、分别完工的，企业应当区别情况界定借款费用停止资本化的时点。

①购建或者生产的符合资本化条件的各部分分别完工，且每部分在其他部分继续建造过程中可供使用或者可对外销售、且为使该部分资产达到预定可使用或可销售状态所必要的购建或者生产活动实质上已经完成的，应当停止与该部分资产相关的借款费用的资本化。因为该部分资产已经达到了预定可使用或者可销售状态。

②购建或者生产的资产的各部分分别完成，但必须等到整体完工后才可使用或者可对外销售的，应当在该资产整体完工时停止借款费用的资本化。

## 13.3 施工企业借款费用计量实账模拟

### 13.3.1 借款利息费用资本化金额的确定

#### 13.3.1.1 每一会计期间利息费用资本化金额的确定原则

（1）专门借款利息费用的资本化金额的确定。为购建或者生产符合资本化条件的资产而借入专门借款的,应当以专门借款当期实际发生的利息费用,减去将尚未动用的借款资金存入银行取得的利息收入或者进行暂时性投资取得的投资收益后的金额,确定为专门借款利息费用的资本化金额,并应当在资本化期间内,将其计入符合资本化条件的资产成本。

（2）一般借款利息费用的资本化金额的确定。在借款费用资本化期间内,为购建或者生产符合资本化条件的资产占用了一般借款的,企业应当根据累计资产支出超过专门借款部分的资产支出加权平均数乘以所占用一般借款的资本化率,计算确定一般借款利息中应予资本化的金额。资本化率应当根据一般借款加权平均利率确定。

① 一般借款利息费用资本化金额

$$= \sum \genfrac{}{}{0pt}{}{累计资产支出超过专门借款部分}{的资产支出加权平均数} \times \genfrac{}{}{0pt}{}{所占用一般借款}{的资本化率}$$

② 所占用一般借款的资本化率

= 所占用一般借款加权平均利率

$$= \frac{所占用一般借款当期实际发生的利息之和}{所占用一般借款本金加权平均数}$$

③ 所占用一般借款本金加权平均数

$$= \sum \genfrac{}{}{0pt}{}{所占用每笔}{一般借款本金} \times \frac{每笔一般借款在当期所占用的天数}{当期天数}$$

（3）企业在每一个会计期间的利息资本化金额不得超过当期实际发生的利息金额。

（4）在资本化期间内,属于借款费用资本化范围的外币借款本金及利息的汇总差额,应当予以资本化,计入符合资本化条件的资产的成本。

（5）借款存在折价或溢价的,应当按照实际利率法确定每一会计期间应摊销的折价或者溢价金额,调整每期利息金额。

13.3.1.2 借款利息费用资本化金额的账务处理

(1) 专门借款利息费用的资本化金额的账务处理。

【例13-1】四川东方建筑工程公司于2009年7月1日动工兴建一幢办公楼,工期为一年半,分别于2009年7月1日、2009年10月1日、2010年1月1日和2010年7月1日支付工程进度款200万元、300万元、150万元、110万元。办公楼于2010年12月31日完工,达到预定可使用状态。

四川东方建筑工程公司为建造该办公楼分别向工商银行和建设银行借款了两笔专门借款,其中:

2009年7月1日向工商银行专门借款300万元,借款期限为5年,年利率为6%,利息按年支付;

2010年10月1日向建设银行专门借款500万元,借款期限为8年,年利率为8%,利息按年支付。

该公司闲置专门借款资金均用于购买短期国债,月收益率为0.5%。

四川东方建筑工程公司为建造该办公楼支出的金额见表13-1。

表13-1　　　　　　　　　　　　　　　　　　单位:万元

| 日期 | 每期资产支出金额 | 累计资产支出金额 | 闲置借款资金用于购买国债金额 |
|---|---|---|---|
| 2009年7月1日 | 200 | 200 | 100 |
| 2009年10月1日 | 300 | 500 | 300 |
| 2010年1月1日 | 150 | 650 | 150 |
| 2010年7月1日 | 110 | 760 | 40 |
| 合计 | 760 | — | 590 |

四川东方建筑工程公司为建造办公楼的支出总额760万元没有超过了专门借款总额800万元,因此不涉及一般借款费用资本化问题。

该项目借款费用资本化金额确定如下：

第一步，确定资本化期间。

2009年7月1日—2010年12月31日为该项目的建设期间，即为借款费用资本化期间。

第二步，计算专门借款实际发生利息费用金额。

①2009年专门借款发生的利息金额：

工商银行专门借款300万元计息期半年，利息金额＝300×6%÷2＝9（万元）

建设银行专门借款500万元计息期一个季度，利息金额＝500×8%÷4＝10（万元）

2009年利息费用＝9＋10＝19（万元）

②2010年专门借款发生的利息金额：

工商银行专门借款300万元计息期一年，利息金额＝300×6%＝18（万元）

建设银行专门借款5 000万元计息期一年，利息金额＝500×8%＝40（万元）

2010年利息费用＝18＋40＝58（万元）

第三步，计算在资本化期间利用闲置专门借款资金进行投资的收益。

①2009年国债投资收益：

2009年第三季度的国债投资收益＝100×0.5%×3＝1.5（万元）

2009年第四季度的国债投资收益＝300×0.5%×3＝4.5（万元）

2009年国债投资收益＝1.5＋4.5＝6（万元）

②2010年国债投资收益：

2010年上半年国债投资收益＝150×0.5%×6＝4.5（万元）

2010年下半年国债投资收益＝40×0.5%×6＝1.2（万元）

2010年国债投资收益＝4.5＋1.2＝5.7（万元）

第四步，计算资本化金额。

2009年资本化金额=19-6=13（万元）

2010年资本化金额=58-5.7=52.3（万元）

第五步，编制会计分录：

2009年12月31日：

借：在建工程　　　　　　　　　　　　　130 000

　　应收利息　　　　　　　　　　　　　 60 000

　　贷：应付利息　　　　　　　　　　　　　　190 000

2010年12月31日：

借：在建工程　　　　　　　　　　　　　523 000

　　应收利息　　　　　　　　　　　　　 57 000

　　贷：应付利息　　　　　　　　　　　　　　580 000

（2）涉及一般借款利息费用的资本化金额的确定实务。

【例13-2】四川东方建筑工程公司于2009年7月1日动工兴建一幢办公楼，工期为一年半，分别于2009年7月1日、2009年10月1日、2010年1月1日和2010年7月1日支付工程进度款200万元、300万元、150万元、110万元。厂房于2010年12月31日完工，达到预定可使用状态。

四川东方建筑工程公司为建造该厂房分别向工商银行和建设银行借款了两笔专门借款，其中：

2009年7月1日向工商银行专门借款300万元，借款期限为5年，年利率为6%，利息按年支付；

2009年10月1日向建设银行专门借款300万元，借款期限为8年，年利率为8%，利息按年支付。

该公司闲置专门借款资金均用于购买短期国债，月收益率为0.5%。

四川东方建筑工程公司为建造该办公楼支出的金额见表13-2。

表13-2                                                     单位：万元

| 日期 | 每期资产支出金额 | 累计资产支出金额 | 闲置借款资金用于购买国债金额 | 占用一般借款金额 |
|---|---|---|---|---|
| 2008年7月1日 | 200 | 200 | 100 | — |
| 2008年10月1日 | 300 | 500 | 100 | — |
| 2009年1月1日 | 150 | 650 | — | 50 |
| 2009年7月1日 | 110 | 760 | — | 110 |
| 合计 | 760 | — | 200 | 160 |

　　四川东方建筑工程公司为建造办公楼的支出总额760万元超过了专门借款总额600万元，因此占用了一般借款160万元。假定所占用一般借款有两笔，分别为：

　　（1）2007年1月1日向招商银行借入3年期借款300万元，年利率为6%，按年支付利息；

　　（2）2008年1月1日向成都银行借入5年期借款500万元，年利率为8%，按年支付利息。

　　该项目借款费用资本化金额确定如下：

　　第一步，确定资本化期间。

　　2008年7月1日—2009年12月31日为该项目的建设期间，即为借款费用资本化期间。

　　第二步，计算专门借款实际发生利息费用金额。

　　①2008年专门借款发生的利息金额：

　　工商银行专门借款300万元计息期半年：

　　利息金额 = 300 × 6% ÷ 2 = 9（万元）

　　建设银行专门借款300万元计息期一个季度：

　　利息金额 = 300 × 8% ÷ 4 = 6（万元）

　　2008年利息费用 = 9 + 6 = 15（万元）

　　②2009年专门借款发生的利息金额：

工商银行专门借款 300 万元计息期一年：

利息金额 = 300 × 6% = 18（万元）

建设银行专门借款 300 万元计息期一年：

利息金额 = 300 × 8% = 24（万元）

2009 年利息费用 = 18 + 24 = 42（万元）

第三步，计算在资本化期间利用闲置专门借款资金进行投资的收益。

①2008 年国债投资收益：

2008 年第三季度的国债投资收益 = 100 × 0.5% × 3 = 1.5（万元）

2008 年第四季度的国债投资收益 = 100 × 0.5% × 3 = 1.5（万元）

2008 年国债投资收益 = 15 + 15 = 30（万元）

②2009 年国债投资收益：

2009 年没有闲置专门资金进行国债投资，其收益为 0。

第四步，计算专门借款借款费用资本化金额。

2008 年资本化金额 = 15 − 3 = 12（万元）

2009 年资本化金额 = 42 − 0 = 42（万元）

第五步，计算一般借款费用资本化金额。

①累计资产支出超过专门借款部分的资产支出加权平均数 =

$50 \times \dfrac{360}{360} + 110 \times \dfrac{180}{360} = 50 + 55 = 105$（万元）

②一般借款资本化率 = $\dfrac{300 \times 6\% + 500 \times 8\%}{300 + 500}$ = 7.25%

(3) 一般借款利息费用资本化金额 = 105 × 7.25%

= 7.6125（万元）

第六步，计算每年的实际利息支出和资本化金额。

2008 年实际利息支出 = 300 × 6% ÷ 2 + 300 × 8% ÷ 4 + 300

× 6% + 5 000 × 8%

= 73（万元）

$$2009\text{ 年实际利息支出} = 300 \times 6\% + 300 \times 8\% + 300 \times 6\% +$$
$$500 \times 8\%$$
$$= 100\text{（万元）}$$

2008 年资本化金额 = 12 万元

2009 年资本化金额 = 42 + 7.6125 = 49.6125（万元）

第七步，编制会计分录。

2008 年 12 月 31 日：

| | | |
|---|---|---|
| 借：在建工程 | 120 000 | |
|     财务费用 | 580 000 | |
|     应收利息 | 30 000 | |
|   贷：应付利息 | | 730 000 |

2009 年 12 月 31 日：

| | | |
|---|---|---|
| 借：在建工程 | 496 125 | |
|     财务费用 | 503 875 | |
|   贷：应付利息 | | 1 000 000 |

### 13.3.2 借款辅助费用资本化金额的确定

专门借款发生的辅助费用，在所购建或者生产的符合资本化条件的资产达到预定可使用或者可销售状态之前，应当在发生时根据其发生额予以资本化，计入符合资本化条件的资产的成本；在所购建或者生产的符合资本化条件的资产达到预定可使用或者可销售状态之后，应当在发生时根据其发生额确认为费用，计入当期损益。上述资本化或计入当期损益的辅助费用的发生额，是指根据《企业会计准则第 22 号——金融工具确认和计量》，按照实际利率法所确定的金融负债交易费用对每期利息费用的调整额。借款实际利率与合同利率差异较小的，也可以采用合同利率计算确定利息费用。

一般借款发生的辅助费用，也应当按照上述原则确定其发生额并进行处理。

# 第14章

施工企业非货币性资产交换业务实账模拟

## 14.1 施工企业非货币性资产交换的认定

### 14.1.1 货币性资产与非货币性资产

货币性资产是指企业将以固定或可确定金额的货币收取的资产,包括现金、银行存款、应收账款和应收票据以及准备持有至到期的债券投资等。

货币性资产以外的资产为非货币性资产。

非货币性资产有别于货币性资产的最基本特征是,其在将来为企业带来的经济利益即货币金额,是不固定的或不可确定的。如果资产在将来为企业带来的经济利益(即货币金额),是固定的或可确定的,则该资产是货币性资产;反之,如果资产在将来为企业带来的经济利益(即货币金额),是不固定的或不可确定的,则该资产是非货币性资产。

资产负债表列示的项目中属于非货币性资产的项目通常有:存

货（原材料、包装物、低值易耗品、库存商品、委托加工物资、委托代销商品等）、长期股权投资、投资性房地产、固定资产、在建工程、工程物资、无形资产等。

### 14.1.2 非货币资产交换的认定

#### 14.1.2.1 非货币性资产交换的含义

非货币性资产交换是指交易双方主要以存货、固定资产、无形资产和长期股权投资等非货币性资产进行的交换。该交换不涉及或只涉及少量的货币性资产（即补价）。

#### 14.1.2.2 非货币性资产交换的认定

非货币性资产交换，有时也涉及少量货币性资产（即补价）。认定涉及少量货币性资产的交换为非货币性资产交换，通常以补价占整个资产交换金额的比例低于25%作为参考。

支付的货币性资产占换入资产公允价值（或占换出资产公允价值与支付的货币性资产之和）的比例，或者收到的货币性资产占换出资产公允价值（或占换入资产公允价值和收到的货币性资产之和）的比例低于25%的，视为非货币性资产交换；高于25%（含25%）的，视为以货币性资产取得非货币性资产。

在确定涉及补价的交易是否为非货币性资产交换时，涉及补价的企业，其计算公式为：

收到补价的企业：

收到的补价÷换出资产公允价值<25%

或：收到的补价÷（换入资产公允价值+收到的补价）<25%

支付补价的企业：

支付的补价÷（支付的补价+换出资产公允价值）<25%

或：支付的补价÷换入资产公允价值<25%

## 14.2 施工企业非货币性资产交换的确认与计量

### 14.2.1 确认和计量基础

在非货币性资产交换中,换入资产成本有两种计量基础,即公允价值和账面价值。

#### 14.2.1.1 公允价值

非货币性资产交换同时满足下列两个条件的,应当以公允价值和应支付的相关税费作为换入资产的成本,公允价值与换出资产账面价值的差额计入当期损益。

(1) 该项交换具有商业实质。

(2) 换入资产或换出资产的公允价值能够可靠地计量。以下三种情形之一的,公允价值视为能够可靠地计量:①换入资产或换出资产存在活跃市场。②换入资产或换出资产不存在活跃市场,但同类或类似资产存在活跃市场。③换入资产或换出资产不存在同类或类似资产可比市场交易、采用估值技术确定的公允价值满足一定的条件。采用估值技术确定的公允价值必须符合以下条件之一,视为能够可靠计量:一是采用估值技术确定的公允价值估计数的变动区间很小;二是在公允价值估计数变动区间内,各种用于确定公允价值估计数的概率能够合理确定。

换入资产和换出资产公允价值均能够可靠计量的,应当以换出资产公允价值作为确定换入资产成本的基础。

#### 14.2.1.2 账面价值

不具有商业实质或交换涉及资产的公允价值均不能可靠计量的非货币性资产交换,应当按照换出资产的账面价值和应支付的相关税费作为换入资产的成本,无论是否支付补价,均不确认损益;收到或支付的补价为确定换入资产成本的调整因素,其中,收到补价方应当以换出资产的账面价值减去补价加上应支付的相关税费作为换入资产的成本;支付补价方应当以换出资产的账面价值加上补价和应支付的相关税费作为换入资产的成本。

### 14.2.2 商业实质的判断

企业应当遵循实质重于形式的要求判断非货币性资产交换是否具有商业实质。根据换入资产的性质和换入企业经营活动的特征等,换入资产与换入企业其他现有资产相结合能够产生更大的效用,从而导致换入企业受该换入资产影响产生的现金流量与换出资产明显不同,表明该项资产交换具有商业实质。

满足下列条件之一的非货币性资产交换具有商业实质:

(1) 换入资产的未来现金流量在风险、时间和金额方面与换出资产显著不同。这种情况通常包括下列情形:

①未来现金流量的风险、金额相同,时间不同。此种情形是指换入资产和换出资产产生的未来现金流量总额相同,获得这些现金流量的风险相同,但现金流量流入企业的时间明显不同。

②未来现金流量的时间、金额相同,风险不同。此种情形是指换入资产和换出资产产生的未来现金流量时间和金额相同,但企业获得现金流量的不确定性程度存在明显差异。

③未来现金流量的风险、时间相同,金额不同。此种情形是指换入资产和换出资产产生的未来现金流量总额相同,预计为企业带来现金流量的时间跨度相同,风险也相同,但各年产生的现金流量金额存在明显差异。

(2) 换入资产与换出资产的预计未来现金流量现值不同,且其差额与换入资产和换出资产的公允价值相比是重大的。

这种情况是指换入资产对换入企业的特定价值(即预计未来现金流量现值)与换出资产存在明显差异。本准则所指资产的预计未来现金流量现值,应当按照资产在持续使用过程中和最终处置时所产生的预计税后未来现金流量,根据企业自身而不是市场参与者对资产特定风险的评价,选择恰当的折现率对其进行折现后的金额加以确定。

## 14.3 施工企业非货币性资产交换实账模拟

### 14.3.1 以公允价值计量的账务处理

14.3.1.1 以公允价值计量的账务处理的基本规定

《非货币性资产交换准则》规定,非货币性资产交换具有商业实质且公允价值能够可靠计量的,应当以换出资产的公允价值和应支付的相关税费作为换入资产的成本,除非有确凿证据表明换入资产的公允价值比换出资产公允价值更加可靠。

非货币性资产交换的账务处理,视换出资产的类别不同而有所区别:

(1) 换出资产为存货的,应当视同销售处理,按照公允价值确认销售收入,同时结转销售成本,相当于按照公允价值确认的收入和按账面价值结转的成本之间的差额,也即换出资产公允价值和换出资产账面价值的差额,在利润表中作为营业利润的构成部分予以列示。

(2) 换出资产为固定资产、无形资产的,换出资产公允价值和换出资产账面价值的差额计入营业外收入或营业外支出。

(3) 换出资产为长期股权投资、可供出售金融资产的,换出资产公允价值和换出资产账面价值的差额计入投资收益。

换入资产与换出资产涉及相关税费的,如换出存货视同销售计算的销项税额,换入资产作为存货应当确认的可抵扣增值税进项税额,以及换出固定资产、无形资产视同转让应交纳的营业税等,按照相关税收规定计算确定。

14.3.1.2 不涉及补价情况下的账务处理

【例13-1】2010年8月,四川东方建筑工程公司以生产经营过程中使用的一台设备交换乙公司生产的一批办公家具,换入的办公家具作为固定资产管理。设备的账面原价为100 000元,在交换

## 第14章 施工企业非货币性资产交换业务实账模拟

日的累计折旧为35 000元,公允价值为75 000元。办公家具的账面价值为80 000元,在交换日的公允价值为75 000元,计税价格等于公允价值。乙公司换入四川东方建筑工程公司的设备是生产家具过程中需要使用的设备。

假设四川东方建筑工程公司此前没有为该项设备计提资产减值准备,在整个交易过程中,除支付运杂费1 500元外没有发生其他相关税费。假设乙公司此前也没有为库存商品计提存货跌价准备,销售办公家具的增值税税率为17%,其在整个交易过程中没有发生除增值税以外的其他税费。

分析:整个资产交换过程没有涉及收付货币性资产,因此,该项交换属于非货币性资产交换。本例是以存货换入固定资产,两项资产交换后对换入企业的特定价值显著不同,两项资产的交换具有商业实质;同时,两项资产的公允价值都能够可靠地计量,符合《非货币性资产交换准则》规定以公允价值计量的两个条件,因此,四川东方建筑工程公司和乙公司均应当以换出资产的公允价值为基础确定换入资产的成本,并确认产生的损益。

四川东方建筑工程公司的账务处理如下:

借:固定资产清理　　　　　　　　　65 000
　　累计折旧　　　　　　　　　　　35 000
　　贷:固定资产——设备　　　　　　　　　100 000
借:固定资产清理　　　　　　　　　1 500
　　贷:银行存款　　　　　　　　　　　　　1 500
借:固定资产——办公家具　　　　　75 000
　　贷:固定资产清理　　　　　　　　　　　66 500
　　　　营业外收入　　　　　　　　　　　　8 500

乙公司的账务处理如下:

根据增值税的有关规定,企业以库存商品换入其他资产,视同销售行为发生,应计算增值税销项税额,缴纳增值税。

换出办公家具的增值税销项税额为12 750元(75 000×17%)。

| | | |
|---|---|---|
| 借：固定资产——设备 | 87 750 | |
| 　　贷：主营业务收入 | | 75 000 |
| 　　　　应交税费——应交增值税（销项税额） | | 12 750 |
| 借：主营业务成本 | 80 000 | |
| 　　贷：库存商品——办公家具 | | 80 000 |

**【例13-2】** 2010年11月，为了提高产品质量，四川东方建筑工程公司以其持有的对丙公司的长期股权投资交换乙公司拥有的一项专利技术。在交换日，四川东方建筑工程公司持有的长期股权投资账面余额为670万元，已计提长期股权投资减值准备余额为40万元，在交换日的公允价值为650万元；乙公司专利技术的账面原价为800万元，累计已摊销金额为120万元，在交换日的公允价值为650万元，乙公司没有为该项专利技术计提减值准备。乙公司原已持有对丙公司的长期股权投资，从四川东方建筑工程公司换入对丙公司的长期股权投资后，使丙公司成为乙公司的联营企业。假设整个交易过程中没有发生其他相关税费。

分析：该项资产交换没有涉及收付货币性资产，因此属于非货币性资产交换。本例属于以长期股权投资换入无形资产，两项资产的交换具有商业实质；同时，两项资产的公允价值都能够可靠地计量，符合《非货币性资产交换准则》规定以公允价值计量的两个条件。四川东方建筑工程公司和乙公司均应当以公允价值为基础确定换入资产的成本，并确认产生的损益。

四川东方建筑工程公司的账务处理如下：

| | | |
|---|---|---|
| 借：无形资产——专利权 | 6 500 000 | |
| 　　长期股权投资减值准备 | 400 000 | |
| 　　贷：长期股权投资 | | 6 700 000 |
| 　　　　投资收益 | | 200 000 |

乙公司的账务处理如下：

| | | |
|---|---|---|
| 借：长期股权投资 | 6 500 000 | |
| 　　累计摊销 | 1 200 000 | |

营业外支出　　　　　　　　　　　　300 000
　　　贷：无形资产——专利权　　　　　　　　8 000 000
　14.3.1.3　涉及补价情况下的账务处理
　　在以公允价值确定换入资产成本的情况下，发生补价的，支付补价方和收到补价方应当分别情况处理：
　　（1）支付补价方：应当以换出资产的公允价值加上支付的补价（即换入资产的公允价值）和应支付的相关税费作为换入资产的成本；换入资产成本与换出资产账面价值加支付的补价、应支付的相关税费之和的差额应当计入当期损益。
　　（2）收到补价方：应当以换入资产的公允价值（或换出资产的公允价值减去补价）和应支付的相关税费作为换入资产的成本；换入资产成本加收到的补价之和与换出资产账面价值加应支付的相关税费之和的差额应当计入当期损益。
　　在涉及补价的情况下，对于支付补价方而言，作为补价的货币性资产构成换入资产所放弃对价的一部分；对于收到补价方而言，作为补价的货币性资产构成换入资产的一部分。
　　【例13-3】四川东方建筑工程公司与C公司经协商，四川东方建筑工程公司以其拥有的全部用于经营出租目的的一幢公寓楼与C公司持有的交易目的的股票投资交换。四川东方建筑工程公司的公寓楼符合投资性房地产定义，公司未采用公允价值模式计量。在交换日，该幢公寓楼的账面原价为400万元，已提折旧80万元，未计提减值准备，在交换日的公允价值和计税价格均为450万元，营业税税率为5%；乙公司持有的交易目的的股票投资账面价值为300万元，乙公司对该股票投资采用公允价值模式计量，在交换日的公允价值为400万元，由于四川东方建筑工程公司急于处理该幢公寓楼，乙公司仅支付了30万元给四川东方建筑工程公司。乙公司换入公寓楼后仍然继续用于经营出租目的，并拟采用公允价值计量模式，四川东方建筑工程公司换入股票投资后仍然用于交易目的。转让公寓楼的营业税尚未支付，假定除营业税外，该项交易过程中不涉及其他相关税费。

分析：该项资产交换涉及收付货币性资产，即补价30万元。

对四川东方建筑工程公司而言，收到的补价30万元÷换入资产的公允价值430万元（换入股票投资公允价值400万元+收到的补价30万元）=6.98%＜25%，属于非货币性资产交换。

对乙公司而言，支付的补价30万元÷换入资产的公允价值450万元=6.7%＜25%，属于非货币性资产交换。

四川东方建筑工程公司和乙公司均应当以公允价值为基础确定换入资产的成本，并确认产生的损益。

四川东方建筑工程公司的账务处理如下：

| | |
|---|---:|
| 借：其他业务成本 | 3 200 000 |
| 　　投资性房地产累计折旧 | 800 000 |
| 　贷：投资性房地产 | 4 000 000 |
| 借：其他业务成本 | 225 000 |
| 　贷：应交税费——应交营业税 | 225 000 |
| 借：交易性金融资产 | 4 000 000 |
| 　　银行存款 | 300 000 |
| 　贷：其他业务成本 | 3 425 000 |
| 　　其他业务收入 | 875 000 |

乙公司的账务处理如下：

| | |
|---|---:|
| 借：投资性房地产 | 4 500 000 |
| 　贷：交易性金融资产 | 3 000 000 |
| 　　银行存款 | 300 000 |
| 　　投资收益 | 1 200 000 |

### 14.3.2　以换出资产账面价值计量的处理

非货币性资产交换不具有商业实质，或者虽然具有商业实质但换入资产和换出资产的公允价值均不能可靠计量的，应当以换出资产账面价值为基础确定换入资产成本，无论是否支付补价，均不确认损益。

一般来讲，如果换入资产和换出资产的公允价值都不能可靠计量时，该项非货币性资产交换通常不具有商业实质。因为在这种情况下，很难比较两项资产产生的未来现金流量在时间、风险和金额方面的差异，很难判断两项资产交换后对企业经济状况改变所起的不同效用，因而此类资产交换通常不具有商业实质。

【例13-4】四川东方建筑工程公司拥有一台专有设备，该设备账面原价300万元，已计提折旧220万元，乙公司拥有一幢古建筑物，账面原价200万元，已计提折旧140万元，两项资产均未计提减值准备。四川东方建筑工程公司决定以其专有设备交换乙公司该幢古建筑物，该专有设备是生产某种产品必需的设备。由于专有设备系当时专门制造、性质特殊，其公允价值不能可靠计量；乙公司拥有的建筑物因建筑年代久远，性质比较特殊，其公允价值也不能可靠计量。双方商定，乙公司以两项资产账面价值的差额为基础，支付四川东方建筑工程公司10万元补价。假定交易中没有涉及相关税费。

分析：该项资产交换涉及收付货币性资产，即补价10万元。对四川东方建筑工程公司而言，收到的补价10万元÷换出资产账面价值80万元＝12.5%＜25%，因此，该项交换属于非货币性资产交换，乙公司的情况也类似。由于两项资产的公允价值不能可靠计量，因此，四川东方建筑工程、乙公司换入资产的成本均应当按照换出资产的账面价值确定。

四川东方建筑工程公司的账务处理如下：

借：固定资产清理　　　　　　　　　　　　800 000
　　累计折旧　　　　　　　　　　　　　2 200 000
　　贷：固定资产——专有设备　　　　　　　　3 000 000
借：固定资产——建筑物　　　　　　　　　　700 000
　　银行存款　　　　　　　　　　　　　　100 000
　　贷：固定资产清理　　　　　　　　　　　　800 000

乙公司的账务处理如下：
借：固定资产清理　　　　　　　　　　600 000
　　累计折旧　　　　　　　　　　　1 400 000
　　贷：固定资产——建筑物　　　　　2 000 000
借：固定资产——专有设备　　　　　　700 000
　　贷：固定资产清理　　　　　　　　　600 000
　　　　银行存款　　　　　　　　　　　100 000

从上例可以看出，尽管乙公司支付了 10 万元补价，但由于整个非货币性资产交换是以账面价值为基础计量的，支付补价方和收到补价方均不确认损益。对四川东方建筑工程公司而言，换入资产是建筑物和银行存款 10 万元，换出资产专有设备的账面价值为 80 万元（300－220），因此，建筑物的成本就是换出设备的账面价值减去货币性补价的差额，即 70 万元（80－10）；对乙公司而言，换出资产是建筑物和银行存款 10 万元，换入资产专有设备的成本等于换出资产的账面价值，即 70 万元（60＋10）。由此可见，在以账面价值计量的情况下，发生的补价是用来调整换入资产的成本，不涉及确认损益问题。

## 14.4　施工企业涉及多项非货币性资产交换业务实账模拟

### 14.4.1　涉及多项非货币性资产交换的规定

非货币性资产交换同时换入多项资产的，在确定各项换入资产的成本时，应当分别下列情况处理：

（1）非货币性资产交换具有商业实质，且换入资产的公允价值能够可靠计量的，应当按照换入各项资产的公允价值占换入资产公允价值总额的比例，对换入资产的成本总额进行分配，确定各项换入资产的成本。

（2）非货币性资产交换不具有商业实质，或者虽具有商业实质，但换入资产的公允价值不能可靠计量的，应当按照换入各项资产的原账面价值占换入资产原账面价值总额的比例，对换入资产的成本总额进行分配，确定各项换入资产的成本。

## 14.4.2 涉及多项非货币性资产交换的账务处理

### 14.4.2.1 以公允价值计量的情况

【例13-5】2010年5月，四川东方建筑工程公司下属甲公司是木材加工企业，四川东方建筑工程公司和乙公司均为增值税一般纳税人，适用的增值税税率均为17%。为适应业务发展的需要，经协商，四川东方建筑工程公司决定以生产经营过程中使用的加工设备A和设备B以及库存商品换入乙公司生产经营过程中使用的货运车、轿车、客运汽车。甲公司的设备A的账面原价为150万元，在交换日的累计折旧为30万元，公允价值为100万元；设备B的账面原价为120万元，在交换日的累计折旧为60万元，公允价值为80万元；库存商品的账面余额为300万元，公允价值为350万元，公允价值等于计税价格。乙公司货运车的账面原价为150万元，在交换日的累计折旧为50万元，公允价值为150万元；轿车的账面原价为200万元，在交换日的累计折旧为90万元，公允价值为100万元；客运汽车的账面原价为300万元，在交换日的累计折旧为80万元，公允价值为240万元。乙公司另外以银行存款向甲公司支付补价40万元。

假定甲公司和乙公司都没有为换出资产计提减值准备；整个交易过程中没有发生除增值税以外的其他相关税费；甲公司换入乙公司的货运车、轿车、客运汽车均作为固定资产使用和管理；乙公司换入甲公司的设备A和设备B作为固定资产使用和管理，换入的库存商品作为原材料使用和管理。甲公司开具了增值税专用发票。

分析：本例涉及收付货币性资产，应当计算收到的货币性资产占甲公司换出资产公允价值总额的比例（等于支付的货币性资产占乙公司换出资产公允价值与支付的补价之和的比例），即：

40万元÷（100+80+350）万元=7.55%＜25%

该项涉及多项资产的非货币性资产交换具有商业实质；同时，各单项换入资产和换出资产的公允价值均能可靠计量。因此，四川东方建筑工程公司和乙公司均应当以公允价值为基础确定换入资产的总成本，确认产生的相关损益；同时，按照各单项换入资产的公允价值占换入资产公允价值总额的比例，确定各单项换入资产的成本。

甲公司的账务处理如下：

（1）根据增值税的有关规定，企业以库存商品换入其他资产，视同销售行为发生，应计算增值税销项税额，缴纳增值税。

换出原材料的增值税销项税额=350×17%=59.5（万元）

（2）计算换入资产、换出资产公允价值总额。

换出资产公允价值总额=100+80+350=530（万元）

换入资产公允价值总额=150+100+240=490（万元）

（3）计算换入资产总成本。

换入资产总成本=换出资产公允价值-补价+应支付的相关税费

=100+80+350-40+350×17%

=549.5（万元）

（4）计算确定换入各项资产的公允价值占换入资产公允价值总额的比例。

货运车公允价值占换入资产公允价值总额的比例为：

150÷（150+100+240）=30.61%

轿车公允价值占换入资产公允价值总额的比例为：

100÷（150+100+240）=20.41%

客运汽车公允价值占换入资产公允价值总额的比例为：

240÷（150+100+240）=48.98%

（5）计算确定换入各项资产的成本。

货运车的成本=549.5×30.61%=168.20（万元）

轿车的成本 = 549.5 × 20.41% = 112.15（万元）

客运汽车的成本 = 549.5 × 48.98% = 269.15（万元）

（6）编制会计分录：

借：固定资产清理　　　　　　　　　　1 800 000
　　累计折旧　　　　　　　　　　　　　900 000
　　贷：固定资产——发电设备　　　　　　1 500 000
　　　　　　　　——车床　　　　　　　　1 200 000
借：固定资产——货运车　　　　　　　1 682 000
　　　　　　——轿车　　　　　　　　1 121 500
　　　　　　——客运汽车　　　　　　2 691 500
　　银行存款　　　　　　　　　　　　　400 000
　　贷：固定资产清理　　　　　　　　　　1 800 000
　　　　主营业务收入　　　　　　　　　3 500 000
　　　　应交税费——应交增值税（销项税额）　595 000
借：主营业务成本　　　　　　　　　　3 000 000
　　贷：库存商品　　　　　　　　　　　　3 000 000

乙公司的账务处理如下：

（1）根据增值税的有关规定，企业以其他资产换入原材料，视同购买行为发生，应计算增值税进项税额，抵扣增值税。

换入原材料的增值税进项税额 = 350 × 17% = 59.5（万元）

（2）计算换入资产、换出资产公允价值总额。

换入资产公允价值总额 = 100 + 80 + 350 = 530（万元）

换出资产公允价值总额 = 150 + 100 + 240 = 490（万元）

（3）确定换入资产总成本。

换入资产总成本 = 换出资产公允价值 + 支付的补价 - 可抵扣的增值税进项税额

　　　　　　 = 490 + 40 - 59.5 = 470.5（万元）

（4）计算确定换入各项资产的公允价值占换入资产公允价值总额的比例。

发电设备公允价值占换入资产公允价值总额的比例为：
100÷（100+80+350）=18.87%
车床公允价值占换入资产公允价值总额的比例为：
80÷（100+80+350）=15.09%
原材料公允价值占换入资产公允价值总额的比例为：
350÷（100+80+350）=66.04%
（5）计算确定换入各项资产的成本。
发电设备的成本=470.5×18.87%=88.78（万元）
车床的成本=470.5×15.09%=71.00（万元）
原材料的成本=470.5×66.04%=310.72（万元）
（6）编制会计分录：

| | | |
|---|---|---|
| 借：固定资产清理 | | 4 300 000 |
| 　　累计折旧 | | 2 200 000 |
| 　　贷：固定资产——货运车 | | 1 500 000 |
| 　　　　　　——轿车 | | 2 000 000 |
| 　　　　　　——客运汽车 | | 3 000 000 |
| 借：固定资产——发电设备 | | 887 800 |
| 　　　　　　——车床 | | 710 000 |
| 　　原材料 | | 3 107 200 |
| 　　应交税费——应交增值税（进项税额） | | 595 000 |
| 　　贷：固定资产清理 | | 4 300 000 |
| 　　　　银行存款 | | 400 000 |
| 　　　　营业外收入 | | 600 000 |

**14.4.2.2　以账面价值计量的情况**

【例13-6】2010年12月，四川东方建筑工程公司因经营战略发生较大转变，原有的专有设备、专利技术等已不符合企业的需要，经与乙公司协商，将其专用设备连同专利技术与乙公司正在建造过程中的一幢建筑物、乙公司对丙公司的长期股权投资进行交换。四川东方建筑工程公司换出专有设备的账面原价为800万元，已提折旧 500 万元；专利技术账面原价为 300 万元，已摊销金额为 180 万元。乙公司在建工程截至交换日的成本为 350 万元，对丙公司的长期股权投资账面价值为 100 万元。由于四川东方建筑工程公司持有的专有设备和专利技术在市场上已不多见，因此，公允价值不能可靠地计量。乙公司的在建工程因完工程度难以合理确定，其公允价值不能可靠地计量，由于丙公司不是上市公司，四川东方建筑工程公司对丙公司长期股权投资的公允价值也不能可靠计量。假定四川东方建筑工程公司、乙公司均未对上述资产计提减值准备。

分析：本例不涉及收付货币性资产，属于非货币性资产交换。由于换入资产、换出资产的公允价值均不能可靠计量，四川东方建筑工程公司和乙公司均应当以换出资产账面价值总额作为换入资产的总成本。各项换入资产的成本，应当按各项换入资产的账面价值占换入资产账面价值总额的比例分配后确定。

四川东方建筑工程公司的账务处理如下：

（1）计算换入资产、换出资产账面价值总额。

换入资产账面价值总额 = 350 + 100 = 450（万元）

换出资产账面价值总额 = 300 + 120 = 420（万元）

（2）确定换入资产总成本。

换入资产总成本 = 换出资产账面价值 = 420（万元）

（3）计算各项换入资产账面价值占换入资产账面价值总额的比例。

在建工程占换入资产账面价值总额的比例 = 350 ÷ (350 + 100) = 77.8%

长期股权投资占换入资产账面价值总额的比例 = 100 ÷ (350 + 100) = 22.2%

（4）确定各项换入资产成本。

在建工程成本 = 420 × 77.8% = 326.76（万元）

长期股权投资成本 = 420 × 22.2% = 93.24（万元）

（5）编制会计分录：

| | | |
|---|---|---|
| 借：固定资产清理 | | 3 000 000 |
| 　　累计折旧 | | 5 000 000 |
| 　　贷：固定资产——专有设备 | | 8 000 000 |
| 借：在建工程 | | 3 267 600 |
| 　　长期股权投资 | | 932 400 |
| 　　累计摊销 | | 1 800 000 |
| 　　贷：固定资产清理 | | 3 000 000 |
| 　　　　无形资产——专利技术 | | 3 000 000 |

乙公司的账务处理如下：

（1）计算换入资产、换出资产账面价值总额。

换入资产账面价值总额 = 300 + 120 = 420（万元）

换出资产账面价值总额 = 350 + 100 = 450（万元）

（2）确定换入资产总成本。

换入资产总成本 = 换出资产账面价值 = 450（万元）

（3）计算各项换入资产账面价值占换入资产账面价值总额的比例。

专有设备占换入资产账面价值总额的比例为：

300 ÷（300 + 120）= 71.4%

专有技术占换入资产账面价值总额的比例为：

120 ÷（300 + 120）= 28.6%

（4）确定各项换入资产成本。

专有设备成本 = 450 × 71.4% = 321.3（万元）

专利技术成本 = 450 × 28.6% = 128.7（万元）

（5）编制会计分录：

| | | |
|---|---|---|
| 借：固定资产——专有设备 | | 3 213 000 |
| 　　无形资产——专利技术 | | 1 287 000 |
| 　　贷：在建工程 | | 3 500 000 |
| 　　　　长期股权投资 | | 1 000 000 |

# 参考文献

1. 中华人民共和国财政部. 企业会计准则 [M]. 北京：经济科学出版社，2006.
2. 中华人民共和国财政部. 企业会计准则——应用指南[M]. 北京：中国财政经济出版社，2006.
3. 周红，王建新，张铁铸. 国际会计准则 [M]. 大连：东北财经大学出版社，2008.
4. 黄毅勤. 简单轻松学施工企业会计 [M]. 北京：中国市场出版社，2008.
5. 宋本强. 新编施工企业会计 [M]. 上海：立信会计出版社，2009.
6. 胡世强. 会计学基础 [M]. 成都：西南财经大学出版社，2009.
7. 胡世强. 财务会计 [M]. 成都：西南财经大学出版社，2009.
8. 胡世强. 出纳实务 [M]. 2版. 成都：西南财经大学出版社，2009.
9. 辛艳红，李爱华. 施工企业会计核算 [M]. 北京：北京大学出版社,2009.

10. 古继洪,卢圣佑. 施工企业会计核算实务[M]. 北京:中国财政经济出版社,2009.

11. 李志远,杨柳,刘冬梅. 施工企业会计实务[M]. 2版. 北京:中国市场出版社,2010.

12. 周龙腾. 施工企业会计[M]. 北京:中国宇航出版社,2010